Günter Wels

MAITAGE

GEGRÜNDET
1999

Günter Wels

MAITAGE

Czernin Verlag, Wien

Gedruckt mit Unterstützung der Kulturabteilung des Landes Oberösterreich

Wels, Günter: Maitage / Günter Wels
Wien: Czernin Verlag 2010
ISBN: 978-3-7076-0325-5

Umschlaggestaltung: Inge Mayer
Lektorat: Joe Rabl
Druck: Druckerei Theiss, A-9431 St. Stefan
ISBN: 978-3-7076-0325-5

Inhalt

»Ob es uns gefällt oder nicht gefällt,
die Kunst betrachtet das Leben immer als Feier.«
»Als Karneval oder als Trauerfeier?«
»Als Feier.«

Imre Kertész, *Dossier K.*

HOTEL MARITIME

Er verbrachte die Ferien in einem der beiden Sommerhäuser seines Vaters, einem versteckt gelegenen Anwesen direkt am Meer. Wenn man morgens unter den Schreien der Möwen auf den Bootssteg hinaustrat, konnte man die Silhouette der Stadt auf der anderen Seite der Bucht erkennen. Vor einiger Zeit hatte ihm sein Vater ein kleines Segelboot gekauft, eine kompakte, leicht zu steuernde Jolle, mit der er täglich eine abgeschiedene, westlich des Dorfs gelegene Felsbucht ansteuerte.

An diesem Morgen, Estella und sein Vater schliefen noch, stand er früher auf als gewöhnlich. Er frühstückte im Stehen, ein Glas Milch, ein paar Bissen Baguette, dann füllte er die Feldflasche mit kaltem Wasser, packte Angelzeug und Proviant in seine Segeltasche und trabte die lange, natursteinerne Treppe zum Meer hinunter. Er verstaute das Gepäck unter der Sitzbank des Bootes, prüfte mit kritischem Blick Seegang und Wetter (beide boten keinen Anlass zur Sorge), dann löste er die Leinen und sprang an Bord. Mit ein paar Ruderschlägen verließ er den winzigen Naturhafen. Er zog die Segel auf, ein paar Sekunden später schoss die Jolle vorwärts, hinaus in die Bucht. Er segelte hart am Wind, immer in Rufweite zum Ufer, die Küste glitt langsam an ihm vorbei, mit weißen Häusern und mächtigen, erdbraunen Bergen hinter einem schmalen Streifen Landes.

Er hantierte geschickt mit Pinne und Leinen. Was zu geschehen hatte, geschah mit sicheren, tausendfach eingeübten Bewegungen. Er war zu Beginn der Ferien sechzehn geworden, sein Körper war noch einmal kräftig gewachsen in diesem Jahr, zum letzten Mal vielleicht. Er fühlte sich unangreifbar in diesem Sommer, nicht nur auf seinem Boot, auch abends, wenn er durch die Straßen und Gässchen der nahe gelegenen Stadt streifte, erfüllt von der Erwartung sensationeller Erlebnisse, die er herbeisehnte und deren genauen Charakter er sich doch nicht recht vorzustellen vermochte.

Während er den Fels mit dem alten, weißen Leuchtturm umschiffte, drehte der Wind leicht nach Süden, er korrigierte die Segelstellung, wich ein paar kleineren Riffen aus, erreichte nach einigen Minuten eine abgelegene, kleine Felsbucht, sein Ziel.

Es war noch früh am Morgen. Er sprang aus der Jolle, zog sie ans Ufer. Der Kiel knirschte leise, als er das Boot über die mit Seetang bedeckten Kiesel schleifte. Ein paar Schritte vom Ufer entfernt breitete er die blaue, mit Muschelmotiven verzierte Baumwolldecke aus, die ihm Estella nach seiner Ankunft in S. vor ein paar Wochen gekauft hatte. Er schaffte das Gepäck an Land, vergrub die Feldflasche im Sand und schlüpfte aus seinen Kleidern.

Eine Zeit lang tat er nichts, er hockte auf der Decke und starrte aufs Wasser. Das Meer war von dunklem, intensivem Blau an diesem Morgen, mit weißen, tanzenden Schaumkrönchen auf den Wellen. Ein paar Möwen umkreisten einen Fischkutter, der sich von links ins Bild schob.

Als ihm langweilig zu werden begann, holte er seine Taucherbrille und den Schnorchel aus dem Rucksack. Er watete ein paar Schritte ins Wasser, dann zog er die Maske über den Kopf und presste sie fest ans Gesicht. Er schob den Schnorchel zwischen die Zähne und ließ sich, Gummigeschmack im Mund, langsam ins Wasser gleiten. Er begann das Ufer entlangzukraulen. Stille umgab ihn. Er schwamm gemächlich Richtung Westen, über bizarre Felsmuster und lose mit Steinen bedeckte Sandflächen hinweg. Silbrig glänzende Meeräschen schwänzelten über den sandigen Grund, ein paar Meter von den Steilklippen entfernt driftete eine Qualle durchs Wasser. Er schwamm näher und betrachtete den rhythmisch pulsierenden Körper des Tiers: ein glibberiges Wunder, schwebende Gelatine.

Dann lag er auf den Steinen. Die Sonne schien noch ohne Kraft, aber das würde sich ändern: In ein paar Stunden, das würde heute nicht anders sein als an den Tagen zuvor, würde ihn die Hitze unter einen der Felsvorsprünge am östlichen Ende der Bucht treiben. Er döste ein, überließ sich wirren, unscharf konturierten Träumen, die sich seiner im Halbschlaf bemächtigten.

Nach einer Weile wachte er auf. Das Paar von gestern war wieder da, ein Mann mittleren Alters und eine Frau von Ende zwanzig. Sie ließen sich einen Steinwurf von ihm entfernt im Schatten eines steil abfallenden Felsvorsprungs nieder. Die beiden waren zu Fuß aus dem Dorf herübergewandert, mit zusammengerollten Badetüchern unterm Arm und Rucksäcken, an denen sie Isomatten und tragbare Sonnenschirme festgebunden hatten. Sie unterhielten sich leise, während sie Shorts und T-Shirts ablegten. Der Mann hatte graue, halblange Haare, sein Körper war braun gebrannt und trainiert wie der eines Sportlers. Er bewegte sich mit eleganter Lässigkeit. Die Frau war um einiges kleiner als er, sie hatte schwarzes, zu einem Bubikopf geschnittenes Haar und war von zierlicher, fast noch mädchenhafter Statur. Sie faltete ihre Kleidungsstücke zusammen und legte sich neben den Mann auf eines der großen, rechteckigen Badetücher, die sie über die Isomatten gebreitet hatten. Dann nahm sie ein abgegriffenes Taschenbuch aus ihrem Rucksack, setzte eine Sonnenbrille auf und begann zu lesen.

Der Junge wartete ein paar Minuten, dann packte er sein Angelzeug zusammen und kletterte auf den Felsblock am

Ende der Bucht. Behutsam öffnete er die Plastikbox mit den Ringelwürmern, er befestigte Blei und Korkenschwimmer an der Schnur, spießte einen der Würmer auf den Haken und warf den Köder ins Wasser. Eine halbe Stunde fischte er ohne Glück. Während der Schwimmer bewegungslos auf den Wellen trieb, beobachtete er das Paar aus der Ferne. Der Mann und die Frau gingen ins Wasser, schon zum zweiten oder dritten Mal. Der Wind trug ihr Gelächter an sein Ohr. Er sah, wie sie nebeneinanderher schwimmend ein paar Tempi machten, dann ließen sie sich von der Brandung zurück ans Ufer werfen. Sie standen sich im hüfthohen Wasser gegenüber, der Mann schlang die Hände um die Schultern der Frau. Sie warf den Kopf nach hinten, er drückte ihr ein paar Küsse auf den Hals und die Kehle.

Der Junge bemerkte ein sachtes Zupfen am Schwimmer. Er wollte ein paar Sekunden warten, bevor er die Rutenspitze nach hinten schnellen ließ. Das Zupfen hörte auf: Der Fisch hatte den Köder offenbar nur angeknabbert.

Wieder spähte der Junge zu den Fremden hinüber. Die Frau schwamm jetzt allein in Richtung Klippen. Der Mann watete ans Ufer und trocknete sich mit einem Handtuch ab. Dann legte er sich in die Sonne. Nach einer Weile kam auch die Frau ans Ufer zurück, sie beugte sich über ihren Begleiter, neigte den Kopf zur Seite und wrang etwas Wasser aus ihren Haaren. Der Mann protestierte, als das Wasser auf seinen Rücken tropfte, er drehte sich um und fluchte leise, während sich die Frau, nass wie sie war, neben ihn aufs Badetuch legte.

Der Junge konzentrierte sich wieder aufs Angeln, aber irgendwie klappte es nicht. Er fing nicht mehr als zwei, drei kleine Barsche und einen Stichling. An solchen Tagen machte es keinen Spaß. Er legte das Angelzeug beiseite.

Zu Mittag aß er ein Stück Käse und die harte, scharfe Wurst, die für die Gegend typisch war. Dann hockte er im Schatten einer verkrüppelten Steineiche und schaute aufs Meer hinaus. Er summte ein kleines, elegisches Lied, das seine Mutter oft mit ihm zusammen gesungen hatte, früher, als sie noch in der großen, alten Wohnung am Boulevard Raspail gewohnt hatten:

A la claire fontaine
M'en allant promener
J'ai trouvé l'eau si bell'
Que je m'y suis baigné.

Am Abend saß er mit Estella und seinem Vater im Speisezimmer. Sie aßen Fisch mit gedünsteten Artischocken und Salat. Schonkost, seines Vaters wegen. Vom Panoramafenster an der Längsseite des Zimmers aus hatte man einen schönen Blick über den Sund und die verschwimmende Silhouette der Stadt am anderen Ende der Bucht. Sie zelebrierten das Abendessen mit der verkrampften Ernsthaftigkeit, die ihre familiären Zusammenkünfte seit jeher zu einer alles andere als heiteren Angelegenheit gemacht hatte. Niemand sprach. Dann und wann klapperte Besteck, die Meeresbrandung war als fernes, gedämpftes Tosen vernehmbar.

»Magst du noch Salat?«, fragte Estella den Vater. Der alte, weißhaarige Mann schüttelte den Kopf. Er sah blass aus, mit schlaffen Wangen und mürrischen kleinen Furchen um die Mundwinkel. Seit seiner Herzoperation letztes Jahr war die einst so herrische Vitalität einer sonderbaren Traurigkeit gewichen.

»Na, was hast du heute den ganzen Tag über getrieben?«, fragte er, während er seine Serviette zusammenknüllte und einen sehnsüchtigen Blick zum Eichensekretär hinüberwarf, in dem er seine Sumatrazigarren aufbewahrte, für Gäste, die dergleichen zu schätzen wussten. Er selbst durfte keine Zigarren mehr rauchen. Die Ärzte hatten es ihm untersagt.

»Das Gleiche wie immer«, sagte der Junge pflichtschuldig. »Ich war drüben in der Bucht, ein bisschen fischen.«

»Gut so«, sagte der alte Mann. »Man muss etwas mit sich anfangen, man muss aktiv bleiben, sonst rosten einem die Knochen. Hat was gebissen?«

»Nicht wirklich.« Der Junge legte das Besteck auf den Teller. »Nur Kleinzeug. Ich hab's wieder ins Meer geworfen.«

»So, so, ins Meer geworfen.«

Ein eigenartiger Ausdruck erschien auf dem Gesicht des Vaters. So, als hätte er Schmerzen. Oder als ärgerte er sich über eine unangenehme Nachricht aus der Firma, die ihn am Nachmittag erreicht hatte.

Estella stand auf und ging in die Küche, um Obst zu holen, Honigmelonen und frische Feigen. Sie war Mitte vierzig, um einiges jünger als seine Mutter. Sie trug ein beigefarbenes Sommerkleid, der Stoff spannte über den fülligen Hüften. Früher hatte sie in Nizza als Immobilienmaklerin gearbeitet. Nach dem Infarkt des Vaters hatte sie ihren Job aufgegeben und widmete sich nun ganz seiner Pflege – ein Schritt, dachte der Junge, zu dem seine Mutter nie und nimmer bereit gewesen wäre.

Estella stellte die Schale mit dem Obst auf den Tisch. »Dein Vater und ich machen uns Sorgen, dass dir langweilig werden könnte«, sagte sie, während sie zwei Melonenspalten und ein paar Feigen auf den Dessertteller seines Vaters drapierte. »Wir haben gerade heute früh darüber gesprochen. Vielleicht hast du Lust, in den nächsten Tagen mal was mit uns zusammen zu unternehmen.«

»Wie kommt ihr denn darauf?«, sagte er. »Mir geht's doch gut.«

»Könnte ja sein, dass du dir mehr Abwechslung wünschst«, sagte der Vater. »Ich weiß nicht, eine Spritztour mit dem Boot hinüber ans Kap. Keine Lust auf so was?«

»Eigentlich nicht«, sagte er, während er sich den Mund mit der Serviette sauber wischte. »Ich hab doch mein eigenes Boot. Macht mir Spaß, herumzusegeln. Mehr brauche ich nicht.«

»Was hältst du von einem Besuch im Spielkasino«, sagte der Vater. »Das wär' doch mal interessant. Wir fahren mit dem Wagen rüber und hauen entspannt ein paar Tausend Francs auf den Kopf. Keine Lust dazu? Denk mal drüber nach.«

Der Junge lachte. »Das ist nichts für mich, wirklich nicht.«

»Von wem du diese Bedürfnislosigkeit hast!«, sagte der Vater kopfschüttelnd. »Von mir sicher nicht.« Er nahm zwei Tabletten aus einem silbernen Döschen, schob sie in den Mund, spülte sie mit einem Schluck Wasser hinunter.

Der Junge war froh, dass der Vater nicht auf seinen Vorschlägen beharrte. Er hatte weder Lust aufs Spielkasino noch auf Tagesausflüge mit der Motoryacht. Vermutlich hatte sein Vater die Vorschläge nur aus Höflichkeit gemacht. Es hätte den Jungen gewundert, wenn der alte Herr tatsächlich Lust auf solche für ihn beschwerliche Exkursionen gehabt hätte.

»Heute noch was vor?«, fragte Estella, während sie eine Feige aus der Schale nahm. Sie brach sie auseinander und steckte ein Stück in den Mund.

»Ich werde wohl noch in die Stadt hinüberfahren.«

»Recht so«, sagte der Vater. »Bei uns wird sich heute Abend nicht mehr viel abspielen, was, Estella? Ein bisschen Fernsehen, und dann ab in die Falle.«

In diesem Augenblick wurde sein Vater von einem rasselnden Hustenanfall geschüttelt. Es dauerte eine Weile, bis er sich wieder gefangen hatte. Er saß auf seinem Stuhl wie ein angezählter Boxer und rang um Atem.

Der Junge kostete von den Feigen. Sie schmeckten süß und pelzig, ein wenig nach Verwesung.

Er fuhr mit dem Fahrrad in die Stadt. Das Meer brandete gegen die Klippen, während der Himmel über der Bucht mit flimmernden Sternen übersät war. Mit kräftigen Pedaltritten, die ihm den Schweiß ins Gesicht trieben, ließ er die halb verfallene Kabelfabrik und ihre von Rost zerfressenen Fertigungshallen hinter sich. Nach einer lang gezogenen Kurve fiel die Straße steil in Richtung Küste hin ab. Er ließ sich ohne Bedenken hinunterrollen. Manchmal bremste er kurz und ruckartig, um das Tempo etwas zu drosseln. Zwei, drei Mal ging es auch ein kleines Stück bergauf, er bewältigte die Steigungen ohne Mühe, war er doch gut im Training. Schließlich kam das letzte Gefälle zur Stadt hinab. Er nutzte den Schwung am Schluss, um an der *Total*-Tankstelle und dem Zentrallager der regionalen Weinbaugenossenschaft vorbei ins Zentrum von S. zu gleiten.

Er kettete das Rad an einem Verkehrsschild vor dem Fernmeldeamt an, dann tauchte er in den Strom der Touristen ein, der sich wie jeden Abend durch die Altstadt bewegte. Die Bistros am Hafen waren hell erleuchtet, die Wirte hatten Tische auf die Bürgersteige gestellt. Aus salzverkrusteten Lautsprechern drang Musik: verhaltene Akkordeonklänge, sentimentale Reimereien. Die Tische vor den Lokalen waren dicht besetzt.

Er spazierte unter den Laternen am Pier entlang, vorbei an Yachten und kleinen Booten, die man für tausend Francs am Tag mieten konnte. Eine Zeit lang folgte er einer Gruppe von Tagesausflüglern, die aus Nizza oder Antibes herübergekommen waren, um einen Abend lang das viel besungene romantische Flair des Städtchens zu genießen. Vor dem *Cinéma Rialto* machte er halt. Er betrachtete die Vorschaufotos im Aushangkasten: Schwarz-Weiß-Aufnahmen von Belmondo und Jean Gabin machten Reklame für die Reihe »Kinonostalgie im Sommer« (Einheitspreis: 40 Franc). Daneben prangten aktuelle Plakate: ein muskelstrotzender Jean-Claude Van Damme mit MP und dekorativ um den Körper geschlungenem Patronengurt.

Er schlenderte weiter zum Kiosk und zog ein Exemplar des *Nice Matin* aus dem Zeitungsständer. Er blätterte sich zu den Sportseiten vor, um zu sehen, wie Saint-Germain gestern Abend gespielt hatte. Eins zu eins. Nicht gerade der Wahnsinn, noch dazu gegen Sochaux. Er warf einen Blick auf die Tabelle, dann steckte er die Zeitung zurück in den Drehständer.

Vor einem Souvenirladen in der Rue Mistral erkannte er das Paar vom Strand wieder. Die Frau betrachtete die handgefertigten Schmuckstücke im Schaufenster, der Mann stand gelangweilt daneben und begutachtete die Passanten, die in lärmenden, quirligen Trauben an ihnen vorbeidrängten. Als er den Jungen die schmale, kopfsteingepflasterte Straße auf sich zu schlendern sah, tippte er seiner Frau auf die Schulter und flüsterte ihr etwas ins Ohr. Sie hob den Kopf und schaute ihn an. Er beschleunigte seinen Schritt, ging rasch vorbei.

Am nächsten Morgen kam kräftiger Wind auf. Schäumende Gischtspritzer klatschten gegen die Klippen, als er das Boot aus seiner Vertäuung löste. Er nützte den Wind zu einer kleinen Ausflugsfahrt die Küste entlang. Eine Dreiviertelstunde lang steuerte er die Jolle gegen den bewegten Seegang in Richtung Westen, an weißen, verträumten Dörfern und unschönen Ferienhaussiedlungen vorbei, dann machte er kehrt und genoss, nachdem der Wind gedreht hatte, die starke seitliche Brise, die ihm das Manövrieren leichter machte. Mitunter krängte die Jolle bedenklich nach Lee, eine Herausforderung, die er souverän meisterte. Er hantierte routiniert mit der Großschot und ließ sich, wenn nötig, weit über die Bordwand hinaus, um die Schräglage mit seinem Körper auszugleichen.

Kurz vor Mittag erreichte er die Bucht. Hungrig wie lange nicht schlug er sein Lager auf. Er breitete die Stranddecke an der gewohnten Stelle aus und holte das Gepäck aus dem Boot. Dann packte er den Proviant aus, den er frühmorgens in der Kühlbox verstaut hatte: Käse und Brot, Tomaten und Oliven, ein hart gekochtes Ei, die Feldflasche mit Wasser.

Das Paar von gestern hatte es sich schon im Felsschatten bequem gemacht. Die Frau lag bäuchlings auf dem Badetuch, eine Hand auf dem Rücken des Mannes. Die beiden schienen zu schlafen. Der Junge trank einen Schluck Wasser, begann zu essen. Er brach ein Stück Brot ab und steckte es in den Mund. Tomaten und Käse schnitt er mit dem Springmesser zurecht. Er nahm einen Schluck Wasser und aß ein Stück Käse. Dann kostete er von den Oliven. Sie waren hart und schmeckten ein wenig unreif.

Nach dem Essen kletterte er auf den Felsen, um zu angeln. Er warf den Köder aus und beobachtete den Schwimmer, der auf den Wellen auf und ab tanzte. Es vergingen keine zwei Minuten, als sich die Leine straffte und der Schwimmer unters Wasser schoss. Er ließ die Stange mit einem Ruck emporschnellen und spürte den Widerstand. Ein Fisch hatte angebissen, und zwar kein kleiner, wie es schien. Die Rutenspitze tauchte ins Wasser, er gab nach und versuchte den

Griff so locker wie möglich zu halten. Das war nicht leicht. Der Fisch ging in die Tiefe und versuchte den Köder abzuschütteln. Nach ein paar Sekunden schnellte er an die Oberfläche, zappelte mit Schwanz und Flossen, tauchte wieder ab.

Er tötete das Tier mit einem Schlag auf den Kopf. Ein Barsch, etwa einen Kilo schwer. Er warf seinen Fang in den mit Wasser gefüllten Eimer neben sich, dann versuchte er sein Glück von Neuem. Es dauerte nicht lange, bis der nächste Fisch anbiss, ein wesentlich kleineres Exemplar, aber immer noch groß genug. Im Lauf des Nachmittags fing er drei weitere Barsche, dazu ein paar Sardinen und eine Seebarbe. Er würde Estella bitten, die Fische am Abend zu braten, mit Knoblauch und frischem Rosmarin aus dem Garten.

Dann und wann spähte er zu dem Mann und der Frau hinüber. Die beiden lasen. Die Frau trug den türkisfarbenen Bikini, der ihm besser gefiel als der weiße, den sie zum Trocknen auf den brennheißen Kies gelegt hatte. Es gab noch einen Badeanzug, den sie allerdings kaum je anzog: blau-weiß gestreift. Den hatte sie bisher nicht öfter als zwei, drei Mal getragen.

Er versuchte sich auf den Schwimmer zu konzentrieren, schaute aber alle zwanzig, dreißig Sekunden zu den beiden hinüber, um zu sehen, was sie gerade machten. Jetzt legte die Frau das Buch zur Seite und stupste den Mann mit den Zehen an. Er drehte sich zu ihr um. Sie schlang die Arme um seinen Nacken und küsste ihn. Der Junge wandte den Blick ab.

Als er das nächste Mal hinüberschaute, trippelten die beiden über die Steine ins Wasser. Der Mann hechtete mit einem Kopfsprung in die Fluten, die Frau stakte mit kleinen, vorsichtigen Schritten hinter ihm her. Während er ein Stück weit hinausschwamm, lag sie auf dem Rücken und ließ sich auf den Wellen treiben. Der Mann kraulte noch etwas weiter hinaus, dann hielt er inne, schwamm auf dem Rücken weiter und rief etwas, das der Junge nicht verstand.

»Schwimm nicht so weit hinaus!«, schrie die Frau.

»Waas?«

»Du sollst nicht zu weit rausschwimmen!«

»Schon gut. Ich wollte doch bloß …« Wieder verstand der Junge nicht, was der Mann sagte.

Nachdem sich die beiden mit ihren Handtüchern trocken gerubbelt hatten, unterhielten sie sich leise. Die Frau zeigte auf den Jungen. Der Mann drehte den Kopf, schaute in seine Richtung. Sie wechselten ein paar Worte, die Frau stieß ein helles, glucksendes Lachen aus, dann kamen sie zu ihm herüber.

»Schöner Fang«, sagte der Mann mit einem Blick in den Eimer.

»Jep«, sagte der Junge.

»Gestern ging's nicht so gut?«

»Nein.«

»Womit hängt das zusammen? Heute so, morgen so?«

»Keine Ahnung. Mit der Meeresströmung vielleicht. Die Tagesverfassung spielt natürlich auch eine Rolle.«

»Sie meinen, *Ihre* Tagesverfassung?«

»Ja, klar.«

Der Mann lachte. »Hätte ja auch sein können, dass Sie die Tagesverfassung der Fische meinen.«

Der Junge verzog die Lippen zu einem verkrampften Lächeln. Die Gegenwart der beiden machte ihn nervös. »Ja, klar«, sagte er. »Ich spreche von *meiner* Tagesverfassung. Nicht von der der Fische. Ist doch klar.«

Er holte den Köder ein, warf an einer anderen Stelle von Neuem aus.

»Ich hab früher auch mal gefischt«, sagte der Mann. »Mit meinem Vater, oben in der Bretagne. Aber solche Dinger haben wir da nicht an Land gezogen. Mein lieber Schwan.« Er inspizierte den Inhalt des Eimers, gab ein bewunderndes Pfeifen von sich.

»In der Bretagne soll's aber tolle Fischreviere geben«, sagte der Junge. »Ich hab mal so was gelesen.«

»Kann schon sein. Mein Vater und ich haben davon allerdings nicht viel bemerkt.«

Der Junge behielt den Schwimmer im Auge, während die Frau und der Mann ihm zuschauten. Langsam machte sich die Flut bemerkbar, die Brandung war stärker geworden. Weit draußen, hinter der Silhouette des Leuchtturms, glitt in majestätischer Behäbigkeit ein Tankschiff vorbei.

»Wie heißen die Fische?«, fragte die Frau. »Die grauen da mit den großen Rückenflossen?«

»Seebarsche«, sagte der Junge.

»Ach, *das* sind Seebarsche?«

»Ja, klar. Hier in der Gegend nennt man sie *loups*.«

»Ach, das sind *loups*?«

»Jep.«

»Machen Sie Urlaub hier im Süden?«, fragte sie.

»Kann man so sagen.«

Es war offenkundig, dass die Frau versuchte, ein Gespräch anzuknüpfen, aber es half nichts: Irgendetwas an ihr schüchterte ihn ein. Er hätte gern cooler gewirkt, lässiger, aber seine Antworten kamen knapp und einsilbig, fast abweisend.

»Sind Sie schon lange hier?«, fragte die Frau.

»Dreieinhalb Wochen. Ich bleibe bis Ende August.« Jetzt klang er um eine Spur zu freundlich. Auch das erschien ihm unpassend.

»Hast du das gehört, Yves? Der junge Mann verbringt den ganzen Sommer hier. Beneidenswert!«

»Mein Vater hat ein Haus am Ende der Bucht.« Der Junge bewegte das Kinn ein Stückchen nach links. »Schönes Haus. Aber man kann's von hier aus nicht sehen.«

Er ärgerte sich über seine Befangenheit. Er hätte viel darum gegeben, souveräner zu wirken, gelassener, aber irgendetwas in ihm spielte da nicht mit.

»Na, dann lassen wir Sie mal«, sagte die Frau. »Sonst vertreiben wir Ihnen mit dem Gequatsche noch die Fische.«

»Aber nein«, sagte er, »kein Problem. Die Fische hören Sie doch gar nicht.«

Am nächsten Abend fuhr er wieder in die Stadt. Eine kleine Flottille von Makrelenbooten tuckerte draußen am Kap vorbei, als er das Rad durchs offene Gartentor auf die Küstenstraße hinausschob. Er schwang sich in den Sattel und ließ den Rädern freien Lauf. Die Sonne ging gerade unter, tauchte Berge und Meer in ein intensives, orangerotes Licht.

In der Stadt war fast noch mehr los als an den Abenden zuvor. Heerscharen von Touristen bevölkerten die verwinkelten Altstadt-Gassen. Er ließ sich an Schaufenstern und Bistros vorbeitreiben und betrachtete die bunten Surfbretter in den Sportgeschäften unten am Yachthafen. Dann ging er in den Spielsalon in der Nähe des Busbahnhofs und spielte ein paar Partien Flipper. Er spielte nicht schlecht. Die Kugel schoss wie ein Torpedo zwischen den Bumpers herum, die elektronische Punktanzeige spulte rastlos Ziffern herunter. Er hatte einen Lauf, verpasste nur knapp ein Freispiel, obwohl er auf dem Gerät gar nicht eingespielt war. Ein junger Araber schaute ihm über die

Schulter, Lederjacke, löchrige Jeans, und legte eine Münze auf den Apparat. Sie spielten eine Partie zusammen. Aus der Jukebox dröhnte Johnny Halliday: *Rock 'n' Roll Attitude*. Der Araber gewann.

Die Restaurants waren voller Menschen. Überall lärmende Tagesausflügler, Familien mit Kindern, verliebte Paare, die sich über flackernde Kerzen hinweg zärtliche Blicke zuwarfen. Er näherte sich dem *Vieux Murs*, einem mit dunkler Holzvertäfelung und prächtigen Kristalllustern ausgestatteten Fischrestaurant unweit der Strandpromenade. Er spazierte an der Gartenterrasse vorbei, da sah er den Mann und die Frau vom Strand wieder. Sie saßen vor einem Berg Muscheln, an einem Tisch in der Nähe des Eingangs. Die Frau trug ein schwarzes Strandkleid, eng geschnitten, mit einer roten Bordüre über dem Dekolletee. Sie war schön wie ein Filmstar, so kam es ihm vor. Er wandte den Blick ab, schaute wieder hin. Sie hielt ein halb volles Weinglas in der Hand, nickte ihm zu. Er versuchte ein Lächeln.

Nachts zog ein Sturm auf. Er lag in unruhigen Träumen. Der Wind rüttelte an Dachziegeln und Spalieren. Die Fensterläden klapperten. Er wälzte sich im Schlaf, wachte auf, schlief ein, erwachte von Neuem. Das Meer warf sich gegen die Klippen, der Sturm fegte in wilden Böen ums Haus. Er knipste das Licht an und schaute auf die Uhr: halb zwei. An Schlaf war nicht zu denken. Er stand auf und ging in die Küche, trank ein Glas kaltes Wasser. Dann ging er wieder zu Bett. Er schloss die Augen und dachte an sein Zimmer zu Hause in der Stadt, an seine Bücher und Videos, an seine Mineraliensammlung mit all den Ammoniten und Turmalinen und dem seltenen Behierit aus Madagaskar, den ihm sein Vater letztes Jahr geschenkt hatte. Er begann die Abstufungen der Mohs'schen Härteskala zu memorieren, von T wie

»Talk« bis D wie »Diamant«. Langsam glitt er hinüber in einen unruhigen Halbschlaf.

Er träumte vom Tod seines Vaters. Der Leichnam lag aufgebahrt in einer großen, menschenleeren Zeremonienhalle, von hohen, weißen Kerzen und violetten Dahlien umgeben. Er beugte sich über den Sarg und betrachtete das ausdruckslose Gesicht des Toten. Aus den Augenhöhlen seines Vaters krabbelten Ameisen. Der Traum hatte nichts Erschreckendes.

Am nächsten Morgen war der Himmel wie reingewaschen. Kleine, luftige Federwölkchen zogen landeinwärts, ein trockener Wind wehte vom Kap herüber. Nach dem Frühstück packte er seine Sachen, dann trabte er wie jeden Morgen zum Naturhafen hinunter, um seine Jolle startklar zu machen.

In der Bucht schlüpfte er aus den Kleidern, dann warf er sich in die Wellen, ohne sich wie sonst von der Sonne aufheizen zu lassen. Das Wasser war – eine Folge des Sturms – um einiges kühler als gestern. Er kraulte mit schnellen, kraftvollen Bewegungen ins Offene hinaus, tauchte unter, genoss die Kühle des Wassers und schnellte, da niemand ihn hörte, mit einem Schrei aus den Fluten. Dann ließ er sich rücklings auf den Wellen treiben und blinzelte in die Sonne.

Der Mann und die Frau kamen gegen Mittag. Sie winkten ihm zu, als sie ihre Isomatten unter dem steil abfallenden Felsvorsprung ausrollten. Der Junge winkte zurück. Er beobachtete, wie der Mann den Sonnenschirm in den Kies rammte, während die Frau sich mit routinierten Bewegungen auszuziehen begann. Sie streifte ihre Sandalen ab und schlüpfte aus dem Strandkleid, das sie sorgfältig zusammenlegte und über ihren sonnengebleichten Rucksack legte. Heute trug sie den türkisfarbenen Bikini, wie der Junge befriedigt feststellte. Sie streckte die Zehen ins Wasser und verzog das Gesicht, während der Mann Shorts und T-Shirt auszog. Ein paar Sekunden später stand er neben ihr. Die beiden kühlten sich ab, indem sie Oberkörper und Arme mit Wasser besprenkelten, dann machten sie ein paar entschlossene Schritte und tauchten in die Fluten.

Der Junge langweilte sich. Die Ferien dauerten schon zu lange. Er sehnte sich nach der Stadt, nach seinen Freunden, nach den Sonntagnachmittagen im Kino, wo er, bewaffnet mit Popcorn und Cola, den Mädchen aus dem Lycée Balzac nachstellen konnte, auf die hilflose und linkische Art, die letzten Endes nie zu etwas führte. Daran vermochten auch Louis und Etienne nichts zu ändern, seine Schulfreunde, die, wenn es um Mädchen ging, ebenso unbeholfen waren wie er selbst, auch wenn sie das mit großen Sprüchen zu kaschieren versuchten.

»Haben Sie vielleicht Lust, heute Abend mit uns zu essen?« Der Junge drehte sich um. Der Mann hatte ein rotes Handtuch mit schmalen weißen Streifen um seine Lenden geschlungen. »Wir reisen morgen ab«, sagte er. »Ist unser letzter Abend heute. Wir würden uns freuen, wenn wir Sie zum Essen einladen dürften.«

»Ich weiß nicht«, sagte er. Das Angebot machte ihn unsicher. Er hatte keine Ahnung, wie man sich bei einem solchen Abendessen benahm – er, allein mit zwei Fremden.

»Ach, tun Sie uns den Gefallen. Meine Frau würde sich freuen.«

Der Junge dachte nach.

»Natürlich sind Sie unser Gast. Das versteht sich von selbst.«

Der Junge beobachtete, wie der Schwimmer auf den Wellen tanzte, dann sagte er: »Okay.«

Sie saßen auf der Terrasse eines Fischrestaurants. Die von Windlichtern beleuchteten Terrakottawände waren mit Netzen und Seesternen dekoriert. Das Lokal war gut besucht, auch wegen des offenen Grills, an dem einige Köche mit allen Arten von Meeresfrüchten hantierten. Als Vorspeise bestellten sie Oliven und gebratene Sardinen, dazu suchte der Mann einen kräftigen, nach Nüssen schmeckenden Weißwein aus. Als Hauptgang gab es Seeteufel, in Cognacsauce mit grünem Pfeffer serviert.

»Haben Sie von den Unwettern in den Alpen gehört?«, fragte die Frau. »Das Durance-Tal ist zum Teil völlig überflutet. In den Dörfern fahren die Leute mit Booten durch die Straßen.«

»Es soll sogar Tote gegeben haben«, sagte der Mann.

»Ja, ich hab den Bericht in den Nachrichten gesehen«, sagte der Junge höflich. Er trank Wein, wie der Mann und die Frau, obwohl er ihm nicht schmeckte.

»Na, überraschen darf einen das nicht, da oben hat es eine Woche lang ununterbrochen geregnet«, sagte die Frau. »Kaum zu glauben, wenn man sich die Affenhitze hier unten vor Augen führt, nicht wahr, Yves.«

Der Mann nickte, während er sich mit einer Serviette die Cognacsauce aus dem Mundwinkel tupfte.

»Soll die schlimmste Überschwemmung seit hundert Jahren sein«, fuhr die Frau fort. »Die armen Leute können einem wirklich leidtun. Stellt euch vor, der ganze Dreck und der Schlamm in den Häusern. Schrecklich. Ob die Versicherungen das zahlen?«

»Glaub ich nicht«, sagte der Junge, der etwas zur Unterhaltung beitragen wollte. »Die drücken sich doch um Entschädigungen, wo's nur geht.« Er spürte, wie ihm der Wein zu Kopf stieg, ein angenehmes Gefühl.

Das Gespräch wandte sich anderen Themen zu. Sie unterhielten sich über die Qualität der Restaurants und Brasserien im Ort, die beiden schienen einige davon durchprobiert zu haben. Dann begann der Mann vom Urlaub zu erzählen, den er und seine Frau vergangenes Jahr auf Kreta verbracht hatten.

In diesem Moment legte die Frau ihre Hand auf das Knie des Jungen. Er schaute auf, sprachlos. Sie lächelte, ruhig und vollkommen unbefangen, als wäre es die normalste Sache der Welt, dass man einem Jungen, den man kaum kannte, die Hand aufs Knie legte. Er schlug die Augen nieder, stocherte in seinem Essen. Der Mann erzählte weiter von Kreta und von den Ausgrabungen, die sie in Phaistos und einem Ort namens Komo besichtigt hatten. Vielleicht merkte er gar nicht, was unter dem Tisch vor sich ging. Der Junge hörte kaum zu. Er versuchte zu begreifen, was von der Situation zu halten war. Was wollte die Frau von ihm? Wusste ihr Begleiter, was sie da tat?

Kreta könne er wirklich empfehlen, sagte der Mann. Wenn man das wahre, ursprüngliche Griechenland kennenlernen wolle, so es das überhaupt noch gab, wäre Kreta genau der richtige Ort dafür. Der Junge legte das Besteck zur Seite und trank einen Schluck Wein. Ein kurzes, verlegenes Schweigen machte sich breit, dann sagte der Mann in beiläufigem Tonfall, als spräche er über das Fernsehprogramm oder die Wetterprognose für nächste Woche: »Sind Sie schockiert? Das täte uns leid.«

»Nein«, sagte der Junge. »Überhaupt nicht.« Er schob ein Stück Fisch in den Mund, dann legte er das Besteck auf den Teller und spülte den Fisch mit einem Schluck Wein hinunter.

»Es ist nun einmal so, dass meine Frau Sie sehr sympathisch findet.«

»Ja«, sagte der Junge, »ich finde Sie auch sympathisch. Ihre Frau und Sie. Wirklich.«

Der Mann lächelte. »Möchten Sie auch eine?« Er klopfte eine Zigarette aus einem gelben *Gauloises*-Päckchen. »Bedienen Sie sich.«

»Danke, nein, ich rauche nicht.«

»Sehr löblich«, sagte der Mann, während er sich eine Zigarette in den Mund steckte. Er riss ein Streichholz an, schirmte die Flamme mit der Handinnenfläche gegen den Wind ab. »Ich hätte mit dem Rauchen gar nicht erst anfangen sollen«, sagte er. »Aber jetzt ist es zu spät aufzuhören. Was soll man machen?« Er sog an seiner Zigarette, blies den Rauch genüsslich aus.

Eine Zeit lang war es still, dann begann die Frau, langsam seinen Oberschenkel zu streicheln. Sein Herz stand für eine Sekunde still. Er versuchte, sich nichts anmerken zu lassen, cool zu bleiben. Der Mann schenkte ihm Wein nach, dann sagte er: »Gefällt Ihnen meine Frau?«

Der Junge traute sich nicht zu antworten. Eine solche Frage stellte man doch nicht.

»Sie brauchen keine Angst zu haben«, sagte die Frau. »Wir tun Ihnen nichts.«

»Ich hab keine Angst«, sagte der Junge. »Das geht schon in Ordnung.« Er hob den Blick und schaute sie an. Auf ihren Lippen lag ein verwirrendes Lächeln.

»Sagen Sie ehrlich, was Sie denken«, sagte der Mann. »Finden Sie meine Frau attraktiv?«

»Ja, schon«, sagte der Junge mit belegter Stimme. »Ich finde sie … wunderschön.«

»Ich mache Ihnen einen Vorschlag«, sagte die Frau, während sie langsam ihre Hand von seinem Knie zurückzog. »Lassen Sie uns das Lokal wechseln. Was halten Sie davon?«

Sie gingen durch das Treppenhaus des *Hotel Maritime* in den zweiten Stock. Der Teppichboden dämpfte das Geräusch ihrer Schritte. Der Mann öffnete eine Glastür, dann gingen sie durch einen langen Korridor. Notlicht schimmerte an den Wänden. Ein Wagen des Zimmerservices stand vor einer der Türen, eine zerknüllte Serviette lag auf einem schmutzigen Teller. Die Frau schloss die Tür zu Nummer 208 auf, sie ließ dem Jungen den Vortritt. Der Mann folgte ihnen ins Zimmer. Die Frau zog die Vorhänge zu und sperrte die Tür ab. Der Mann verschwand im Badezimmer, man hörte, wie er den Duschvorhang zur Seite schob und das Wasser aufdrehte. Die Frau zog sich aus. Sie ließ den Rock, die ärmellose Bluse, den weißen Slip fallen. Ihre Espadrilles schob sie mit einer hastigen Fußbewegung unters Bett.

»Willst du dich nicht ausziehen?«, fragte sie.

Er schaute sie an. Durch die offene Balkontür wehte Klaviermusik von einer der Bars unten am Pier. *It's still the same old story, a fight for love and glory, a case of do or die ...* Sein Körper zitterte, er versuchte es so gut wie möglich zu verbergen. Er schlüpfte aus seinen Leinenschuhen, dann zog er sich aus.

»Komm«, sagte sie. »Du brauchst keine Angst zu haben.«

Er legte sich neben sie. Mit unsicheren Bewegungen begann er sie zu streicheln, sanft, zurückhaltend. Die Frau zog ihn zu sich herunter, drückte seinen Kopf an ihre Wange, flüsterte ihm etwas ins Ohr, das er nicht verstand. Sie streichelten einander, küssten sich, die Hände der Frau schlangen sich um seinen Nacken. Mit einem kaum hörbaren Geräusch öffnete sich die Badezimmertür. Der Mann trat heraus, er setzte sich an den Bettrand, ein stummer Zeuge ihrer Zärtlichkeiten. Der Mann roch nach Eau de Toilette oder irgendeinem teuren Rasierwasser. Eine Zeit lang schaute er ihnen zu. Dann spürte der Junge eine Hand auf seinem Rücken.

Die Frau löste sich von ihm, griff nach einem Fläschchen auf dem Nachttisch. Dabei begann sie ihren Mann zu küssen, langsam. Ihre Zunge tastete sich über Stirn und Schläfen zu seinen Lippen hinunter. Nach einer Weile schraubte sie das Fläschchen auf, goss etwas Öl in ihre Handfläche. Sie begann es auf der Brust und den Armen des Mannes zu verreiben. Der Junge kniete daneben und streichelte unbeholfen ihren Rücken, ihre knochigen Hüften. Nach einer Weile ließ die Frau von ihrem Mann ab. Sie legte sich auf den Rücken und gab dem Jungen zu verstehen, dass er zu ihr herunterkommen sollte. Er fühlte sich mit sanftem Druck aufs Bett gezogen, dann spürte er, wie ihre Arme sich um ihn schlangen, ihr Mund auf seinem Mund, sein Bauch auf ihrem Bauch. Er bewegte sich langsam auf ihr. Wieder flüsterte sie ihm etwas ins Ohr, liebevolle, halb gemurmelte Worte, deren Bedeutung sich ihm nicht erschloss, dann spürte er, wie jemand mit öligen Fingern seinen Rücken berührte, ihn hochzog, es war ihm nicht unangenehm, nicht besonders, er spürte den Atem des Mannes im Nacken, spürte, wie der Mann ihn von hinten umschlang und seinen Kopf zu sich herdrehte und ihn küsste, er ließ es geschehen und vergrub seine Fingerspitzen im Haar des Mannes, während er sich ihm zuwandte. Dann rief die Frau seinen Namen, leise, liebevoll, und als sie seine Schulterblätter umfasste und ihn zu sich herunterzog, spürte er ihre warmen, weichen Brüste unter sich. »Wie schön du bist«, flüsterte sie, während ihr Mund seine Lippen suchte. »Und du weißt es nicht einmal.« Der Klang ihrer Worte rief ein merkwürdiges Echo zwischen seinen Ohren hervor. Er spürte ihre Zunge in seiner Mundhöhle und schloss die Augen, und als ihre Zungenspitze seinen Gaumen und die Innenseite seiner Lippen zu umspielen begann, meinte er in Wohlgefühl zu ertrinken.

Auf der letzten Steigung vor dem Haus trat er noch einmal kräftig in die Pedale. Seine Beine waren schwer, T-Shirt und Hosen schweißverklebt. Die Ereignisse der letzten Stunden kamen ihm sonderbar irreal vor, so, als hätte nicht er erlebt, woran er sich erinnerte, sondern ein Doppelgänger, ein Traum-Stellvertreter, den er sich imaginierte. Er stieß einen kurzen, übermütigen Schrei aus, als er das letzte Teilstück zum Haus seines Vaters zurücklegte, dann konzentrierte er sich wieder ganz auf die Steigung, die seine Kraft vollkommen in Anspruch nahm. Er bog um die letzte Kurve vorm Haus und sah einen Krankenwagen mit blinkendem Blaulicht in der Einfahrt stehen. Vor Schreck hielt er an. Eine Gestalt in weißem Mantel schwang sich auf den Beifahrersitz, die Autotür wurde zugeknallt, der Motor sprang an. Als die Ambulanz mit sechzig, siebzig Sachen an ihm vorbeibretterte, glaubte er, Estellas Silhouette im Fond zu erkennen. Er schaute dem Wagen nach, dann schob er das Fahrrad das restliche kurze Stück nach Hause. Er stellte das Rad im Gartenhaus ab. Über einen der beiden Seiteneingänge betrat er das Wohnzimmer. Es war nicht abgeschlossen, offenbar hatte Estella damit gerechnet, dass er bald heimkommen würde. Er spazierte durch die Räume, ohne Eile. Wieder dieses Gefühl des Irrealen. Auf dem Wohnzimmersofa lag ein Krimi, in dem Estella heute Nachmittag gelesen hatte. Im Arbeitszimmer war alles fein säuberlich aufgeräumt, als hätte sich seit Monaten niemand mehr darin aufgehalten.

Er ging in die Küche. Auf dem Tisch fand er eine von Estella hastig hingekritzelte Notiz. »Ich bin mit Deinem Vater ins Krankenhaus gefahren. Es geht ihm wieder schlechter. Ich ruf Dich an, sobald wir mehr wissen. E.«

Er ging zur Hausbar im Speisezimmer, schenkte sich ein Glas Whisky ein, tat ein paar Eiswürfel dazu, obwohl der

Vater ihm mehrfach eingeschärft hatte, dass man Whisky nicht mit Eis trank. Dann ging er auf die Terrasse.

Er lehnte sich an die Brüstungsmauer und schaute ins Dunkel. In der Finsternis unter ihm kochte die Brandung. Eine Szene von früher kam ihm in den Sinn, ein schattenhaftes Bild aus Kindertagen: das Gesicht seines Vaters, unscharf, verschwommen, nach Leder riechend oder nach Tabak, dann Stimmen und Gesichter, die sich über ihn beugten, herzliche Stimmen, die Arme des Vaters, die ihn hochhoben, ein paar Worte, dann wieder Dunkelheit und Wärme und das Gefühl von Geborgenheit.

Der Junge ließ sich in einen der weißen Leinenstühle fallen und trank einen Schluck. Er genoss den rauchigen Geschmack auf der Zunge. Der Sternenhimmel lag als zitterndes Netz über der Bucht und dem Meer. Er schloss erschöpft die Augen, öffnete sie wieder: Der Leuchtturm schickte lange, gleichmäßige Blinkfeuersignale auf die See hinaus. Eine leichte Brise kam auf. Bald würde es stärkeren Wind geben, dachte er, vielleicht sogar Sturm, wie letzte Nacht.

SUMMER OF 76

Gegen vier ging ich mit Erich in den *Spielsalon Patry*, wo wir innerhalb von zwanzig Minuten unsere gesamte Barschaft verflipperten. Das war nichts Besonderes, das machten wir öfter. In zwei Punkten allerdings unterschied sich dieser Nachmittag – es war Mitte Juli, die Sommerferien hatten gerade begonnen – von allen anderen Nachmittagen zuvor: Erstens war mein Taschengeld genau an diesem Morgen auf zwanzig Schilling wöchentlich erhöht worden, was mich nicht daran hinderte, es in Rekordzeit zu verplempern, und zweitens lud mich Erich, während er die Punktanzeige des *Super-Soccer*-Apparats auf 150000 hochjagte, zur ersten Garagenparty meines Lebens ein. »Meine Schwester feiert am Wochenende Geburtstag«, sagte er, nachdem er den Bonus-Multiplikator durch mehrfaches Anspielen des Freistoß-Spinners auf das Achtfache erhöht hatte. »Willst du nicht kommen? Meine Schwester meint, du wärst schön langsam reif für eine richtige Fete.«

Er schob den Flipper mit einem Ruck zur Seite. Es half nichts: Die Kugel schoss ihm durch die linke Außenbahn. Futsch war sie.

»Hol's der Geier!«, zischte er.

»Mich will sie einladen?«, sagte ich. »Warum denn ausgerechnet mich?«

»Don't ask me.« Er kramte in seiner Hosentasche, fischte einen Schilling hervor, wartete, bis die Punktanzeige des Flippers die Bonuszahl ratternd zu seinen Spielpunkten addiert hatte, dann warf er die Münze in den Schlitz. »Meine Schwester scheint halt irgendwie einen Narren an dir gefressen zu haben«, sagte er, während er den Play-Knopf betätigte. »Versteh mich nicht falsch, sie will nichts von dir, ist ja auch fix vergeben und so, außerdem bist du zu jung für sie, aber sie findet dich halt irgendwie süß. Ehrlich. Ihre Worte.«

Erichs Schwester fand mich süß – das tat meinem chronisch schwächelnden Ego gut.

Wenn ich mir heute Familienfotos aus dieser Zeit anschaue – eines steht immer noch bei meinen Eltern auf dem Wohnzimmer-Fernseher –, stelle ich fest, dass mir der verschüchterte Schlankel, den ich auf den leicht verblassten Farbaufnahmen darstelle, mehr als fremd geworden ist. Dabei sind mir die Unsicherheiten und Spannungen jener Jahre noch plastisch in Erinnerung. Der 17. Juli 1976 etwa, jener Samstagnachmittag, an dem ich mich aufs Fahrrad schwang, um der Einladung von Erichs Schwester Folge zu leisten. Ich fuhr in die Neustadt, vorbei am Flugplatz, von dem aus am Wochenende die Propellermaschinen mit den Reklamespruchbändern aufstiegen (*Joka – und Sie liegen richtig*), dann radelte ich die Eferdinger Straße hinaus in eine jener Häuslbauersiedlungen am Stadtrand, in denen die Kinder am Wochenende mit knallgelben *Ytong*-Kapperln auf dem Kopf herumliefen, während ihre Väter mit entschlossenen Schritten hinter dem Rasenmäher herstapften, um ihren grimmig gepflegten Gärten eine angemessene Pflege zuteil werden zu lassen.

Die Party fand in der Garage von Erichs Eltern statt. Der 17. Juli 1976 war ein brütend heißer Sommertag, 33 Grad im Schatten, die Stadt ächzte unter der Hitze. Die Schwester meines Freundes stand mit dem ganzen einschüchternden Liebreiz ihrer sechzehn Jahre im Vorgarten und nahm die Glückwünsche der Neuankömmlinge entgegen. Ich überreichte ihr zwei Päckchen Apfelsaft und eine Schachtel

De-Beukelaer-Schokokeks, meinen Beitrag zum Buffet. »Vielen Dank, dass du mich eingeladen hast«, sagte ich höflich, während ich ihr einen verlegenen Kuss auf die Wange drückte.

»Gerne doch. Du weißt ja, gute Tänzer sind immer gefragt.«

Ich verzog den Mund zu einem verkniffenen Grinsen. Wollte sie mich auf den Arm nehmen? Ich hatte vom Tanzen nicht die geringste Ahnung.

Überhaupt musste man sagen: Hundertprozentig wohl fühlte ich mich nicht. Die meisten Partygäste waren, wie Erichs Schwester, um zwei, drei Jahre älter als ich. Ich spielte eindeutig die Rolle des Youngsters hier, selbst Erich war ein gutes Stück älter, er hatte in der zweiten Klasse eine Ehrenrunde gedreht, Englisch, Mathematik, das waren so seine Problemfächer.

Die Fäuste in den Hosentaschen zusammengeballt und insgesamt leicht eingekrampft, so schlenderte ich durch den Garten. Ich holte mir ein Cola vom Getränketisch, schaute möglichst cool, möglichst desinteressiert in der Gegend herum. Das bestimmende Gefühl in meinem Leben damals war Angst, eine bohrende, alles bestimmende Angst, die ich, wie die meisten in der Klasse, durch überakzentuierte Lässigkeit zu überspielen versuchte.

Die Party hatte noch gar nicht richtig begonnen. Ein paar Freundinnen von Erichs Schwester saßen auf Gartenstühlen oder wiegten sich in der großen, geblümten Hollywoodschaukel. Ein älterer Typ, vielleicht siebzehn, mit Günter-Netzer-Frisur, machte sich zusammen mit einem seiner Kumpel am Grillrost zu schaffen. Sie legten Holzkohle nach, fachten mit einem Blasebalg die Glut an, dabei tranken sie Bier aus der Flasche.

Ich setzte mich auf ein granitenes Mäuerchen, das ein paar Gemüsebeete vom restlichen Garten abtrennte, schlürfte Cola aus meinem Pappbecher, beobachtete die Leute und fragte mich, wo mein Freund Erich blieb. Er wohnte doch hier im Haus, wieso ließ er mich allein im Garten warten? Ich schaute mich um. Fand ich die Mädchen auf der Hollywoodschaukel hübsch? Irgendwie schon. Das Blöde war nur: Sie nahmen keine Notiz von mir. Für die war ich so interessant wie der Tischtennistisch mit der kaputten Netzhalterung, der zusammengeklappt an der Garageneinfahrt lehnte.

Nach ein paar Minuten kam Erich in aller Ruhe die Straße entlangspaziert, lässig wie Kwain Chang Caine in *Kung Fu* bog er in den Garten ein. Er grüßte nach rechts und links und setzte sich neben mich.

»Mörder was los ist noch nicht«, sagte er.

»Nein«, sagte ich. »Könnte mehr los sein.«

»Hast schon was zu trinken, wie ich sehe.«

»Ja, hab ich.« Ein paar Sekunden vergingen, dann deutete ich mit einer Kopfbewegung auf das offene Garagentor. »Da drin soll dann die Party steigen, oder wie?«

Erich nickte: »In zwei, drei Stunden geht da die Post ab. Darauf kannst du einen lassen.«

Im Augenblick war noch keine Menschenseele in der Garage.

»Schon was von den Intertoto-Spielen heute Nachmittag gehört?«, fragte ich.

Er schüttelte den Kopf. »Innsbruck hat sowieso keine Chance. Ich meine, wie sollen die was reißen gegen Eintracht Braunschweig? Vergiss es!«

»Bin ich mir nicht so sicher«, sagte ich. »Eintracht Braunschweig: nicht grad ein Weltklub.«

Erich verzog das Gesicht: »Und Innsbruck? Ist Innsbruck vielleicht ein Weltklub? Nein, wird nichts.«

Ich trank den letzten Schluck Cola.

»Weißt du was?«, sagte Erich. »Wir verschwinden.«

»Wohin willst du verschwinden?«

»Mensch, hast du eine lange Leitung. Eine Runde um die Siedlung drehen, verstehst du?«

Ich begriff nicht, was er damit bezweckte. Die Fete hatte doch noch gar nicht begonnen.

»Ich fass' es nicht«, zischte er. »Mann, ich will eine *rauchen*!«

»Wieso sagst du das nicht gleich!«

Hier im Garten, wo alle ellenlang ein Erwachsener auftauchte, konnte er sich natürlich keine Zigarette anzünden, das war klar. Wir ließen die Party Party sein und machten einen Spaziergang um die Siedlung: fünf Vorstadtstraßen, ein paar Dutzend Einfamilienhäuser, eine Bushaltestelle, eine Trafik, das war's. Wir setzten uns auf eine Bank am Rand eines riesigen Gerstenfelds und schauten auf den Flugplatz rüber.

»Ist mein Lieblingsplatz hier«, sagte Erich. »Da komm ich immer zum Rauchen her.« Er angelte ein Päckchen *Marlboro* aus seiner Jeanstasche, hielt es mir hin.

»Kein Bedarf.«

»Eh gesünder«, sagte er. Er zündete sich eine Zigarette an, blies den Rauch in kleinen Kringeln in die Luft, schob das Feuerzeug zurück in den Hosensack.

Ich sagte: »Schade, dass Fuzzy und Manfred nicht hier sind. Würde ihnen Spaß machen, die Party.«

Fuzzy und Manfred waren meistens mit von der Partie, wenn ich mit Erich um die Häuser zog. Allerdings waren sie am Wochenende auf Urlaub gefahren, der eine nach Italien, der andere zu seinen Großeltern hinauf ins Mühlviertel.

»Nie im Leben hätte meine Schwester die beiden eingeladen«, sagte Erich. »Soll schließlich kein Kindergeburtstag werden.«

»Und ich?«, sagte ich. »Warum darf ich?«

»Ich hab's dir doch gesagt: Meine Schwester hat einen Narren an dir gefressen. Sie hält dich irgendwie für einen Intellektuellen.«

»Hä?«

»Na ja, du liest immer so Bücher.«

»Ach so.«

Es stimmte, Erichs Schwester hatte mich einmal dabei beobachtet, wie ich Erich von Dänikens *Erinnerungen an die Zukunft* gelesen hatte, als ich auf einer Bank am Busbahnhof auf meinen Bruder gewartet hatte. War scheinbar nicht besonders schwer, als Intellektueller durchzugehen.

Wir saßen im Schatten einer kleinen Baumgruppe am Feldrand, es war wahnsinnig heiß. Julihitze pur. Keiner von uns sagte etwas. Erich rauchte mit tiefen, genussvollen Zügen. Die Maisstängel raschelten im Wind. Über uns ratterte eine Propellermaschine dahin. Ich hob den Blick zum Himmel. Da gondelten drei, vier Fallschirme langsam zur Erde. Erich sah sie auch.

»Komisch, dass das Menschen sind«, sagte ich mit Blick auf die winzigen Pünktchen, die da an den Fallschirmen hingen.

Erich streifte die Asche am Rand der Sitzbank ab, hielt die Hand über die Augen. »Hast du gedacht, das sind Außerirdische?«

»Ach, leck mich.«

Wir kehrten zur Fete zurück. Vor der Garteneinfahrt waren zwei, drei auffrisierte Zündapps abgestellt, daneben lehnten einige Fahrräder. An die zwanzig Leute saßen in kleinen oder größeren Gruppen unter dem Nussbaum oder in der Hollywoodschaukel, tranken Limo oder Bier. Manche delektierten sich auch schon an den Grillkoteletts mit Ketchup, die Erichs Vater am Vormittag aus dem *Super Point* in der Oberfeldstraße herbeigeschafft hatte.

Während wir uns was zu trinken holten, klärte mich Erich auf, wer die einzelnen Leute waren. »Also, das da drüben sind Richie, Heinz und Harry«, sagte er, während er mit dem Kinn auf drei Gestalten mit hautengen T-Shirts und ausgeprägten Schulterpartien deutete. Richie und Heinz, erfuhr ich, hatten vor ein paar Tagen das Poly abgeschlossen, Harry besuchte die Maschinenbau-HTL in Steyr – nicht gerade mit durchschlagendem Erfolg, sein Abschlusszeugnis war mit »Nicht genügend« gespickt, wie Erich erzählte, Harry musste die erste Klasse wiederholen.

Wir standen vor dem Getränketisch. Ich nahm mir noch ein Cola, Erich zog sich eine Flasche *Zipfer* aus der Kühlbox. Er machte das Bier auf, maurermäßig mit dem Feuerzeug, es machte »Zzzscht«, etwas Schaum rann über den Flaschenhals. »Mann, bin ich durstig!«, stöhnte Erich. Er leckte den Schaum ab, nahm einen kräftigen Schluck. Wir setzten uns etwas abseits auf das granitene Mäuerchen vor den Gemüsebeeten.

»Und wer sind die Mädels da drüben bei deiner Schwester?«, fragte ich.

»Interessiert?«

Ich schüttelte den Kopf. »Zu alt.« Ich meinte das nicht ironisch. Eine Sechzehnjährige zählte für mich damals zu den Bewohnerinnen einer anderen Galaxie.

Erich nannte mir die Namen all der Danis, Lisis, Margrets, Susis und Andreas da drüben, dann klärte er mich auf, dass

Margret mit Richie zusammen war, Lisi mit Heinz und Susi mit Harry. Ich hörte aufmerksam zu, verlor aber rasch den Überblick, denn bald stellte sich heraus, dass Susi früher mit Heinz, Lisi mit Richie und Margret mit Harry zusammen gewesen waren und noch früher Lisi mit Harry und so weiter. Jede hatte offenbar was mit jedem gehabt. Das reinste Gomorrha.

»Und wer hat aktuell was mit deiner Schwester?«, fragte ich.

»Der da.« Erich zeigte auf den Günter-Netzer-Typen, der soeben seine Bierflasche hob, um Harry zuzuprosten. »Joe«, sagte Erich. »Stell dich gut mit ihm.«

»Wieso?«

»Joe ist der Häuptling hier, der Cliquen-Boss, verstehst du?«

»Ach so.« Ich nahm Joe näher in Augenschein. Ein stämmiger Kerl mit raumgreifendem Auftreten.

»Angeber«, sagte ich. »Ist mir unsympathisch.«

»Meine Schwester sieht das anders.«

Ich erfuhr, dass Joe eine Mechanikerlehre bei *Citroën Pichler* in der Neustadt absolvierte, und dass er jede Zündapp innerhalb kürzester Zeit so auffrisieren konnte, dass ihr Besitzer mühelos mit neunzig über die Landstraße in Richtung Scharten hinausbrettern konnte. Außerdem war er der Einzige in der Clique, erklärte mir Erich, der die Anfangstakte von *Smoke on the Water* rülpsen konnte.

Ehrlich gesagt, Joe schüchterte mich ein. Obwohl er mich bis zu einem gewissen Grad auch faszinierte, so aus der Distanz gesehen. Ich beobachtete, wie er sich auf eine kleine, spielerische Rangelei mit Harry einließ. Ganz harmlos, das Ganze. Es ging darum, wer zwischen den Mädchen auf der Hollywoodschaukel sitzen durfte. Joe ließ sich zwischen Lisi und Erichs Schwester auf die Schaukel plumpsen. »Griffel weg, schwule Sau!«, krakeelte er. Harry hatte ihm im Spaß zwischen die Beine gefasst. »Einmal noch, und du bist fällig!« Ich trank einen Schluck Cola und schaute zu, wie Lisi und Erichs Schwester in überschwängliches Gelächter ausbrachen.

Nach und nach hatte sich das Geschehen, wie von Erich prognostiziert, in die Garage verlagert, einen fensterlosen Betonbau mit unverputzten Wänden. In einer metallenen Wandstellage waren Werkzeuge und Autoreifen magaziniert. Da und dort standen leere Getränkekisten aus dem *Stadlbauer*-Großmarkt. Erichs Schwester und ihre Freundinnen hatten überall im Raum Kerzen und Lampions verteilt, das sorgte für schummriges Licht und eine einigermaßen stimmungsvolle Atmosphäre. Aus einem Kassettenrekorder dröhnten The Who, die wuterfüllten, mit dröhnenden Bässen unterlegten Gitarrenriffs von *Heaven and Hell.*

Das Geknutsche war bereits in vollem Gange. Joe und Erichs Schwester lehnten etwas abseits von der Tanzfläche an der Wand und tauschten Zungenküsse, Margret und Richie, Susi und Harry hopsten auf der Tanzfläche herum, während Lisi und Heinz sich auf einer ausgerollten Isomatte miteinander vergnügten.

Ich hockte neben Erich auf einer der am Boden liegenden Matratzen und tat, als fände ich das alles vollkommen normal.

Bei uns zu Hause wäre eine Fete dieser Art absolut undenkbar gewesen. Allein schon der Gedanke daran machte mich verlegen. Wenn ich mir vorstellte, wie es Joe und Harry und Erichs Schwester oben in meinem Zimmer krachen ließen, während meine Mutter mit belegten Broten und einer Flasche

Ribiselsirup durch die Tür trat – der reinste Horror! Dazu kam die Musik, die Richie auflegte – eine vollkommen neue Welt für mich, fremdartig und faszinierend. Von Gruppen wie The Who oder Grateful Dead hatte ich noch nie zuvor gehört. Ich war mit Fred Bertelmann und den Linzer Buam aufgewachsen (*Träume von Linz an der Donau lassen erklingen mein Herz …*). Das Radio mit dem magischen Auge bei uns zu Hause war, seit ich mich erinnern konnte, auf *Radio Oberösterreich* eingestellt gewesen. Da waren die Kassetten, die Richie jetzt aus seinem Plastikköfferchen holte und in den Rekorder schob, ein echter Kulturschock.

»Ich will ja nichts sagen«, raunte mir Erich ins Ohr, »aber du hast einen Fan da herinnen.«

»Hä?«

»Angie. Schaut die ganze Zeit zu dir rüber.«

»Angie? Was für eine Angie?«

»Margrets kleine Schwester da drüben. Die Schwarze mit den kurzen Haaren. Tu mir einen Gefallen: Schau jetzt nicht zu ihr rüber.«

Ich ließ ein paar Anstandssekunden verstreichen, dann linste ich wie zufällig in die von Erich angegebene Richtung. Da saß zwischen zwei Freundinnen von Erichs Schwester ein nicht allzu großes, schwarzhaariges Mädchen, das ich bis jetzt, wenn überhaupt, nur äußerst flüchtig wahrgenommen hatte. Sie wandte den Blick gleich wieder ab, als ich zu ihr rüberschaute. Das also war Angie. Sie tuschelte irgendwas mit Babsi, die neben ihr saß, vermied es, in meine Richtung zu sehen. Angie war keine von den Schönheiten, wie ich sie immer wieder auf der Leinwand des *Zentral*-Kinos bewundert hatte, zuletzt in *Die kleinen Französinnen – Das erste Mal.* Aber sie gefiel mir doch ganz gut mit ihren blauen Augen und den schwarzen Strubbelhaaren, die zu einer Art

Bubikopf geschnitten waren. Als sie aufstand und ein wenig befangen, wie mir schien, zum Getränketisch rüberging, um sich ein Glas Apfelsaft zu holen, hatte ich Gelegenheit, sie mir aus einem anderen Blickwinkel anzuschauen. Angie war nicht besonders groß, eins sechzig vielleicht, außerdem schien sie ein gutes Stück jünger zu sein als ich. Gerade mal zwölf oder so, vielleicht auch erst elf – Margrets kleine Schwester, die man eben auch mitgenommen hatte auf die Party.

»Nicht übel, die Kleine«, sagte Erich. »Was meinst du?«

»Jep«, sagte ich. »Kann man so lassen.«

»Warum tanzt du nicht mir ihr?«

Ich schwieg. Den Vorschlag musste ich erst verdauen. Allein schon die Vorstellung, dass ich zu ihr rübergehen und sie auffordern sollte, jagte mir Schauer des Entsetzens über den Rücken.

»Wenn du heute Abend noch was erleben willst«, gab Erich zu bedenken, »solltest du schön langsam aktiv werden. Meine Meinung.«

Natürlich hatte er recht: Ich war auf die Party gekommen, um etwas zu erleben, in der Schule sprachen alle andauernd von ihren erotischen Eskapaden, da wollte ich nicht hintanstehen, obwohl ich keineswegs sicher war, dass alles der Wahrheit entsprach, was auf dem Pausenhof so kolportiert wurde. Auf jeden Fall, Mädchen waren das große Thema, Necking, Petting, Hard-Petting, solche Sachen. In *Bravo* schrieben sie andauernd drüber. Erich bewahrte ein paar Dutzend *Bravo*-Hefte unter seinem Bett auf, ich zog mir manchmal eins von ihnen rein – obwohl ich die Fotoromane echt peinlich fand. Immer verliebten sich sechzehnjährige Schülerinnen in den besten Freund ihres Bruders, und immer funkten eifersüchtige Freundinnen dazwischen.

Bei uns daheim gab's *Bravo* nicht. Für Illustrierte Geld auszugeben, das wäre in den Augen meiner Mutter eine groteske Verstiegenheit gewesen. Meine Eltern waren finanziell nicht auf Rosen gebettet. Als Rangierarbeiter auf dem Frachtenbahnhof verdiente mein Vater 6300 Schilling im Monat. Netto. Damit kamen wir gerade so durch. Extra-Ausgaben wie Zeitschriften, Süßigkeiten oder teure Marken-Jeans waren da nicht drin. Wozu eine *Lee Cooper* um 399, so der Standpunkt meiner Mutter, wenn's bei *Kastner und Öhler* zwei Mal im Jahr »so fesche Schnürlsamthosen« im Ausverkauf gab?

Auf jeden Fall, in einem von Erichs *Bravo*-Heften war ich vor einiger Zeit auf einen faszinierenden Artikel gestoßen. »Die Kunst der Verführung – So wird's gemacht«: ein Beitrag, den ich mehrmals hintereinander studiert hatte. Die Frage, wie man es anstellte, ein Mädchen zu verführen, hatte mich schon länger beschäftigt. In *Bravo* also endlich die Antwort. Private Partys oder Diskotheken wären *der* Schauplatz, um jemanden aufzureißen, las ich. Der von *Bravo* vorgeschlagene »Aufreißtrick« ging so: Man fordere ein Mädchen zum Tanzen auf und blicke ihr auf der Tanzfläche so lange in die Augen, bis sie in den Armen des Tänzers dahinschmelze wie Butter in der Sonne. Dass ihr Herz erobert sei, erkenne man daran, dass sie den innigen Blick erwidere. Damit sei im Prinzip alles geritzt, man könne nun allmählich zum Streicheln der Schulterpartie und des Nackens sowie zum Küssen übergehen.

So weit die Theorie.

In der Praxis passierte zunächst einmal gar nichts. Ich blieb noch etwa zwanzig Minuten auf meiner Matratze sitzen, knetete meine feuchten Handflächen und schaute immer wieder zu Angie hinüber, wenn ich das Gefühl hatte, sie merkte es nicht. Als Richie etwas Langsames auflegte, eine Nummer von John Mayall, nahm ich meinen ganzen Mut zusammen. Ich stand auf, ging möglichst lässig zu Angie rüber und sagte: »Hi.«

Sie warf mir ein fröhliches Lächeln zu. »Hi.«

»Hast du, ähm, Lust, mit mir zu tanzen?«

»Warum nicht?« Sie wirkte nicht besonders überrascht, schien sogar irgendwie darauf gewartet zu haben, dass ich sie aufforderte. Sie strich sich mit der Hand durchs Haar – »Hairflip« nannten die in *Bravo* das, ein ermutigendes Zeichen, dann rappelte sich Angie hoch und begleitete mich auf die Tanzfläche. Ich nahm sie um die Hüften, wie es die anderen auch machten, sie legte ihre Hände auf meine Schultern. Wir tanzten, nicht zu eng. Nach einer Weile sagte ich: »Du heißt Angie, stimmt's?«

»Woher weißt du das?«

»Erich hat es mir erzählt.«

»Ah, Erich.«

»Ich heiße Armin.«

»Armin«, sagte sie, »alles klar.«

Wir tanzten weiter. Ich bemühte mich, die Tipps aus dem *Bravo*-Artikel konsequent in die Praxis umzusetzen. Ich schaute Angie eindringlich in die Augen, zuerst zögernd, mit kleinen Pausen dazwischen, dann immer länger, immer nachdrücklicher. Angie erwiderte meinen Blick, sie schaute weg, schaute wieder her, schaute wieder weg. Ich begann mich langsam an sie heranzutasten, immer damit rechnend, dass sie sagte: »He, Pfoten weg!« Aber sie sagte nichts. Ich wurde zunehmend mutiger, nicht lange, und wir tanzten eng umschlungen. Erichs Schwester warf mir ein aufmunterndes Zwinkern zu. Ich fühlte mich großartig. Als ich Angies Rücken zu streicheln begann, legte sie ihre Wange auf meine

Schulter. Richie spielte *The End* von den Doors, Angie summte den Text mit. Ich tauchte meine Nase in ihr Haar, atmete den Duft von Apfelshampoo, schloss genussvoll die Augen. Es war wunderbar.

Nach einiger Zeit legten wir eine Pause ein. Ich holte *Fanta* für uns beide, ängstlich bemüht, die Ausbuchtung im Schritt zu kaschieren. Dann hockten wir uns nebeneinander auf eine Matratze und unterhielten uns. Sie wohne in der Siedlung hier, erzählte Angie, drei Häuser weiter. Zurzeit besuche sie die Mädchenhauptschule Neustadt, aber später wolle sie Friseurin werden, ihr Vater beginne sich schön langsam um eine Lehrstelle umzusehen, obwohl sie noch massig Zeit hätten, aber bei der heutigen Arbeitsmarktlage müsse man sich beizeiten um solche Sachen kümmern.

»Ich werde Sportreporter«, sagte ich.

»Wow, Sportreporter«, sagte Angie.

»Ja, war immer schon mein Traumjob.«

»Braucht man da eine Ausbildung?«

Komische Frage, dachte ich. Was sollte man da großartig für eine Ausbildung brauchen, wenn man während der Bundesliga-Konferenz-Schaltung in Ö3 Rapid gegen Sturm Graz kommentierte? Da war doch weiter nichts dabei. »Ich glaub' nicht, dass man da eine Ausbildung braucht«, sagte ich. »Man macht das einfach.«

Sie schaute mich bewundernd an. »Und du traust dir das zu?«

»Wieso nicht? Ich hab schon eine Menge Spiele kommentiert. Bis jetzt allerdings nur auf Tipp-Kick-Ebene.«

»Auf *was* für einer Ebene?«

»Tipp-Kick«, sagte ich. »Sag bloß, du kennst Tipp-Kick nicht? Sind so Männchen mit beweglichem Bein. Ich spiele das andauernd mit Erich. Wird dir jetzt vielleicht kindisch vorkommen, aber wir tun dann so, als wäre er Real Madrid und ich Mönchengladbach, nur so als Beispiel. Und während wir spielen, nehm' ich gleichzeitig meinen Kommentar auf Kassettenrekorder auf, verstehst du?«

»Klingt überhaupt nicht kindisch«, sagte sie. »Ich find's toll, dass du die Fantasie hast. Also, ich könnte das nicht.«

Ich gab ihr eine kleine Demonstration. In Dieter-Kürten-Manier schilderte ich eine Torszene. Simonsen über links, Pass in die Mitte, Heynckes verstolpert – so in der Art.

»Wow«, sagte sie.

»Macht mir Spaß, so was«, sagte ich. »Wenn du willst, borg' ich dir mal eine von den Kassetten, die ich besprochen hab.«

»Super Idee«, sagte sie. »Würde ich echt gern hören.«

Ich spähte verstohlen zu Angies Hand hinunter, die ein paar Zentimeter neben meinem Knie am Matratzenrand lag. Wenn ich sie jetzt berührte, wie würde sie reagieren? Sie nahm einen Schluck *Fanta,* wechselte ein paar Worte mit der neben ihr sitzenden Margret, wobei sie die Hand von der Matratze wegzog und sie sich kichernd vor den Mund hielt. Dann sagte sie: »Willst du wieder tanzen?«

»Klar«, sagte ich.

Wir standen auf. Während wir auf die Tanzfläche gingen, warf ich einen Blick auf die Armbanduhr.

Kurz vor halb elf.

Um neun hätte ich zu Hause sein sollen.

Meine Eltern saßen vor dem Fernseher (*Cat Ballou – Hängen sollst du in Wyoming*), als ich mit gesenktem Kopf in der Wohnzimmertür erschien.

»Jetzt kommst du daher!«, sagte mein Vater. Er saß neben meiner Mutter auf dem Sofa, vor sich ein halb leeres

Mostglas. Sein angespannter Gesichtsausdruck ließ nicht den geringsten Zweifel: Ich hatte mich auf ein Donnerwetter gefasst zu machen.

»Tschuldigung«, sagte ich. »Es war so eine super Stimmung auf dem Fest, und da hab ich …«

»Super Stimmung«, schnaubte mein Vater. Er schnellte hoch und ging zum Fernseher, um das Gerät abzuschalten. Mit zartem Knistern verlöschte der Bildschirm. »Ich werd' dir gleich eine super Stimmung. Du glaubst wohl, du kannst dir alles erlauben, was?«

»Ich wollte eh anrufen, aber dann …«

»Wenn du meinst, du kannst hier einfach so auftauchen und so tun, als ob nichts wäre – dann hast du dich aber geschnitten …«

Meine Mutter machte ein Gesicht, als hätte sie in einen sauren Apfel gebissen. »Komm einmal her«, sagte sie: »Hauch mich an!«

Wenigstens in diesem Punkt hatte ich ein reines Gewissen. Ich ging zu ihr, blies ihr meinen Atem ins Gesicht. »Du lieber Himmel, wie dein Hemd wieder stinkt«, sagte sie.

»Waren ein paar vom Poly auf dem Fest«, sagte ich. »Haben getschickt wie die Blöden.«

»Das riecht man«, sagte meine Mutter. »Und jetzt ins Bett!« Ich merkte, dass sie mich vor meinem Vater schützen wollte. Er spielte da allerdings nicht mit. »Was ist?«, fuhr er mich an. »Haben wir ausgemacht, dass du um neun zu Hause bist? Haben wir das heute Nachmittag ausgemacht? Ja oder nein?«

Ich biss mir auf die Unterlippe. Sagte nichts. Was wäre auch zu sagen gewesen?

»Ich hab dich was gefragt«, sagte er mit bebender Stimme. »Was haben wir heute Nachmittag ausgemacht?«

»Dass ich um neun zu Hause bin.«

»Und? Wie spät ist es jetzt?«

Blöde Frage, dachte ich. Ließ sich doch leicht feststellen, wie spät es war. »Schau halt auf die Uhr«, sagte ich.

»Wie bitte?« Er hielt sich die Hand an die Ohrmuschel. »Ich versteh' dich so schlecht. Was hast du gesagt?«

»Ich habe gesagt, du kannst ja gern auf die Uhr schauen, wenn du wissen willst, wie spät es ist.«

Er haute mir eine runter – was nicht weiter überraschend war. Ich versuchte seinem Schlag auszuweichen, aber er war schneller. Er schlug mit voller Wucht zu, ich taumelte gegen den Fernseher. Er wollte mir noch eine verpassen, diesmal mit der Linken. Ich hob die Arme übers Gesicht, duckte mich weg. »Frech werden auch noch! Na, *dir* werd' ich's zeigen!«

Dass er so fest zuschlagen würde, hatte ich nicht erwartet. »Tut mir leid«, jammerte ich, während ich ein, zwei Schritte in Richtung Wohnzimmerschrank zurückwich. »Ist mir nur so rausgerutscht, ich hab's nicht so gemeint, echt nicht.«

Er blieb stehen, schöpfte Atem. »Ins Bett. Sofort!«

Ich zögerte eine Sekunde, weil ich, um die Tür zu erreichen, noch einmal an ihm vorbeimusste. Meine Mutter sagte: »Hast du nicht gehört, was dein Vater gesagt hat.«

»So eine Krätzen!«, knurrte er. Die nächste Party sei gestrichen, das sage er mir gleich. Die könne ich mir in die Haare schmieren.

Ich machte, dass ich aus dem Zimmer kam. Morgen, spätestens übermorgen war die Sache vergessen, hoffte ich, aber sicher war ich mir nicht. Ich ging in den ersten Stock, wo mein Zimmer lag, und sperrte mich ins Bad. Ich spülte mir das Gesicht mit kaltem Wasser ab und schaute in den Spiegel. Man sah mir nicht an, dass ich mir gerade eine saftige Dachtel eingefangen hatte. Das Zähneputzen ließ ich bleiben, ich machte nur die Zahnbürste nass, damit meine Mutter glaubte, ich hätte es ernst genommen mit der Mundhygiene. Dann verschanzte ich mich in meinem Zimmer, das ich, seit mein Bruder zum Bundesheer gegangen war, mit niemandem mehr teilen musste. Ich zog mich aus, schlüpfte in den Pyjama, legte mich ins Bett, löschte das Licht. Ich hörte, wie mein Vater die Treppe heraufpolterte. Er machte Licht im Bad, dann drehte er den Wasserhahn auf, pritschelte, nahm den Zahnputzbecher vom Bord, gurgelte. Meine Mutter tat noch etwas in der Küche, ich hörte, wie sie Schubladen aufzog, die Kühlschranktür auf- und zumachte, mit Töpfen hantierte. Dann kam sie auch nach oben.

Ich lag noch lange wach. Die Sommernacht war schwül. Die Heuschrecken draußen vorm Fenster veranstalteten einen Heidenlärm. Ich wälzte mich von einer Bettseite auf die andere, konnte nicht einschlafen. Ich hatte das Gefühl, dass sich mein Leben in den nächsten Wochen entscheidend verändern würde. Die Umwälzungen würden von unerhörter Tragweite sein, dachte ich, und Angie, daran gab es nicht den geringsten Zweifel, würde bei diesen Umwälzungen eine ganz entscheidende Rolle spielen.

Die Hundstage des Sommers 1976 lockten täglich Tausende Besucher ins städtische Freibad. Die vier geheizten Schwimmbecken, die ausgedehnten Liegeflächen und der imposante, weithin sichtbare Sprungturm machten das Freibad zu einer sommerlichen Attraktion, zu einer der wenigen in unserer Stadt.

Hinter dem Kinderplanschbecken mit dem wasserspeienden Betonfisch befand sich eine Liegewiese, auf der sich die sonnenhungrige Jugend unbehelligt von Bademeistern und anderen Autoritätspersonen treffen konnte. Erichs Schwester und ihre Freunde verabredeten sich Tag für Tag auf dieser Wiese, auch bei weniger sonnigem Wetter. Sie trafen sich immer an derselben Stelle, nur wenige Meter von den Fußballplätzen entfernt.

Ich kam kurz nach Mittag, als Letzter. Angie lag etwas abseits von den anderen im schütteren Schatten einer jungen Birke und aß einen Apfel.

»Da bist du ja«, sagte sie mit strahlendem Lächeln. »Ich hab schon gedacht, du kommst nicht mehr.«

»Ich hab's doch versprochen«, sagte ich. Ich ließ meine Sporttasche neben ihr ins Gras fallen.

»Wenn du dich umziehen möchtest, da vorn ist die Kabine.« Sie zeigte auf eine einzeln stehende Umkleidekabine ein paar Meter von unserem Liegeplatz entfernt.

»Ist mir bekannt«, sagte ich. Weiß der Kuckuck, warum sie mich darauf aufmerksam machte, wo die Kabine war, ich hätte auch so gewusst, wo ich mich umziehen musste. Vielleicht war sie ein wenig nervös und wusste nicht, was sie sagen sollte. Immerhin sahen wir uns zum ersten Mal seit der Party.

Ich kramte das Plastiksäckchen mit dem Badezeug aus meiner Sporttasche und machte mich auf den Weg zur Kabine. Erich sah kurz von seinem *Perry-Rhodan*-Heft hoch, als ich ihn mit einem kumpelhaften »Hi« begrüßte. Er lächelte schief, nickte mir zu. Ich verriegelte die Kabinentür, begann mich auszuziehen. Die anderen lagen vielleicht zehn Meter von mir entfernt auf ihren Decken und hörten Musik aus Richies tragbarem Kassettenrekorder. Der feuchtelnde Steinboden in der Kabine war kalt, Spinnwebfäden hingen vom Garderobehaken. Auf der Unterseite des herunterklappbaren Sitzchens klebte ein blassrosa Kaugummi. Ich war nervös, weil ich mir von Angie den ersten echten Kuss holen wollte. Hastig entledigte ich mich meines T-Shirts. Ich schlüpfte aus Hose und Sandalen und bückte mich hinunter, um dem Plastiksackerl meine Badehose zu entnehmen. Plötzlich ertönte Joes Stimme über mir: »Heast, mit dem Schwachoni-Gestell wirst' die Angie aber net derheben, Kleiner! Fest Spinat essen, sonst wird des nix!«

Ich schaute nach oben: Joe war auf der Außenwand der Kabine hochgekraxelt, seine Wrestlervisage lugte aus dem zwanzig Zentimeter breiten Spalt zwischen Außenwand und Kabinendach zu mir herunter. Ich hörte Richie, Heinz und Harry dröhnend lachen, auch das eine oder andere Mädchenkichern mischte sich ins Hohngelächter. Man amüsierte sich prächtig auf meine Kosten.

»Ich mach nur Spaß, Kleiner, reg dich nicht auf«, beruhigte mich Joe, dann sprang er von der Kabinenwand runter.

»Hat jemand Lust auf ein Kickerl?«, hörte ich ihn schreien, während er sich von der Kabine entfernte.

»Her mit der Wuchtel!«, rief Richie. Ich hörte, wie jemand dem Ball einen Tritt versetzte, wie ihn Heinz oder Richie zu stoppen versuchten.

Während ich in die Badehose stieg, wütend und ein wenig beschämt, improvisierten sie draußen ein Match. Joe und Richie gegen Harry und Heinz, auf die Tour. Ich wartete noch ein, zwei Minuten, bis ich das Gefühl hatte, mich wieder raustrauen zu können, dann packte ich meinen Krempel zusammen und verließ mit gefasstem Gesichtsausdruck die Kabine. Joe würde mich nicht kleinkriegen, redete ich mir ein, der nicht. Ich breitete mein Handtuch neben das von Angie, setzte mich hin. Sie hockte im Schneidersitz da und versuchte zwei Klick-Klack-Kugeln rhythmisch gegeneinanderklappern zu lassen. Klick-Klack war das Spiel der Saison. Man musste zwei bunte, an Plastikschnüren hängende Kugeln so aneinanderklackern lassen, dass sie dieses charakteristische Geräusch ergaben: Rattatattatatata.

Ich schaute ihr eine Zeit lang zu. »Gar nicht so einfach, was?«

»Blödes Spiel.« Sie warf die Kugeln ins Gras. »Ich hab mir nur die Zeit vertrieben, bis du kommst.«

Ich wusste nicht, was ich sagen sollte. Ich legte mich neben sie, steckte mir einen Kleestängel zwischen die Zähne.

»Nimm den Idioten nicht ernst«, sagte Angie.

»Der?«, sagte ich mit Blick auf Joe. »Ach, der kann mich.«

»Er hat die Woche Urlaub. Sonst wäre er noch gar nicht da.«

»Soll ich dir was sagen? Mir ist das piepschnurzegal, ob der Urlaub hat oder nicht.«

»Haben deine Eltern geschimpft? Ich meine, weil du am Samstag … so spät …«

»Nicht der Rede wert«, erklärte ich.

Ich verschränkte die Hände im Nacken, schaute in den Himmel. Zwei, drei Wölkchen drifteten durchs Blau. Die Birkenblätter über uns raschelten leise im Wind.

Wir lagen schweigend nebeneinander. Ich drehte mich in Seitenlage, Kopf in die Armbeuge, Blick auf Angie.

Sie sagte: »Gemütlich hier, findest du nicht?«

»Ich lieg' normalerweise weiter vorn«, sagte ich. »Beim Sportbecken. Da kann man den Kleinen aus der ersten Volks zuschauen, wie sie Arschbomben üben.«

Erste Volks, so drückten wir uns damals aus.

Angie räkelte sich ein bisschen, dann legte sie sich genauso hin wie ich. Wir schauten uns an.

»Deine Sommersprossen sind echt der Hit«, sagte ich etwas unbeholfen. Hätte ein Kompliment sein sollen.

Sie verzog die Mundwinkel. »Also, ich mag sie nicht.«

»Mir gefallen sie«, sagte ich. Ich rückte ein bisschen näher an sie heran. »Schauen süß aus irgendwie.«

»Ich würde sie mir am liebsten wegoperieren lassen.«

»Bist du verrückt?«, sagte ich. »Sie sind wunderschön.«

»Das sagst du nur so.«

»Nein, ehrlich. Ich find' sie wunderschön.«

Sie wollte wissen, was mir sonst noch an ihr gefiele. Ich zählte ein paar Sachen auf. Dabei berührte ich vorsichtig ihre Wange, streichelte sie. Angie rückte ein paar Zentimeter näher, ich auch. Unsere Lippen berührten sich. Dann küssten wir uns.

»Du musst aufpassen, dass du dir keinen Sonnenbrand holst«, sagte sie. »Ich schmier' dich ein.«

»Au ja«, sagte ich. Ich legte mich auf den Bauch. Angie verteilte ein paar Spritzer Sonnencreme auf meinem Rücken, begann mich einzureiben. Sie machte das gekonnt, mit kleinen, kreisenden Bewegungen. Dann machte ich das Gleiche bei ihr. Nachdem ich fertig war, küssten wir uns wieder. Ich versuchte mich nicht um Joe und die anderen zu kümmern, die ein paar Meter von uns entfernt lagen und hirnlose Witze rissen. »Was ist der Unterschied zwischen einem Tampon und einem Porsche 911? Der Porsche ist für Arschlöcher.«

Während Angie und ich eng umschlungen nebeneinanderlagen, las Joe einen Artikel aus der *Kronenzeitung* vor. Es ging um den Formel-1-Grand-Prix von Brands Hatch, den sie gestern alle gesehen hatten – alle außer mir. Ich hasste Formel 1. Joe gab ein paar Absätze aus Heinz Prüllers Formel-1-Kolumne zum Besten, dann diskutierten sie, ob Jody Scheckter den Reifenwechsel rechtzeitig vorgenommen hatte und ob die Disqualifikation von James Hunt irgendwelche

Auswirkungen auf die WM-Chancen von Niki Lauda hatte. Darüber kamen sie fast ins Streiten. Richie vertrat die Auffassung, dass James Hunt die unerlaubte Abkürzung gleich nach dem Startunfall absichtlich genommen habe. Harry sagte, Richie sei ein »Dillo«, wenn er das ernsthaft glaube, Hunt hätte im Gegenteil nicht gewusst und so weiter. Sie stritten sich, bis Erichs Schwester sagte: »Jetzt das Horoskop, Joe, lies das Horoskop vor.«

Joe stöhnte. Wofür sie ihn halte, sagte er, während er die *Kronenzeitung* auf die Decke warf, mit einem solchen Mädchenscheiß gäbe er sich nicht ab. Sie könne das Horoskop ja selber vorlesen, wenn sie so scharf drauf sei. Erichs Schwester griff sich die Zeitung und begann die Horoskop-Texte vorzulesen, Widder, Jungfrau, Zwilling, Waage, den ganzen Schmafu. Ich hörte mit einem Ohr zu. Angie schien Feuer und Flamme zu sein. »Schütze«, rief sie, »Schütze.« Erichs Schwester las: »Beruflich läuft es im Augenblick auch ohne Sie gut. In diesen Tagen sollte das Liebesleben Vorrang haben. Schlagen Sie sich einen Partnerwechsel aus dem Kopf (Uranus), nützen Sie die wunderbaren Venus-Aspekte bis 28. Juli.«

»Wow«, sagte Angie. »Wunderbare Venus-Aspekte. Klingt gut.«

Ich packte meine Wurstbrote aus und begann zu essen. Angie durfte ein paar Mal abbeißen, dafür ließ sie mich von ihrem *Capri-Sonne* kosten. Dann gingen wir alle zu den Fußballplätzen hinüber, die Mädchen auch.

Ich achtete sorgfältig auf die zwischen den Kleeblüten herumsummenden Bienen, als ich Hand in Hand mit Angie über die Wiese stapfte. Ich war diesen Sommer schon zwei Mal gestochen worden – musste nicht sein, dass mich die Biester noch einmal erwischten. Plötzlich hörte ich hinter mir Geflüstere und Gefeixe, dann begannen Harry und Heinz kreischend zu lachen. Ich drehte mich um. »Was amüsiert euch so?«

»Ich will ja nichts sagen, Kleiner«, ließ sich Harry vernehmen, »aber deine Badehose … nicht grade der letzte Schrei.«

Ich schaute an mir hinunter. An der Badehose war nichts auszusetzen. Okay, sie sah ein bisschen schlabberig aus, und das Wolle-Trevira-Gemisch, aus dem sie gefertigt war, wirkte vermutlich nicht wahnsinnig cool, aber sie erfüllte ihren Zweck. Ich hatte mir bisher noch keine Sekunde den Kopf über meine Badehose zerbrochen, ich trug sie seit drei, vier Jahren, man ging damit ins Schwimmbad, das war's. Dass man Badehosen als modische Accessoires wahrnehmen konnte, war eine schockierende Erkenntnis für mich. Ich beschloss, gute Miene zum bösen Spiel zu machen. »Weiß nicht, was an dem Thema so interessant sein soll«, sagte ich.

»Von mir aus zieh an, was du willst«, sagte Harry. »Du kannst auch in der Untergatti ins Schwimmbad kommen, wenn du willst. Aber ernst nimmt dich so keiner.« Wieder lachten die anderen.

Angie hakte sich bei mir unter. »Hör gar nicht hin«, sagte sie. »Die müssen immer irgendwen auf die Schaufel nehmen.«

»Schon klar«, sagte ich. »Ich seh nur nicht ein, warum das immer ich sein muss.«

Später, nach dem Match, nahm Erich mich zur Seite: »Ich wollt's dir eh schon früher sagen«, sagte er. »Aber mit dem Ding kannst du wirklich nicht ins Bad kommen, das geht einfach nicht.«

»Wieso? Mit der Badehose renn' ich seit 1972 herum.«

»Mann, du schaust aus wie eine Witzfigur.«

Ich musterte Erichs Teil, eine dunkelblaue *Adidas* aus irgendeinem modernen Kunststoff, der sich hauteng an den Körper legte. »So was trägt man heute«, sagte er. »Brauchst dich nur umschauen, alle haben so eine.«

Auf dem Weg zur Decke klärte er mich auf, dass es mit dem Besitz einer solchen Badehose allein übrigens nicht getan war, man musste das Bändchen in jedem Fall *außen* tragen, sonst konnte man die Hose gleich wieder einpacken.

»Was spielt das für eine Rolle?«, sagte ich. »Außen, innen, ist doch egal.«

»Mann, du begreifst echt nichts.«

»Ich versteh einfach nicht, warum das von Bedeutung sein soll. Bändchen außen oder innen – darüber denk ich doch keine Sekunde lang nach.«

»Auf jeden Fall brauchst du eine neue Hose«, sagte er. »Überleg's dir. Mit dem Fummel machst du dich im ganzen Bad zum Gespött.«

Erich hatte leicht reden. Nie und nimmer würde mir meine Mutter eine neue Badehose kaufen, solange es die rote noch tat. Und wenn, dann sicher keine *Adidas*. Viel zu teuer.

Auf der Decke machte eine Ein-Liter-Flasche Cola die Runde. Wir saßen herum, Erichs Schwester legte eine Fleetwood-Mac-Kassette ein. Harry, Joe und die Mädchen rauchten. Ich ließ mich nach hinten ins Gras sinken, Angie legte den Kopf auf meinen Bauch, ich streichelte ihr Haar, massierte ihre Ohrläppchen, nahm einen Zug von Erichs Zigarette, genoss die Sonne auf meiner Haut. Ich döste ein bisschen.

Nach einer Weile stieß Joe einen Rülpser aus: »He, Leute, wie spät ist es eigentlich?«

»Gleich drei«, sagte Erichs Schwester.

»Dann wird's Zeit.« Joe dämpfte seine Zigarette im Gras aus, sprang auf, machte ein paar Dehnungsübungen.

»Zeit wofür?«, sagte ich leise zu Angie.

»Um drei sperrt der Sprungturm auf.«

»Ach so.«

Die ganze Clique setzte sich in Richtung Familienbecken in Bewegung. Dort wurde, so erfuhr ich, jeden Nachmittag um drei ein heiliges Ritual vollzogen: Vor Hunderten Schaulustigen stürzten sich ein paar Dutzend furchtlose Springer vom Zehnmeterturm in die Tiefe. Einer der Bademeister, Typ bronzehäutiger Schlurf mit weißen Shorts und Pfeifchen um den Hals, erklomm gerade den Aufgang zum Zehner, hinter ihm drängelten schon die Sprungwilligen nach oben, darunter natürlich auch Harry, Richie, Heinz und Joe. Der Bademeister nahm vor dem Absprung Aufstellung, er pfiff, die ersten Wagemutigen stürzten sich in die Tiefe. Manche riskierten einen Kopfsprung, andere hopsten mit mehr oder weniger kunstvollen Kerzen in die Tiefe, darunter zwei, drei Mädchen, die sich während des Sprungs die Nase zuhielten.

Wir gesellten uns zu den Gaffern am Beckenrand. Einige der Zuschauer glotzten teilnahmslos, andere gingen mehr aus sich heraus und quittierten gewagte Sprünge mit bewunderndem Raunen, manchmal auch mit Applaus. Ich stand mit Angie und den anderen im Gedränge, reckte den Hals, war froh, nicht selbst da oben stehen zu müssen. Ein paar zaghafte Sprünge vom Fünfmeterbrett waren das Kühnste, was ich als Turmspringer bisher zustande gebracht hatte.

Der Bademeister pfiff wieder und der nächste Kandidat stürzte sich ins Bassin, dann noch einer und noch einer. Auch der eine oder andere »Bauchfleck« gelangte zur Darbietung, was vom Publikum jedes Mal mit höhnisch-mitleidsvollen Rufen quittiert wurde.

Harry, Richie, Heinz und Joe warteten bis zum Schluss. Erst als sie die Letzten auf der Zehnerplattform waren, zelebrierten sie ihren Auftritt. Als Erster war Harry an der Reihe. Man hörte den Pfiff des Bademeisters, Harry nahm einen gewaltigen Anlauf und hechtete in den Abgrund. Er sprang ein sogenanntes »Hagerl«. Dabei sauste sein Körper unter allerlei Verrenkungen durch die Luft, wobei die Verrenkungen eine eindeutig obszöne Komponente aufwiesen. Während des Flugs deutete Harry koitusähnliche Bewegungen an, zwei, drei Stöße mit dem Becken. Dazu öffnete er lustvoll den Mund. Kurz vor dem Aufprall klappte er sich zu einem sogenannten »Packerl« zusammen, damit seine Weichteile nicht in Mitleidenschaft gezogen wurden. Harry krachte ins Wasser. Eine Sekunde später schnellte er auch schon aus den Fluten, kraulte locker an den Beckenrand. Susi, seine Freundin, stieß einen Jubelschrei aus. »Wahnsinn, Harry, super!«

Die Hagerl, die Richie und Heinz zur Darbietung brachten, unterschieden sich in Stil und Ausführung nicht wesentlich von dem, was Harry soeben demonstriert hatte. Dann kam Joe. Er stand als Letzter oben, Brust raus, Kopf vor, der Inbegriff des couragierten Draufgängers. Nachdem der Pfiff des Bademeisters ertönt war, rannte Joe wie ein Irrer auf den Abgrund zu, stieß sich kraftvoll vom Betonrand ab, schien endlos lange durch die Luft zu fliegen, elegant deutete er ein paar ekstatische Bewegungen an, dann donnerte er wenige Zentimeter neben dem Beckenrand ins Schwimmbassin. Ein Wasserschwall ergoss sich über die Schaulustigen, Gekreische, Gejohle, Pfiffe. Joe entstieg den Fluten, ein selbstbewusstes Lächeln auf den Lippen. Er hatte den Traum aller Hagerlspringer realisiert: seine Zuschauer nass zu spritzen. Bewundernde Blicke begleiteten ihn auf dem Weg zu Erichs

Schwester. Sie reichte ihm ein Handtuch, Joe trocknete sich ab und sagte, während er sich sportlich-entspannt das Haar rubbelte: »Wird Zeit, ein Bier zu zischen, Leute.«

Meine Mutter stellte einen Teller mit Speckbroten auf den Tisch. Ich begann mit Heißhunger zu essen, langte auch bei den eingelegten Senfgurken und den aufgeschnittenen Radieschen aus dem Garten kräftig zu. Vorm Küchenfenster verdämmerte der Tag; Amselgezwitscher und rötliches Abendlicht. »Was macht ihr eigentlich so den ganzen Tag im Schwimmbad?«, wollte meine Mutter wissen. »Du lässt dich doch hoffentlich nicht zu irgendwelchen Blödheiten verführen.«

»Was für Blödheiten?«, sagte ich kauend.

»Biertrinken, Rauchen, du weißt, was ich meine.«

»Aber geh«, sagte ich. »Ich bin doch eh die meiste Zeit am Fußballplatz.«

Sie stand am Herd, riss eine Großpackung *Opekta* auf, schüttete den Inhalt in einen mächtigen Emaille-Kochtopf, in dem schon zehn oder zwölf Kilo Ribiseln in einer Handvoll Wasser vor sich hin blubberten. Meine Mutter war berühmt für ihre selbst gemachten Marmeladen. Den halben Sommer verbrachte sie mit dem Ernten von Erdbeeren, Ribiseln, Brombeeren, im Garten oder im Wald, dann stand sie wochenlang in der Küche und war mit Einkochen, Abfüllen und dem Beschriften der Gläser beschäftigt, während sie über die viele Arbeit fluchte, die ihr das machte. Dabei war unser Keller voll mit ihren Marmeladen. Wir schafften es kaum, die Gläser vom Vorjahr aufzubrauchen, und sie war schon wieder dabei, neue Marmelade einzukochen.

»Ich brauch' eine neue Badehose«, sagte ich beiläufig. Ich trank einen Schluck Süßmost, stellte das Glas zurück auf den Tisch. Es hinterließ einen klebrigen Rand auf der Wachstuchdecke.

»Wieso, die alte ist doch noch tadellos in Ordnung.« Sie rührte das *Opekta* mit einem Kochlöffel in die Fruchtmasse ein, leckte sich einen Finger ab.

»Nein«, sagte ich. »Sie passt mir nicht mehr.«

»Blödsinn«, sagte sie. »Wieso soll sie dir nicht mehr passen?«

»Mutti, ich schau aus wie ein Idiot mit der Badehose.«

»Wer sagt das?« Sie warf mir einen verständnislosen Blick zu.

»Bitte, Mutti, kauf mir eine neue!«

Sie nahm den Emaille-Kochtopf vom Herd, wuchtete ihn auf einen Metalluntersetzer auf der Kredenz und drehte sich zu mir um. »Wir haben deinem Bruder gerade fünftausend Schilling zu seinem Auto dazugezahlt, und du brauchst neue Herbstschuhe, und die Winterjacke passt dir auch nicht mehr, und außerdem sind die Raten für die Waschmaschine noch nicht zurückgezahlt. Und da glaubst du im Ernst, dass ich dir jetzt eine neue Badehose kaufe?«

»Mutti! Bitte!«, flehte ich.

»Kommt nicht in Frage! Du kannst dir von mir aus eine zu Weihnachten wünschen, wenn dir das so wichtig ist. Aber jetzt: sicher nicht.«

Ich quengelte noch eine Zeit lang herum, obwohl ich mir über die Aussichtslosigkeit meines Gebettels völlig im Klaren war. Und ich schätzte die Dinge richtig ein: Meine Mutter blieb hart.

Enttäuscht verzog ich mich in mein Zimmer. Während ich ein paar Darts-Pfeile auf die Zielscheibe an der Tür pfefferte, um Dampf abzulassen, überlegte ich fieberhaft, wie ich zu einer neuen Badehose kommen könnte. Ich ging alle

Möglichkeiten durch: Meinem Vater brauchte ich damit gar nicht zu kommen, die Großmutter anbetteln ging auch nicht, die hatte mir erst zum Schulschluss einen Hunderter zugesteckt, und sonst hatte ich niemanden, den ich um Geld angehen konnte. Auch meine Ersparnisse anzutasten, war keine Option, meine Mutter hätte es spätestens nach zwei, drei Wochen bemerkt – und dann: na, gute Nacht! Ich musste mich also wohl oder übel damit abfinden, dass ich den ganzen Sommer über den Deppen vom Dienst spielen würde im Schwimmbad. Es sei denn, es geschah irgendein Wunder. Bloß: Wann geschahen schon Wunder?

Ich schoss noch ein paar Darts-Pfeile auf die Scheibe, dann holte ich den Schulatlas aus einer der Schreibtisch-Schubladen und schlug ihn auf, um mich auf andere Gedanken zu bringen. Ich blätterte hin und her, zog mit dem Finger den Verlauf des Jangtsekiang nach, suchte die Chinesische Mauer, prägte mir die Namen der vier japanischen Hauptinseln ein. Hokkaido, Honshu, Shikoku, Kyushu … Hokkaido, Honshu, Shikoku, Kyushu … Ich memorierte die schönen, fremdartigen Namen, versuchte mir auszumalen, wie es dort aussah, welche Landschaften es auf Hokkaido oder Shikoku gab. Dann blätterte ich mich langsam zur Südamerika-Seite weiter.

Nachdem ich die Karte eine Zeit lang betrachtet hatte, kramte ich ein Blatt Papier aus einer anderen Schublade hervor, setzte mich an den Schreibtisch, legte das Blatt auf die Landkarte und begann in feierlicher Konzentriertheit, den Umriss Südamerikas abzupausen. Vor einiger Zeit hatte ich begonnen, mich mit geografischen Themen zu beschäftigen, vor allem begeisterte mich dieses Nachzeichnen von Landkarten, seit Monaten gab ich mich dieser Leidenschaft hin, drei, vier Mal die Woche. Schwer zu sagen, warum ich das tat. Vielleicht, um mir eine Art Überblick zu verschaffen, um etwas Ordnung zu bringen in das Chaos, als das ich die Welt empfand.

Auch diesmal verwendete ich ungeheure Sorgfalt auf die exakte Reproduktion der Vorlage. Zunächst zeichnete ich die Grenzen Südamerikas nach, dann die der einzelnen Staaten. Die Anden trieb ich als langen, braun schraffierten Keil von Norden nach Süden, dann kamen Amazonas, Orinoco und die anderen großen Flüsse an die Reihe, ich ließ sie den Erdteil als blaue, gewundene Bänder durchqueren.

Schließlich war die Landkarte fertig. Ich betrachtete sie, dann hob ich sie vorsichtig von der Vorlage ab und klebte sie in ein großes Schulheft. Dieses Heft war bereits mit mehreren Dutzend knisternder Pauspapierblätter gefüllt: Europa, Afrika und Vorderindien, der Balkan, die Iberische Halbinsel, Skandinavien und die Britischen Inseln ... Das Schulheft trug die etwas bombastische Aufschrift: »Illustrierter Weltatlas 1976«. Das »illustriert« bezog sich auf einige Zeitschriften- und Reisekatalogfotos, die ich irgendwo ausgeschnitten und unter die von mir kopierten Karten geklebt hatte.

Die folgenden Tage verliefen alle nach dem gleichen Muster. Gegen Mittag radelte ich ins Schwimmbad, drückte der Frau hinter der Kasse einen Abschnitt meines Zehnerblocks in die Hand, trabte nach hinten auf die Liegewiese, zog mich aus, ließ ein paar müde Scherze über meine Badehose oder mein Schwachoni-Gestell über mich ergehen, vergnügte mich mit Angie, die an meiner Badehose offenbar nichts auszusetzen fand. Erich war in seine *Perry-Rhodan*-Hefte vertieft, seine Schwester las uns Horoskope vor, ich gab Angie von meinen Jausenbroten ab. Wenn einer von uns beiden Geld hatte, gingen wir zum Buffet und kauften uns ein *Twinni*, das wir uns teilten.

Manchmal spielte Angie auch mit ihrer Schwester auf der Decke Rummy, dann kraulte ich ein paar Längen im Sportbecken oder übte Kopfsprünge vom Dreimeterbrett. Auf dem Rückweg hielt ich Ausschau nach Fuzzy und Manfred, die allerdings noch nicht aus dem Urlaub zurück waren.

Um drei pilgerte die ganze Clique zum Sprungturm. Wir bewunderten die Sprünge von Richie, Heinz und Harry, dann gingen wir alle ins Wasser, um uns ein bisschen abzukühlen. Lisi und Margret wurden »getümpfelt«, wie wir das nannten, Richie und Harry führten Saltosprünge vom Startsockel vor, Angie und ich verdrückten uns meist an den Beckenrand, wo ich mich filmreif an sie presste, um sie zu küssen wie Claude seine Freundin Carole in *Die kleinen Französinnen – Das erste Mal.*

Um halb fünf kam dann Joe aus der Werkstatt. Wir zogen zum Fußballplatz, um eine Partie gegen ein paar Sporthauptschüler zu spielen, die Joe vom Jugendzentrum her kannte. Bis sieben hingen wir in der Regel noch auf der Decke herum, bis Angie und ich nach Hause radelten und die anderen auf ihren Mopeds hinaus zur Schottergrube fuhren, wo sie zwei, drei Mal in der Woche Bratwürste grillten und sich mit Bier und Whisky zuschütteten.

Einmal nahmen sie uns mit zur Schottergrube. Ich hatte meinen Eltern die Erlaubnis abgerungen, bei Erich übernachten zu dürfen – de facto ein Freibrief für die schönsten Exzesse, denn Erichs Eltern kümmerten sich nicht im Geringsten darum, wo wir unsere Abende verbrachten, und vor allem war ihnen egal, wann wir nach Hause kamen.

Die Schottergrube war ein ausgedehntes Areal am Stadtrand, auf halber Strecke Richtung Wimpassing gelegen. Im westlichen Teil wurde Kies und Schotter abgebaut, der Rest war eine sonnenverbrannte, staubige Brache mit Brennnesseln, Disteln und buschigem Unkraut sowie ein paar ausgemusterten Autoreifen, die irgendjemand dort abgelagert hatte.

Es war ein Samstagabend, wir kamen kurz vor acht an. Joe und Richie machten ein Lagerfeuer, wir anderen hockten uns auf den Boden und packten zwei Zehnerpackungen Industriesemmeln und die von Lisi organisierten Grillwürste aus. Bis Joe und Richie so weit waren, vertrieben wir uns die Zeit mit Klick-Klack-Spielen und blöden Sprüchen. Wir hatten ein paar echte Klick-Klack-Profis unter uns – zu denen ich mich leider nicht zählen durfte. Mir fehlte die Geduld für dieses Spiel. Ich saß neben Angie auf meinem Badetuch, machte ein paar lustlose Versuche, die Kugeln aneinanderklackern zu lassen. Harry riss mir das Spiel aus der Hand: »Nehme an, beim Wichsen bist du nicht so patschert.« Er grinste stumpf und machte rattatattata.

»Selber Wichser«, gab ich zurück.

»Nicht frech werden, ja.«

Richie warf Margrets Kassettenrekorder an. Er schob eine Who-Kassette rein, setzte sich neben Margret und Erich auf den Boden. Das Feuer flackerte schon vor sich hin, Susi und Lisi spießten Käsekrainer und Knackwürste auf Haselnussstöcke, Angie und ich halfen mit, dann hielten wir die Stöcke in die Glut und begannen sie fachmännisch zu drehen.

Nachdem wir uns die Bäuche vollgeschlagen hatten – ich hatte mehr verdrückt, als mir guttat –, spielten wir Flaschendrehen. Wer verlor, musste ein Kleidungsstück ausziehen. Angie zierte sich, machte aber schließlich doch mit, nachdem Susi und ich sie überredet hatten. Joe spendierte zwei Flaschen Whisky, die machten während des Spiels die Runde.

Es war ziemlich aufregend. Flaschendrehen mit Ausziehen – das hatte ich noch nie gespielt. Nach einer Stunde oder eineinhalb saßen wir alle mehr oder weniger unbekleidet auf unseren Handtüchern. Die Reihe war wieder an mir, ich griff mir die leere Flasche, versetzte sie mit Schwung in Drehung. Der Flaschenhals zeigte auf Lisi. Das Einzige, was Lisi noch anhatte, waren Slip und BH. Jeans, T-Shirt und Pulli lagen sauber zusammengefaltet neben ihr, davor ein Paar Sandaletten mit glitzernden Strass-Applikationen.

»So, Leute, ich hör auf«, sagte sie.

»Was soll das heißen?«, fragte Harry.

»Hab ich doch gesagt: Ich hör auf.«

»Ausziehen, ausziehen!«, grölten Richie, Joe und Harry. Wir hatten schon einiges an Whisky ausgefasst, auch Lisi, aber mir war klar, dass Lisi nie im Leben hier vor uns ihren BH ablegen würde. Keines der Mädchen würde das tun. Und Lisi schon gar nicht. Sie war nicht der Typ, der so etwas tat.

So einfach könne sie es sich nicht machen, sagte Richie.

Ach, sagte Lisi, er werde schon sehen, was sie alles könne.

Zunächst blieb es ein harmloses Geplänkel, dann wurde der Ton rauer, aggressiver. Lisi erklärte, sie habe genug von dem Spiel, außerdem müsse sie um zehn zu Hause sein. Sie schlüpfte in ihre Jeans und machte Anstalten, sich das T-Shirt überzustreifen.

»Lisi, du versaust uns echt den Abend«, sagte Richie. Er leckte sich ein süffisantes Lächeln von den Lippen, steckte sich eine Zigarette in den Mund. »Ausgemacht ist ausgemacht: Ausziehen, Kleines. So ist die Regel.«

»Ja, zeig her, was du hast!«, johlte Harry. Er nahm einen Schluck aus der Flasche, wischte sich den Mund trocken, reichte den Whisky weiter.

»Seid ihr total plemplem oder was?«, sagte Lisi.

»Ausziehen!«, grölte Joe. Er stand auf, wankte in Lisis Richtung, griff sich ihren Pulli vom Boden.

»Pfoten weg«, fauchte sie, während sie ihm den Pulli aus der Hand riss. Eine kleine Rangelei begann, Joe holte sich den Pulli zurück, kriegte auch ihr T-Shirt zu fassen, er versuchte ihr das Leibchen über den Kopf zu zerren, sie wehrte sich, trat ihn, zwickte. Joe schlang die Arme von hinten um sie, hob sie hoch, sie strampelte wie ein auf den Rücken gefallener Käfer. »Was ist, lasst ihr mich den Job alleine machen oder was?«, ächzte Joe.

Richie und Harry kamen ihm zu Hilfe. Die Sache begann richtig unangenehm zu werden. Ich warf einen erschrockenen Blick zu Heinz, Lisis Freund, hinüber. Der verfolgte das Geschehen mit glasigem Blick. Heinz war stockbesoffen, er würde nicht eingreifen, das lag auf der Hand, und zwar schlicht und einfach, weil er nicht eingreifen *konnte.* Ich hatte das Gefühl, etwas tun zu müssen. »Es ist genug«, sagte ich. »Lasst sie in Ruhe.«

»Was mischst du dich da ein?«, sagte Joe, während er die zappelnde Lisi zu Boden zu drücken versuchte. Es gelang ihm nicht. Sie versetzte ihm einen Tritt gegen das Schienbein, wuchtete ihren Ellbogen gegen Harrys Oberarm. Sie wurden nicht fertig mit ihr, auch zu dritt nicht. Lisi befreite sich, kroch keuchend durchs Gras. Wimperntusche lief ihr übers Gesicht. Joe und die anderen standen verlegen grinsend daneben, als sie sich schniefend anzog. »Toll«, sagte sie. »Habt ihr wirklich toll gemacht. Glückwunsch!«

Die Stimmung war auf dem absoluten Nullpunkt angekommen.

»Lisi«, sagte Erichs Schwester. »Sie haben's nicht so gemeint …«

»Mit dir bin ich sowieso fertig!« Lisi zog den Reißverschluss ihrer Jeans hoch, schloss die Gürtelschnalle mit einem leisen Klick. Die anderen schwiegen. Lisi warf Heinz, ihrem Freund, einen vernichtenden Blick zu. Der, voll wie eine Strandhaubitze, hatte sich in die Wiese gerollt und schien zu schlafen.

Lisi nahm ihre Badetasche, stapfte mit wütenden Schritten zu ihrem Fahrrad.

»Lisi, soll ich mitkommen?«, fragte Erichs Schwester. »Soll ich dich nach Hause bringen?«

»Lass mich in Ruhe«, rief Lisi. »Und ruf mich morgen *bitte* nicht an.« Sie stieg aufs Rad und verschwand in der Dunkelheit.

Niemand hatte Lust weiterzuspielen. Richie versuchte die Stimmung zu heben, indem er eine alte Stones-Kassette einlegte, Joe kramte irgendwo eine Flasche *Chivas Regal* hervor. Ich rappelte mich hoch, alles andere als nüchtern. Ehrlich gesagt, ich konnte mich kaum noch auf den Beinen halten. Angie ging es nicht besser. Wir zogen uns an, etwas wacklig, dann legten wir uns ein paar Meter abseits von den anderen auf eines der Badetücher in die taufeuchte Wiese. Ich nahm Angie in den Arm, sie schmiegte sich an meine Schulter, wir hörten die anderen drüben beim Feuer reden. Alles in meinem Schädel drehte sich. Es war nicht unangenehm, ganz und gar nicht, aber richtig angenehm war es auch nicht. Wenn mir bloß nicht schlecht wird, dachte ich.

Als ich aufwachte, war das Feuer herabgebrannt. Das eine oder andere Holzscheit in der Glut knackte noch sanft. Erich hockte an der Feuerstelle und rauchte. Die anderen hatten sich ringsum im Gelände verteilt. Ich hörte Flüstern und Kichern in meiner Nähe, ein verhaltenes Seufzen.

»Bist du wach?«, flüsterte Angie.

»Ja.«

»Da haben's zwei nett miteinander.«

»Hm, äh, wer?«

»Keine Ahnung. Richie und Margret vielleicht.«

Jemand hüstelte, dann hörte man ein heiseres Lachen. Eine Männerstimme flüsterte etwas wie: »Verdammt, woher soll ich das wissen?« Ich glaubte, Joes Stimme zu erkennen. Aber ich war nicht sicher.

Dann wurde es wieder still. Ich hielt Angie im Arm, schaute zu den Sternen hinauf, versuchte den Großen Wagen zu orten, den Schwan, den Delphin, Sternbilder, die ich von den astronomischen Karten meines Schulatlas her kannte. Wieder war ein Flüstern zu hören, ein unterdrücktes Keuchen, hastiges Atmen. Jetzt drang so etwas wie ein Wimmern an mein Ohr.

»Nicht zu fassen«, sagte Angie. »Da treiben es zwei miteinander.«

»Kann ich mir nicht vorstellen«, flüsterte ich.

»Wenn ich's dir sage.«

Ich lauschte in die Dunkelheit. Wieder hörte man ein Keuchen, wieder dieses leise, charakteristische Seufzen. Es ging mir durch Mark und Bein.

»Gott, ist das widerlich«, sagte Angie. »Hier, vor allen Leuten.«

»Na ja«, sagte ich. »Wenn sich zwei gern haben, ist es vermutlich gleichgültig, wo sie sich …«

»Weißt du was, sei einfach still«, sagte Angie. Eine Sternschnuppe flimmerte über den Himmel. Nach einer Sekunde verlosch sie. Angie schmiegte sich an mich. »Du darfst dir was wünschen«, sagte sie leise.

Nach und nach begann ich mich von der Clique zu entfernen. Es ging nicht von heute auf morgen, passierte im Verlauf der nächsten Wochen ganz von selbst und ohne dass ich es wirklich wollte. Im Schwimmbad traf ich mich jetzt wieder öfter mit Fuzzy und Manfred, die endlich aus dem Urlaub zurückgekommen waren. Wir trainierten Hechtkopfsprünge von den Startblöcken des Sportbeckens oder Rollwenden am Beckenrand, manchmal schlichen wir auch zu den Damenkabinen und versuchten oben reinzuspechteln. Ich lag natürlich weiterhin bei Angie auf der Liegewiese, aber es war nicht mehr das Gleiche wie am Anfang der Ferien. Es begann mich zu langweilen. Immer öfter zog ich allein mit Fuzzy und Manfred los, auch Erich war oft mit von der Partie – dann war es fast wieder wie früher.

»Leute, wir müssen sofort rüber zum Fußballplatz«, sagte Manfred eines Nachmittags: »Da kickt gerade der Max Hagmayr.« Fuzzy und ich saßen auf einem roten Frotteebadetuch am Rand des Sportbeckens, wir spielten Schach auf einem kleinen, aufklappbaren Brett mit Magnetfunktion.

»Max wer?«, sagte Fuzzy.

»Mann, habt ihr das gehört?«, sagte Manfred. »Der Hirni kennt Max Hagmayr nicht!«

»Echt«, sagte ich. »Du kennst Max Hagmayr nicht? Spielt in der Ersten bei Vöest. Ist die Nachwuchshoffnung im Sturm.«

»Nie gehört«, sagte Fuzzy, der sich für Fußball nicht annähernd so intensiv interessierte wie für seine Chemie-Baukästen, von denen er ein halbes Dutzend zu Hause hatte.

»Egal«, sagte Manfred. »Kommt ihr mit oder nicht?«

»Ja, klar, was meinst du denn?« Ich sprang auf, gab Fuzzy einen Schubs. »Komm mit, Mann, Schach können wir später auch noch spielen.«

»Kann man nicht *einmal* eine Partie in Ruhe zu Ende bringen? Ich bleibe hier.«

»Spielverderber.«

Ich rannte mit Manfred zu den Fußballplätzen hinüber. Tatsächlich: Unter den eineinhalb Dutzend Badehosen-Kickern, die sich auf dem holprigen Spielfeld ein Match lieferten, war wirklich und wahrhaftig Max Hagmayr, Kaderspieler des SK Vöest Linz. Ich konnte es kaum fassen: Einer der Fußballgötter war zu uns herabgestiegen. Auf den ersten Blick war an Hagmayr nichts Besonderes. Wenn er nur so herumstand, wirkte er nicht anders als die Schwimmbad-Dribbler um ihn herum, aber wenn ihm einer den Ball zuspielte, sah man sofort, dass er von anderem Kaliber war als seine Mitspieler.

Als das Match zu Ende war, wurden die Mannschaften neu gewählt. Hagmayr und einer seiner Freunde, ein braun gebrannter, schlaksiger Kerl mit schulterlangem Haar, schickten sich gerade an, Tipptopp zu machen, um zu ermitteln, wer mit der Wahl seiner Mannschaft beginnen durfte. »Jetzt oder nie«, sagte Manfred, der sich noch nie viel gepfiffen hatte, wenn irgendeine Mutprobe zu bestehen war. Er trabte zu den Mannschaftsführern hin und sagte: »He! Keinen Bedarf an zwei jungen Talenten?«

Hagmayrs Kumpel musterte uns: »Nicht euer Ernst, Burschen! Ist doch kein Kindergarten hier.«

Ein paar lachten. Hagmayr nicht, Hagmayr sagte: »Lass sie mitspielen, Ernstl.« Mehr sagte er nicht. Keine Begründung. Einfach nur »Lass sie mitspielen, Ernstl«. Das genügte.

Ich wurde ins Tor gestellt, Manfred spielte eine Art Manndecker, der Hagmayr nicht von den Fersen weichen sollte.

Wir schlugen uns ganz wacker, muss ich sagen. Manfred wurde zwar nach Strich und Faden ausgespielt, dafür gelang ihm vorne ein Stangenschuss. Ich konnte einen Flugkopfball von Hagmayr mit der Fußspitze abwehren, obwohl ich bereits in die andere Ecke abgetaucht war. Wir verloren 2:6.

Auf dem Weg zur Decke kam mir Angie entgegen. »Ich hab dich schon gesucht«, sagte sie. »Gleich drei. Der Sprungturm sperrt auf.«

»Na und?«, sagte ich.

»Ich dachte, du kommst mit.«

»Ach so, ja, klar.«

Sie gab mir die Hand. Wir setzten uns in Richtung Familienbecken in Bewegung.

Eine große, weiße Wolke schob sich vor die Sonne. Sah nicht nach Gewitter aus. Noch nicht.

»Ich muss dich etwas fragen«, sagte sie, während wir am Buffet vorbeispazierten. Eine Schlange Kinder stand nach Eis und Pommes an.

»Ja, was?«

»Ich hab das Gefühl … weiß auch nicht … du bist so komisch in letzter Zeit.«

»Komisch? Wieso?«

»Es kommt mir so vor, als ob …« Sie verstummte. Wusste offenbar nicht, was sie sagen sollte.

»Angie«, sagte ich. »Wovon *redest* du?«

»Ich hab so ein Gefühl, als ob …« Sie schaute zu Boden, biss sich auf die Unterlippe. »Ach, vergiss es.«

Ich legte den Arm um ihre Schulter, tat, als wollte ich sie an mich drücken. Eine verlogene Geste. Ich war nicht ehrlich mit ihr. Wäre ich ehrlich gewesen, hätte ich wohl oder übel damit herausrücken müssen, dass ich des ewigen Geküsses, des ununterbrochenen Händchenhaltens überdrüssig war. Ich war lieber mit Fuzzy und Manfred zusammen, Fußball spielen, Schwimmtraining, Landkarten abpausen, das waren die Sachen, die mich begeisterten.

»Magst du mich noch?«, fragte sie.

»Ja, klar«, antwortete ich etwas forciert. Merkte sie was? Wahrscheinlich schon.

Vorm Familienbecken hatten sich die üblichen Verdächtigen versammelt. Margret, Susi, Erichs Schwester und die anderen drängten sich schon am Beckenrand. Ein paar Dutzend Springer schoben sich die Leiter hinauf auf den Sprungturm, unter ihnen Harry, Heinz und Richie. Joe folgte etwas weiter hinten.

Angie stand vor mir, den Blick der Zehnerplattform zugewandt. Sie schmiegte sich an mich, legte den Kopf an meine Brust. Der Bademeister stand schon oben, weißer Dress, Pfeiferl im Mund. Er warf einen prüfenden Blick nach unten, ob niemand mehr im Schwimmbecken war, dann nickte er kurz, blies lässig ins Pfeifchen. Die ersten Springer hechteten in die Tiefe, darunter ein paar Typen aus dem Brucknergymnasium, die ich vom Fußballplatz her kannte.

»Ihr schaut so herzig aus, ihr beiden!«, sagte Erichs Schwester neben uns. Angie lächelte.

Jetzt nahm ein sechzehn- oder siebzehnjähriger Bursche oben am Absprung Aufstellung. Er breitete die Arme aus, ging in die Knie und stieß sich energiegeladen ab. In elegantem Kopfsprung segelte er in die Tiefe. Als er ins Wasser tauchte, spritzte es so gut wie überhaupt nicht.

»Wow«, sagte Erichs Schwester. »Habt ihr den gesehen? Scharfer Typ, finde ich.«

Angie drehte sich um, schaute mir in die Augen, ein ironisches Funkeln im Blick – oder bildete ich mir das bloß ein? »Springst du auch einmal?«, fragte sie. »Für mich?«

»Wieso denn das auf einmal?«, sagte ich.

»Die anderen springen doch auch. Für ihre Mädchen.«

»Na ja …«, stammelte ich. Herrgott, warum brachte sie mich in eine solche Verlegenheit?

»Stimmt«, sagte Erichs Schwester. »Angie zuliebe könntest du auch einmal zeigen, was du draufhast.«

»Zeig ich doch eh dauernd. Oder nicht?«

»Ja, schon, aber nicht so, vom Zehner«, sagte Angie.

Was sollte ich machen? Natürlich hätte ich zugeben können, dass ich mich nicht traute. Damit hätte ich mich ein für alle Mal als Witzfigur deklariert, als jämmerlicher Waschlappen, den kein Mensch mehr ernst nehmen konnte. Auch langes Zögern hätte einen ungünstigen Eindruck erweckt. Was blieb mir anderes übrig? »Klar springe ich«, sagte ich. »Kleine Mutprobe. Spricht nichts dagegen.«

Ich ging zum Sprungturm rüber, hantelte mich zum Fünfmeterbrett hinauf, dort begann schon die Warteschlange. Ich versuchte möglichst nicht hinunterzuschauen auf die chlorwasserbespritzten Waschbetonplatten unter mir. Auf dem Siebeneinhalbmeterbrett spielte ich zum ersten Mal mit dem Gedanken umzukehren, kämpfte die Versuchung aber nieder. Oben auf dem Zehner erfasste mich ehrliche, aufrichtige Panik.

»Wen haben wir denn da?«, sagte Richie. Er lehnte entspannt am Geländer, warf mir einen mitleidigen Blick zu.

»Wollte mal ein bisschen Höhenluft schnuppern«, sagte ich.

»Nicht zu dünn für dich, die Luft hier oben?«

»Geht so«, sagte ich. »Warum fragst du?«

»Nur so.«

Ich klammerte mich ans Geländer, schaute ins Schwimmbassin hinunter. Man sah bis auf den Grund: Wirkte höher als zehn Meter, viel höher.

Ich warf einen Blick zum Beckenrand, entdeckte Angie mitten unter den anderen. Sie winkte mir zu, Erichs Schwester und die anderen Mädchen winkten auch, kicherten. Ich hob die Hand, grüßte nonchalant nach unten. Irgendwo weit weg läuteten Kirchenglocken. Ein Hochzeit vielleicht, oder eine Taufe.

Nach und nach leerte sich die Plattform. Ein Hundert-Kilo-Mann mit beachtlichem Bierbauch war einer der Letzten, der seinen Körper in die Tiefe wuchtete. Er donnerte im Schustersitz ins Becken. Jubel, Pfiffe, Applaus. Dann standen nur noch Richie, Harry, Heinz und Joe oben. Und ich.

Mein Puls schlug wie verrückt. Sobald ich nach unten schaute, krampfte sich mein Magen zusammen.

»Jetzt wird es sich entscheiden, Kleiner ...«, sagte Joe.

»Was?«, sagte ich. »Was wird sich entscheiden?«

»Ob du am Abend eine Runde auf meinem Moped drehen darfst oder nicht.«

Die anderen lachten.

»Kein Interesse«, sagte ich. »Dein Moped kannst du dir in den Arsch schieben!«

Joe stieß sich vom Geländer ab. »He, he, he ...«

»Ach, lass ihn«, sagte Richie. »Dem Kleinen geht eh schon der Stift.«

Vom Zehner aus hatte man einen guten Blick über das Messegelände und die Stadt bis hinüber zu den hügeligen Ausläufern des Hausrucks. Ich konnte die Aussicht im Augenblick allerdings nur eingeschränkt genießen. Alles in mir war Panik und Schwindel, alles drehte sich und rotierte, ich konnte nichts dagegen machen. Das Kindergeschrei da unten, das Stimmengewirr der Schaulustigen am Beckenrand, die Lautsprecherdurchsage vom Kassenhäuschen herüber, das alles verschwamm zu einer einzigen stumpfen Geräuschkulisse, die aus weiter Ferne zu mir herüberzuwehen schien. Irgendwo pfiff der Bademeister. Harry grinste und sagte etwas, das ich nicht verstand. Ich sah nur die Bewegungen seiner Lippen. Die anderen lachten. Ich löste mich vom Geländer und atmete tief durch. Dann trat ich an die Betonkante.

DAS INTERNAT

Jeden Sonntagmorgen das Gleiche: Sie erwachte kurz vor neun, und sofort war das Gefühl der Niedergeschlagenheit da. Es legte sich auf ihre Brust, schnürte ihr die Kehle zu. Das altvertraute Sonntagsgefühl. Astrid blieb noch ein wenig im Bett liegen, starrte das Chris-Norman-Poster an der Wand an, als könnte Chris Norman verhindern, dass sie heute Abend zurück ins Internat musste.

Der Sünde Sold ist der Tod; die Gabe Gottes aber ist das ewige Leben in Christus Jesus, unserm Herrn. Amen.

Vorm Fenster: ein nebliger Novembermorgen. Hinter den benachbarten Wohnblöcken, genossenschaftlichen Siedlungsbauten der frühen siebziger Jahre, konnte man die Schottergrube mit dem Kieswerk und den rostroten Türmen der Frischbetonanlage erahnen.

Sie quälte sich aus dem Bett. Irgendetwas tun, egal was. Sie ging in die Küche, um das Frühstück herzurichten und Kaffee zu machen. Während das Wasser gurgelnd durch die Filtermaschine lief, schaltete sie das Radio ein. Eine Nummer von Ray Anthony. Gefiel ihr nicht. Paul und Mutti schliefen noch. Normalerweise stand Mutti früher auf als Paul. Das war auch heute so. Astrid schmierte sich gerade ein Marmeladebrot, da betrat Mutti blass und zerknittert die Küche. Ein seidener Morgenmantel spielte um ihre Knöchel. »Na, mein Schatz, schon auf?«, sagte sie. Sie leerte den Aschenbecher in den Mistkübel unter der Spüle, setzte sich mit einem Päckchen *Dames* an den Tisch, klopfte eine Zigarette raus.

»Du sollst nicht so viel rauchen, Mutti!«

»Ach, lass man, Kind, zerbrich dir darüber nicht den Kopf.« Mutti zündete sich die Zigarette an, inhalierte den

Rauch mit hastigen Zügen. Astrid machte sich Sorgen um ihren Gesundheitszustand. Mutti kriegte später ganz bestimmt Lungenkrebs, oder es entstanden gefährliche Ablagerungen in ihren Herzkranzgefäßen, die zu einem Infarkt führen konnten. Die Vorstellung, dass ihre Mutter ernsthaft krank werden könnte, jagte Astrid einen Heidenschrecken ein. Das durfte nicht passieren.

Um Viertel nach neun schlapfte Paul in T-Shirt und Unterhose in die Küche, in der Hand eines der *Raumschiff-Enterprise*-Taschenbücher, die er Mutti gestern im Supermarkt abgebettelt hatte. »Kakao noch nicht fertig?«, maulte er, als er sah, dass Astrid einen Topf mit heißer Milch vom Herd zum Tisch hinüberbalancierte.

»Du kannst dir den Kakao auch gern selber machen«, sagte Astrid.

»Auch noch freche Widerworte geben.« Jetzt versuchte er das Ganze ins Witzige zu drehen. Wie ihr das auf den Geist ging: Immer zog sich Paul mit seinen Witzchen aus der Affäre.

»Nicht streiten, Kinder«, sagte Mutti mit genervtem Gesichtsausdruck. »Ihr wisst, am Wochenende will ich es gemütlich haben!«

Astrid fand es unerträglich, wie viel Lärm Paul machte: Kalte Milch aus dem Kühlschrank geholt – wumms, Kühlschranktür zugepfeffert. *Kellogg's*-Packung aus dem Kasten gefischt, krach, Kastentür zu. Und dann, zack, Teller auf den Tisch. Wie grob er mit den Dingen umging. Er hockte sich auf den Stuhl beim Fenster, aß drei Teller Cornflakes mit Milch, trank den von Astrid gemachten Kakao. Er ließ sich alle Zeit der Welt beim Essen und beim Trinken, schaute kein einziges Mal von seinem Paperback auf. Typisch, dass er nicht eine Sekunde lang daran dachte, sich am Tischgespräch zu beteiligen. Mutti ließ ihn gewähren. Paul durfte ja alles. War schließlich ihr Goldjunge. Der liebe Paul, der gute Paul, der kluge, superintelligente Paul.

Mutti trank drei Tassen Kaffee ohne Zucker, rauchte. Sie fragte Astrid über ihre Freundinnen aus, Sonja Veits und Babsi Linimair, was deren Väter so verdienten, wo ihre Mütter einkaufen gingen, ob Babsi und Sonja schon einen Freund hätten, solche Sachen. Astrid antwortete ausweichend, zum Teil, weil sie die Antwort nicht wusste, zum Teil, weil sie Mutti nicht alles erzählen wollte. Dann fragte Mutti, was sie gerade in Erdkunde durchnähmen, ob sie Italien schon durchgenommen hätten. Ach, Italien, seufzte Mutti, als junges Mädchen sei sie mal in Verona gewesen, zauberhafte Stadt, ganz zauberhaft, aber auch unglaublich dreckig, man mache sich keinen Begriff, wie verschmuddelt dieses Verona sei, speziell die Gegend rund um das Capulet-Haus, wo man immer noch den Balkon der Julia bewundern könne. Mutti seufzte wieder, ach, Romeo und Julia, die Geschichte einer großen Liebe. Man dürfe sich natürlich nicht wundern, dass Verona so unglaublich dreckig sei, man wisse ja, die Italiener hätten die Hygiene nicht gerade erfunden.

Paul hatte fertig gegessen. Er klappte das Buch zu, gähnte, ohne sich die Hand vor den Mund zu halten. »Was steht heute auf dem Programm?«, fragte er, während er den Cornflakes-Teller wegschob und vom Tisch aufstand. Wer den Teller wegräumte, war ihm natürlich egal. Paul war es gewohnt, dass andere sich um solche Sachen kümmerten.

»Ich hätte mir gedacht, dass wir schön mittagessen gehen«, sagte Mutti. »Vielleicht Backhähnchen bei *Scheich* in Wallern.«

»Okay«, sagte Paul. Er zog die Gardine zur Seite, schaute aus dem Fenster auf den novembertristen Parkplatz hinunter.

»Was hältst du davon, Astrid?«

»Au ja«, sagte sie.

Am liebsten hätte sie geheult.

Vormittags Würfelpoker. Astrid notierte die Punkte mit einem von Muttis orangen Plastikkulis auf einem karierten DIN-A4-Blatt. Sie bemühte sich, schön zu schreiben. Auf ihre Handschrift war sie stolz. Schon die Lehrerin in der Volksschule hatte ihre Schrift gelobt. War ja möglich, dass Mutti auffiel, was für eine wunderbare Handschrift sie hatte.

Mutti sagte: »Kind, halt' dich grade! Wenn du mit so 'nem krummen Rücken durchs Leben läufst, kriegst du nie einen Mann.«

Astrid richtete sich auf. »Haltung, Kleines!«, sagte Mutti. »Wir haben das im Tanzkurs noch üben müssen: Buch auf den Kopf, und dann vor dem Tanzlehrer auf und ab schreiten. Da lernt man, wie man sich als Dame bewegt, das kann ich euch sagen.«

Nach der ersten Würfelpoker-Runde ging Mutti zum *Telefunken*-Schrank und legte eine ihrer Operettenplatten auf. *Viktoria und ihr Husar. – Meine Mama war aus Yokohama, aus Paris war der Papa.* Da sang Mutti mit. Das Lied konnte sie auswendig. In ihrer Geburtsstadt Hamburg habe sie mal einen Verehrer gehabt, erzählte sie, der sei Arzt in der psychiatrischen Klinik *Ochsenzoll* gewesen. Dort hätten sie den Komponisten Paul Abraham während seiner letzten Lebensjahre behandelt. Das muss man sich mal vorstellen: Paul Abraham in der Klapsmühle, wo die Bekloppten mit Elektroschocks malträtiert wurden und so 'ne Sachen. Damals war der Mann schon völlig plemplem gewesen, total übergeschnappt. Und dabei habe der früher so tolle Musik geschrieben.

Den süßen Charme,
der so dein Herz bezwingt,
den hab ich unbedingt vom cher Papa.
Die Pikanterie und manchen anderen Reiz,
den hab ich andererseits
von der Mama.

Den Verehrer habe sie nach ein paar Wochen in die Wüste geschickt, sagte Mutti, der Herr Doktor habe geglaubt, er könne sich neben Mutti noch was anderes halten, aber da sei er bei ihr an der falschen Adresse gewesen. Und dann erzählte Mutti zum hundertsten Mal dieselbe Geschichte, Astrid konnte sie nicht mehr hören: Wie der Geschäftsführer von *Jacobs-Kaffee* Deutschland sie 1961 unbedingt, aber so was von unbedingt als Röstkaffee-Werbedame verpflichten wollte. Von den zwanzig Bewerberinnen für den Job habe der Geschäftsführer einzig und allein Mutti für geeignet befunden, die Österreicher von den Qualitäten von *Jacobs-Kaffee* zu überzeugen. Kein Wunder, dass der Geschäftsführer genau sie haben wollte, sagte Mutti, bei der niedlichen Figur, die sie damals gehabt habe, nein, was habe sie aber auch süß ausgesehen in dem flotten Twinset, das Oma ihr eigens für das Bewerbungsgespräch gekauft hatte, und dazu der Bubikopf, den sie sich bei *Coiffeur Krogmann* in der Altonaer Straße hatte schneiden lassen, der war so unglaublich süß, so Jean-Seberg-mäßig, und da habe der Geschäftsführer sie natürlich genommen und als Werbedame nach Österreich geschickt, und es war das nicht wiedergutzumachende Unglück ihres Lebens, dass sie in Österreich ausgerechnet Astrids und Pauls Vater in die Arme gelaufen sei, diesem kleinkarierten Finanzbeamten aus Wels. Mutti lachte. Ausgerechnet Finanzbeamter sei der aufdringliche Kerl gewesen, und noch dazu aus

Wels. Dabei habe sie nicht im Traum daran gedacht, länger als eineinhalb, zwei Jahre in Österreich zu bleiben. Wenn Astrids und Pauls Vater, das Schwein, ihr damals während des Urlaubs am Traunsee kein Kind angehängt hätte, wäre sie doch nie und nimmer in diesem piefigen, kleinen Land geblieben. Waren doch alles Schmähbrüder, die Österreicher, immer alles hintenrum. Und erst das bescheuerte Lebkuchenherz, das Astrids und Pauls Vater ihr am zweiten Urlaubstag geschenkt habe: *Die schönste Frau von Gmunden hab ich in dir gefunden.*

Um die Mittagszeit verließen sie Muttis Wohnung, um sich auf den Weg zur *Backhendlstation Scheich* nach Wallern zu machen. Sie fuhren mit dem Lift ins Erdgeschoß, Mutti in einem ihrer schicksten Wollkostüme, ein figurbetontes, auf Taille geschnittenes Modell, anthrazitfarben, mit elegantem Fischgrätmuster. Vor der Eingangstür trafen sie Herrn Meyer, den Hausmeister des Wohnblocks. Mutti bedachte ihn mit einem huldvollen Gruß. Herr Meyer, ein grantiger Frührentner, dem man vor einiger Zeit einen Teil des Magens herausoperiert hatte, grüßte unterwürfig zurück. Mutti schenkte ihm ein strahlendes Lächeln. Sie habe gestern im Supermarkt Herrn Meyers Tochter getroffen, schwärmte sie, also, wie das Mädchen sich herausgemacht habe, alle Achtung, bildhübsch sei Sabine geworden, und auch ihr Mann, den sie bis jetzt nicht kennengelernt habe, habe einen ausgesprochen sympathischen Eindruck gemacht. Herr Meyer grinste verlegen, grummelte etwas vor sich hin. Mutti wusste, wie man mit Menschen umging, auch mit solchen, die gesellschaftlich deutlich unter einem standen.

Auf dem Weg zum Parkplatz bemühte sich Astrid, nicht auf die Fugen zwischen den Gehsteigplatten zu treten. Wenn es ihr gelang, den Fugen auszuweichen, würde Schwester Bernharda sie morgen nicht in Englisch drannehmen. »Wir müssen noch einen Sprung in die Boutique schauen«, sagte Mutti. »Ich habe die Buchhaltungsunterlagen im Büro vergessen … Herrgott, dazu habe ich ja wieder überhaupt keine Lust, mich heute Abend mit dem Buchhaltungskram hinzusetzen. Ausgerechnet heute, wo *Ein Herz und eine Krone* im Fernsehen läuft.«

Die *Boutique Yvonne* in der Schmidtgasse hatte sich Mutti vor dreieinhalb Jahren auf Kredit gekauft, ein exklusives Damenmodengeschäft, sehr klein, sehr intim, sehr elegant, nicht größer als die Boutiquen am Jungfernstieg, die Muttis bewunderte Vorbilder waren. Da fuhren sie also noch hin, bevor es zu *Scheich* nach Wallern ging.

In Muttis Ford Taunus roch es nach Plastik und kaltem Zigarettenrauch. Ein Geruch, von dem Astrid schlecht wurde. Sie kurbelte das Fenster hinunter, um kräftig durchzulüften, was an ihrer Übelkeit nur wenig änderte.

Paul durfte vorne sitzen, wie immer. Er schob eine von Muttis Kassetten in den Rekorder. *Fährt ein weißes Schiff nach Hongkong, hab ich Sehnsucht nach der Ferne …* Mutti startete den Wagen. »Was kuckst du so traurig, Kind?«, sagte sie mit Blick in den Rückspiegel.

Astrid zuckte zusammen.

»Freust du dich nicht auf eins der leckeren Hähnchen bei *Scheich*? Mochtest du doch früher immer so gern.«

»Doch, ja.« Astrid versuchte fröhlich zu klingen.

»Dann zieh nicht so 'nen Flunsch, Kleines. Verdirbst einem ja den ganzen Sonntagvormittag.«

Astrid presste die Lippen zusammen. Sie beobachtete ein altes Mütterchen, das aus dem Nachbarhaus trat, um einen dicklichen Foxterrier Gassi zu führen.

»Wenn du ein bisschen öfter lächeln würdest, wärst du auch hübscher«, sagte Mutti, während sie den Wagen aus der Parklücke manövrierte. Auf ihre Fahrkünste war sie stolz. Seit siebzehn Jahren unfallfrei, das sollte ihr erst mal jemand nachmachen.

Astrid dachte an Schwester Immaculata, eine der Nonnen, die sie aus ganzem Herzen hasste. Schwester Immaculata gehörte zu jenen Ordensschwestern, die spürbare Freude daran hatten, die Mädchen im Internat fertigzumachen. Einmal die Woche wurden die Zöglinge zum *Baden* verdonnert, Immaculata führte die Aufsicht. In einem dampfenden Raum im Keller wurden sechs oder sieben Blechbadewannen mit heißem Wasser gefüllt, Astrid musste sich wie die anderen Mädchen ausziehen und ihre Blöße mit einem sogenannten Badehemd bedecken, einer bodenlangen Textilie aus einem kratzenden Stoff, dann krempelte Schwester Immaculata ihren Ärmel hoch und drückte eine nach der anderen in das siedend heiße Wasser. Astrid hatte das Gefühl, dass es Immaculata Freude bereitete, ihr und ihren Mitschülerinnen Schmerz zuzufügen, obwohl sie das natürlich nie zugegeben hätte.

Einmal, als einige der Mädchenklassen vorm Tor der Stadtpfarrkirche zur Maiandacht anstanden, hübsch artig in Zweierreihen, fuhr sich Astrid mit der Hand durchs Haar. Sie solle ihre Putzsucht im Zaum halten, fuhr Immaculata sie an, ob sie denn nicht wisse, dass Selbstgefälligkeit zu den gemeinsten Sünden überhaupt gehöre. Astrid hatte sich vor den zwölf- bis vierzehnjährigen Schülern der Knabenhauptschule in Grund und Boden geschämt, die ein paar Meter von ihnen entfernt darauf warteten, dass das Kirchenportal endlich aufging.

Während Mutti im Geschäft die Buchhaltungsunterlagen zusammensuchte, wartete Astrid mit Paul im Auto. Ihr Bruder hatte die Schuhe ausgezogen, er spielte am Kassettenrekorder herum, seine braunbesockten Käsefüße hatte er auf dem Armaturenbrett abgelegt.

»Ich will nicht ins Internat«, sagte Astrid. »Ich habe nicht die geringste Lust, heute Abend in dieses Scheiß-Internat zu fahren.«

»Schön sprechen«, sagte Paul.

»Irgendwann hau ich von dort ab, das sag ich dir.«

»Ich würd' dir ja gern helfen«, sagte Paul, »aber ich weiß nicht …« Er verstummte. »Ich weiß nicht, wie ich das anstellen könnte.« Astrid hatte das Gefühl, dass er die Wahrheit sagte. Er hätte ihr tatsächlich gern geholfen.

Allerdings habe sie sich die Suppe selber eingebrockt, sagte er.

Da hatte Paul recht, er sprach einen wunden Punkt an. Vor eineinhalb Jahren, als sie nicht länger bei ihren Pflegeeltern bleiben konnten (es war immer schlimmer geworden mit Tante Resis Gallenkoliken), hatte Mutti Paul und Astrid vor die Wahl gestellt: Entweder sie wohnten in Zukunft bei ihrem Vater und seiner neuen Familie (Mutti machte ein böses, verbittertes Gesicht, wenn sie darauf zu sprechen kam), oder sie würde jedem ihrer beiden Kinder die einmalige Chance bieten, ein angesehenes Internat zu besuchen und dort eine erstklassige Ausbildung zu genießen (Muttis einschmeichelnder Tonfall ließ keinen Zweifel daran, welcher der beiden Varianten sie den Vorzug gab). Paul, wie immer auf seine Bequemlichkeit bedacht, sagte: »Ich geh zu Vati.«

Mutti zuckte zusammen. Mit dieser Antwort hatte sie nicht gerechnet. Sie brauchte ein paar Sekunden, um ihre Fassung wiederzugewinnen. »Ich respektiere deine Wahl, mein Sohn«, sagte sie mit belegter Stimme. »Wenn du's dir noch überlegen möchtest … ein bisschen Zeit bleibt noch.«

»Da gibt's nichts zu überlegen«, sagte Paul. »Ich geh zu Vati.«

Dieser Verrat traf sie schwer, das sah ein Blinder, obwohl sie versuchte, sich nichts anmerken zu lassen. Eine solche Kränkung: Der eigene Sohn lief zum Feind über, zum Finanzbeamten-Spießer aus Wels, der sich mit seiner Vorzimmerdame, dieser Schlampe, eingelassen hatte. Aber Paul konnte sich das leisten, er war Muttis Ein und Alles, ihr Abgott, er musste um ihre Anerkennung nicht kämpfen. Astrid schon.

»Und du, Astrid? Hast du dir schon Gedanken über deine Zukunft gemacht?«

Astrid hatte immer alles getan, um die Liebe ihrer Mutter zu erringen. Sie hatte in vier Jahren Volksschule so gut wie ausschließlich Einser geschrieben. Sie hatte die Besetzungslisten der wichtigsten Hollywood-Klassiker auswendig gelernt, um in Muttis spontanen Prüfungen bestehen zu können (»Wer spielt die weibliche Hauptrolle in *Frühstück bei Tiffany?*«). Sie war vergangenen Sommer im Freibad vom Siebeneinhalbmeterbrett gesprungen, um ihren Mut unter Beweis zu stellen. Bis jetzt hatte Mutti nichts davon imponieren können.

In was für ein Internat sie da kommen würde, fragte Astrid vorsichtig.

Das müsse man noch im Detail besprechen, sagte Mutti. Ihr seien jedenfalls die Schulschwestern in Grieskirchen empfohlen worden. Die *Private Mädchenhauptschule* der Borromäerinnen genieße einen ausgezeichneten Ruf. Auch Evi Schwertfeger, ihre Freundin, habe fest vor, ihre Tochter dort unterzubringen.

Astrid versuchte sich diese Schule vorzustellen. Unter der Obhut schwarz gekleideter Gottesbräute aufzuwachsen – nicht gerade verlockend.

»Ich habe mich erkundigt«, sagte Mutti. »Die Schule ist nicht billig, kostet zweitausendfünfhundert Schilling im Monat. 'Ne schöne Stange Geld. Ich würde das aufbringen. Für meine Lieblingstochter ist mir nichts zu teuer.« Sie fuhr Astrid mit angestrengter Liebenswürdigkeit durchs Haar.

Astrid fragte, ob sie sich die Sache noch ein bisschen überlegen dürfe.

Klar, sagte Mutti, sie wolle sie da keinem Druck aussetzen.

Das war an einem Samstagvormittag im April gewesen. Am selben Abend – Mutti saß mit Paul vorm Fernseher und schaute sich gerade die *Sportschau* an – kam Astrid ins Wohnzimmer: »Ich habe nachgedacht«, sagte sie: »Ich möchte gern ins Internat.«

Heiliger Judas Taddäus, verteidige uns im Kampfe gegen die Bosheit und die Nachstellungen des Teufels. Sei unser Schutz. Amen.

Während der Lernstunde war Reden strengstens verboten. Schwester Felicitas, die Zöglingsmutter, achtete wie ein Schießhund darauf, dass im Lernzimmer nicht getuschelt wurde. Tat man es dennoch, gab es einen Verweis. Nach fünf Verweisen wurden die Eltern verständigt. Drei, vier Mal die Woche fand auf dem Friedhof neben der Schule ein Leichenbegängnis statt. Die Mädchen hörten es durchs offene Fenster, während sie ihre Aufgaben machten. Zuerst ein Trauermarsch, dann die Ansprache des Kaplans, anschließend Salutschüsse, dann noch ein Trauermarsch und zum Schluss das Lied *Ich hatt' einen Kameraden*. Sie mussten das auch im Musikunterricht lernen: *Ich hatt' einen Kameraden, einen bessern findst du nit. Die Trommel schlug zum Streite, er ging an meiner Seite im gleichen Schritt und Tritt …*

Krankheit, Tod, Hinfälligkeit – immer gegenwärtig im Internat. *Heute bin ich rot, und morgen bin ich tot,* das sang Schwester Salvatora im Musikunterricht besonders inbrünstig.

Auf der Bundesstraße waren nur wenige Autos unterwegs. Novemberstimmung. Krähen auf abgeernteten Feldern. Regen, schlechte Sicht. Das quietschende Hin und Her der Scheibenwischer auf der Windschutzscheibe. Astrids Traurigkeitsgefühl im Moment etwas schwächer: Vorfreude aufs Essen. Mutti schob eine neue Kassette in den Rekorder. *Oh pardon, sind Sie der Graf von Luxemburg?*

Die *Backhendlstation Scheich* war ein beliebtes Ausflugsziel. Aus Bad Schallerbach, Eferding und Waizenkirchen, sogar aus Linz und der Hausruckgegend kamen die Leute in Scharen, um sich bei *Scheich* den Bauch vollzuschlagen. Das Lokal war gerammelt voll, auch an diesem Novembersonntag, kaum ein freier Platz, überall Hendlhaxen nagende, Knödel essende, Petersil-Erdäpfel in sich hineinstopfende Oberösterreicher. Mutti hatte telefonisch reserviert. »Einen Tisch für drei Personen, Gerti. Was Gemütliches, irgendwo am Fenster.« Mutti war ein kontaktfreudiger Mensch, der Mittelpunkt jeder geselligen Runde, eine Stimmungskanone, das sagten alle. Wohin sie auch kam, Mutti flogen die Herzen zu. Mit Familie Scheich war sie bestens bekannt, Gerti Scheich war eine ihrer treuesten Kundinnen, drei, vier Modelle pro Jahr kaufte sie in der *Boutique Yvonne.* Man führte auch Übergrößen.

Astrid hatte das Gefühl, dass alle sie anstarrten, als sie zwischen Paul und Mutti auf den reservierten Platz in der

Nähe des grün gekachelten Bauernofens zusteuerte. Keine Einbildung: An Muttis Seite fiel man auf, man konnte nichts dagegen tun. Ihr lautes, raumgreifendes Auftreten, ihr überkandideltes Getue, die preußische Schnoddrigkeit, mit der sie auf die Leute zuging – auf dem Land war man so etwas nicht gewohnt. Astrid fühlte die Blicke der Gäste auf sich ruhen, skeptisch-missbilligend die Frauen, lüstern-amüsiert die Männer. Sie fühlte sich bedrängt von diesen Blicken. Warum fixierten die Leute sie so? Was war an ihr so interessant? Sie hätte sich gern unsichtbar gemacht.

Endlich saßen sie an ihrem Tisch, der Kachelofen in Astrids Rücken gab eine angenehme Wärme ab. An den Wänden über ihnen Max-und-Moritz-Motive, in farbsatter Fresko-Technik aufgetragen. Die bösen Buben schlugen sich gerade den Wanst mit gebratenen Hühnern voll. *Freilich war die Trauer groß, / als Hahn und Hennen nackt und bloß / und abgerupft am Herde lagen.* Gerti Scheich kam einen Augenblick lang an den Tisch, um Mutti und die beiden *Goldkinder* zu begrüßen. Mutti sprach immer von ihren *Goldkindern*, wenn sie Paul und Astrid in der Öffentlichkeit präsentierte.

»Wie groß ihr geworden seid!«, sagte Gerti.

»An den Kindern sieht man, wie die Zeit vergeht«, sagte Mutti.

Die Haut recht knusprig, und das Fleisch schön weich,
das gibt es nur bei Hendl-Scheich.

Sie bestellten drei Mal Backhuhn. Zwanzig Minuten Wartezeit. Paul hatte sein *Keli*-Ananas nach einer Minute ausgetrunken. Er warf Mutti einen bittenden Blick zu. Da durfte er noch eins bestellen. Astrid teilte sich ihr Getränk besser ein, sie hatte erst zwei Mal genippt von ihrer Limonade. Wehe, sie hätte die auch schon ausgetrunken, da hätte sie sich wieder etwas anhören können.

Während sie auf das Essen warteten, richtete Mutti die Leute an den Nebentischen aus. Die Schabracke da drüben beim Fenster, die mit dem Jägerkostüm, die sah ja vielleicht aus wie Truthilde Immergrün. Wie man sich bloß so anziehen konnte! Der Fettklops da vorne, der stopfte sein Schnitzel in sich rein wie ein Schwein, das musste man sich mal ankucken, wie der aß – hatte der überhaupt keine Kinderstube? Die Kellnerin da am Nebentisch, also, was die wieder für hässliche Beine hatte, da zog man doch keinen Minirock an mit solchen Stampfern, das versuchte man doch irgendwie zu kaschieren, die heutige Mode bot da doch genügend Möglichkeiten.

Das Essen kam. Mutti zerteilte ihr Backhuhn penibel, kostete ein Stück von der Brust. »Herrlich, so ein krosses Teil. Lasst es euch schmecken, Kinder!« Paul haute rein wie ein Mähdrescher. Mutti bewunderte seinen Appetit. Unglaublich, was Jungs in seinem Alter alles verdrücken konnten! Astrid aß bedächtig, mit langsamen, konzentrierten Bissen. Sie war ein bisschen heikel beim Essen, achtete darauf, dass sie kein Knochenstück zwischen die Zähne bekam. Das Haxerl – Mutti nannte es Keule – mochte sie besonders gern, sie hob es sich bis zum Schluss auf. Das machte sie immer so: das Beste für den Schluss aufheben. Sie löste die saftige Keule vom übrigen Fleisch und legte sie auf den Tellerrand. Während Paul einen Bissen nach dem anderen in sich hineinstopfte, warf er schon gierige Blicke zu ihr herüber.

Es dauerte keine zwei Minuten, da sagte er: »Kann ich dein Haxerl?«

Wie Astrid ihn dafür hasste. »Heute nicht«, sagte sie schwach. »Ich esse es selber.« Es klang nicht überzeugend. Immer dasselbe: Im entscheidenden Augenblick ließ ihre Stimme sie im Stich.

Mutti führte eine Gabel Reis zum Mund, kaute sorgfältig, schluckte. »Gott, wie kleinlich du bist, Astrid. Wenn Paul doch so gerne möchte.«

»Immer muss ich ihm etwas abgeben!«

»Was heißt immer?«, protestierte Paul.

»Jedes Mal frisst du mir das Beste weg!«

»Astrid, *bitte*!«, sagte Mutti. »Es wäre schön, wenn du ein bisschen mehr Großzügigkeit an den Tag legen würdest. Ist das wirklich zu viel verlangt?«

Mit zusammengebissenen Zähnen schob Astrid ihrem Bruder den Hühnerhaxen hinüber.

»Jetzt will ich ihn nicht mehr«, sagte Paul.

Sie musste alle Kraft zusammennehmen, damit sie nicht zu heulen anfing.

»Du musst nicht eine solche Schnute ziehen«, sagte Mutti. »Reiß dich ein bisschen am Riemen, ja?«

Der Herr ist des Armen Schutz, ein Schutz in Zeiten der Not. Darum hoffen auf dich, die deinen Namen kennen, denn du verlässest die nicht, Herr, die dich suchen.

Auf dem Heimweg wurde wenig gesprochen. Astrid saß auf dem Rücksitz von Muttis Ford und dachte darüber nach, was heute Nachmittag noch alles zu erledigen war. Sie musste unbedingt einen Blick auf die Englisch-Vokabeln werfen, Schwester Bernharda würde sie morgen bei der Vocabulary-Wiederholung mit Sicherheit drannehmen. Schwester Bernharda hatte es auf sie abgesehen, weil sie die einzige evangelische Schülerin im Haus war, die Alibi-Lutheranerin der *Privaten Mädchenhauptschule Grieskirchen*, und weil sie Astrid für ein freches Luder hielt. Astrid spürte einen Knödel im Hals, wenn sie an die lange, finstere Woche dachte, die vor ihr lag. Dienstags: Handarbeiten mit Schwester Irmgard (dabei hatte sie den Stricknadelbehälter aus schwarzen und schönbrunnergelben Wollresten noch nicht einmal ansatzweise fertig gehäkelt). Mittwochs: Reckturnen (das hasste sie besonders). Donnerstags: Mathematik-Schularbeit. Freitags: um sechs aufstehen, es war *Herz-Jesu-Freitag*, da begann die Morgenmesse schon um sechs Uhr dreißig.

Am Nachmittag saßen sie wieder im Wohnzimmer. Canasta-Spielen, dann Würfelpoker. Astrids Stimmung im Keller. Sie war bemüht, sich nichts anmerken zu lassen. Alle paar Minuten schaute sie auf die Uhr. Kurz nach drei. Mutti ging zum Stereoschrank, legte eine ihrer Operettenplatten auf. Astrid war mit Würfeln dran.

Wie eine Rosenknospe
im Maienlicht erblüht.
So ist in meinem Herzen
die Liebe aufgeglüht.

Astrid war eine gute Spielerin. Nachdem sie gleich auf den ersten Versuch einen Poker hingelegt hatte – vier Könige –, ging sie raus aufs Klo. Sie hörte, wie Mutti leise zu Paul sagte: »Dumm würfelt gut.«

Manchmal dachte sie daran, allem ein Ende zu machen, mit einer Großpackung *Voltaren* aus Muttis Arzneischrank. Man musste die Tabletten sorgfältig in Saft oder Tee auflösen und sich die Brühe in kleinen Schlucken einflößen. Auf keinen Fall durfte man entdeckt und in letzter Sekunde zum Magenauspumpen ins Spital gebracht werden. Nur Stümperinnen passierte so etwas, Wichtigtuerinnen, die es darauf anlegten, gerettet zu werden. So eine war sie nicht.

Sie malte sich ihr Begräbnis aus. *Heute bin ich rot, und morgen bin ich tot.* Sie stellte sich den Trauerkondukt vor, verheulte Gesichter, vollgerotzte Taschentücher. Vor dem Sarg prachtvolle Blumengebinde mit Trauerschleifen: »Ein letztes Lebewohl – Die Schwestern der Privaten Mädchenhauptschule Grieskirchen.« – »Ruhe sanft. Christine und Vati.« - »In Liebe. Deine Mutter.«

Die würden noch Augen machen.

Wenn man gar nichts empfindet, kann man auch nicht verletzt werden. Nur Härte gegen sich selbst schützt vor den Zumutungen des Schmerzes.

Viertel nach vier. Mutti schaltet den Fernseher ein. Hans Moser und Paul Hörbiger eröffnen gemeinsam ein Kaffeehaus. Als Paul Hörbiger das Lokal zu einem modernen Espresso umbauen möchte, beginnen die beiden zu streiten. Hans Moser versteht die Welt nicht mehr. Astrid geht in ihr Zimmer. Sie gießt die Kakteen am Fensterbrett, nur ein paar Tröpfchen Wasser, damit die kleinen, runden Stachelgewächse nicht zu faulen beginnen, dann packt sie die Reisetasche: ein paar Pullover, Unterwäsche zum Wechseln, einen Rock, zwei schlabbrige Kleider, die die Nonnen nicht mögen – das Tragen von Hosen und Jeans ist streng verboten! Den kleinen Stoffbären, den sie von Tante Resi zum Abschied bekommen hat, packt sie auch mit ein.

Um sich abzulenken, denkt sie ans nächste Wochenende. Das wird sie bei Vati und seiner Familie verbringen. Ein Samstagnachmittag vor dem Fernseher (erst *Mein Onkel vom Mars*, dann *Flipper*, um 18.00 Uhr deutsche Bundesliga und Pauls hysterisches Geschrei, wenn Mönchengladbach gewinnt), am Sonntag ein langweiliger Spaziergang ins Ausflugsgasthaus Fernreith. Coupe Dänemark mit Schlag. Beim

Heimgehen dann die gleiche Weltuntergangsstimmung wie jetzt.

Noch eine Stunde zwanzig bis zur Abfahrt.

Abends im Internat gab es immer Kräutertee aus riesigen Kannen, dazu labbrige Marmeladebrote, an besonderen Tagen auch trockenen Kuchen mit Kokosraspeln obendrauf. Die Zöglingsmutter hatte Babsi Linimair einmal für drei Tage das Abendessen gestrichen, nachdem sie in der Konditorei Ganglmayr mit einem Oberstufenschüler aus dem Musisch-Pädagogischen Gymnasium gesehen worden war. Schwester Felicitas: »Ausg'schamtes Miststück!«

Die *Waltons* beginnen. Astrid fläzt sich in eines von Muttis Wohnzimmer-Fauteuils und schaut sich zusammen mit Paul die Serie an. Mutti räumt unterdessen das Geschirr in der Küche auf, man hört sie mit Tassen und Tellern klappern. John-Boy Walton hat es auch nicht leicht, Betrüger erleichtern ihn um seinen ersten Wochenlohn in der Maschinenfabrik. Ein kurzer, kräftiger Novemberregen klatscht gegen das Balkonfenster. Dunkelheit senkt sich über die benachbarten Wohnblocks.

In einem unbekannten Land, vor gar nicht allzu langer Zeit … Karel Gott singt die *Biene-Maja*-Melodie. Alles in Astrid krampft sich zusammen. In einer halben Stunde werden Mutti und Paul mit ihr ins Internat aufbrechen. Sie überlegt, ob sie die Abfahrt hinausschieben, verzögern, auf irgendeine Weise verhindern kann. Vielleicht, indem sie eine Krankheit vortäuscht, Bauchschmerzen, Unterleibsbeschwerden, etwas in der Art … Völlig zwecklos. Mutti würde das Theater sofort durchschauen. Sie hat es einmal versucht. Den höhnischen Blick würde sie nie vergessen. »Ich arbeite mich doch nicht krumm und bucklig, damit ich dir das Internat ermögliche – und du machst hier einen auf sterbender Schwan.«

Die auf den Herrn hören, kriegen neue Kraft, auf dass sie auffahren mit den Flügeln wie Adler, auf dass sie laufen und nicht matt werden, auf dass sie wandeln und nicht müde werden.

Mutti fährt mit Abblendlicht über die regennasse Bundesstraße, zum zweiten Mal an diesem Tag. Vom Rücksitz aus beobachtet Astrid, wie sie sich eine Zigarette anzündet. Astrid nimmt alles ganz genau wahr: das Aufglosen der Zigarettenspitze im Rückspiegel, das Knistern des brennenden Tabaks. Draußen die Fichtenwälder. Die abgeernteten Kartoffeläcker. Vierkanthöfe, die sich in schützende Mulden ducken. Da und dort am Rand einer Wohnsiedlung blitzen erste Christbaumlichter auf. In fünf Wochen werden sie alle zusammen Weihnachten feiern: Mutti wird den Baum mit Schneespray und bunten Kugeln und Unmengen von Lametta schmücken, dann wird sie ein Dutzend Bratwürstchen in einer Pfanne brutzeln lassen und *Weihnachten auf hoher See* mit Freddy Quinn auflegen, bevor sie dann alle zusammen die Weihnachtsbaumkerzen anzünden und im Wohnzimmer essen werden.

Draußen schießen Reklameschilder vorbei. Die neongrün beleuchteten Zapfstellen einer Tankstelle spiegeln sich in einer Regenpfütze. Astrid fühlt sich abgeschoben. Sie fühlt sich einsam und im Stich gelassen. Sie fühlt sich wie ein Stück Dreck. Wichtig: Nur ja nichts anmerken lassen. Alles runterschlucken, das ganze Elend runterschlucken. Na also, geht ja. Mutti schiebt eine Kassette in den Rekorder. *Von Apfelblüten einen Kranz / leg ich der Lieblichen ans Fenster.*

Sie tut, als könne sie mit einem Fingerschnippen gute Laune herbeizaubern, obwohl Astrids Niedergeschlagenheit längst auf die anderen übergegriffen hat. Vor ein paar Jahren habe sie *Land des Lächelns* mal in Bad Ischl gesehen, mit so 'nem ungarischen Tenor, kein bekannter Name, aber große Stimme, ganz große Stimme, wenn ihr bloß der Name einfiele, irgendwas mit n. Sie könnten doch nächsten Sommer alle drei zu den Operettenfestspielen nach Bad Ischl fahren, die verlangen dort zwar gesalzene Kartenpreise, mein lieber Scholly, die zocken einen richtig ab, aber das könnten sie sich ohne Weiteres mal leisten, man müsse sich schließlich auch manchmal was gönnen, nicht wahr?

Paul sagt, er würde lieber Uriah Heep in der Linzer Sporthalle sehen, die würden dort im Februar auftreten, aber die Operettenfestspiele in Ischl seien auch okay. Astrid schweigt. Mutti redet weiter, nur keine Missstimmung aufkommen lassen. Sie würde jetzt mal mit Paul ein Operettenquiz veranstalten, sagt sie. Wo spiele *Land des Lächelns?*

Klar, denkt Astrid, natürlich wendet sie sich wieder nur an Paul. Die kleine Doofe da hinten braucht man gar nicht erst zu fragen, die kennt die Antwort ohnehin nicht.

»China«, sagt Paul wie aus der Pistole geschossen.

Kunststück, denkt Astrid, Paul hat René Kollos Foto auf dem Cover der Polydor-Kassette gesehen, auf der Ablage neben Muttis Zigaretten: René Kollo in schwülem Seidenrock, chinesisch geschminkt. Das hätte sie auch gewusst.

»Schina ist richtig«, sagt Mutti. »Und wie heißt der Prinz, in den sich Lisa von Lichtenfels verliebt? 'Ne schwere Frage.«

Und das Wort ist Fleisch geworden und hat unter uns gewohnt, und wir haben seine Herrlichkeit geschaut, die Herrlichkeit des einzigen Sohnes vom Vater, voll Gnade und Wahrheit.

»Wir sind da«, sagt Mutti, während sie vor dem Internat parkt. Den Motor lässt sie laufen, ihn abzustellen zahlt sich nicht aus, sie fahren ja gleich weiter, Paul und sie. Auch der Junge muss pünktlich zu Hause abgeliefert werden. Sie gibt Astrid einen flüchtigen Kuss. »Lern brav, Kind. Und sei nicht wieder frech zu Schwester Bernharda.«

Paul steigt zusammen mit Astrid aus. Es hat leicht zu regnen begonnen. Er trägt ihre Reisetasche zum großen, doppelflügeligen Eingangstor. »Mittwoch oder Donnerstag ruf ich dich an«, sagt er, während er die Tasche unterm Vordach abstellt. »Versprochen.«

»Die Nummer hast du?« Ihre Hände zittern. Paul soll nichts merken. Sie verschränkt die Hände hinter dem Rücken.

»Klar hab ich die Nummer«, sagt Paul. »Sonst hätte ich dich ja letzte Woche nicht anrufen können. Und vorletzte auch nicht.« Er lächelt nachsichtig, umarmt sie kurz. »Durchhalten, Schwesterherz.« Sie drückt ihn an sich, leidenschaftlich, ihre Finger graben sich in seine Schulterblätter. Paul ist das unangenehm. Er löst sich aus der Umarmung. »Wir warten noch im Auto, bis du oben bist«, sagt er. Das machen sie immer so: auf dem Parkplatz warten, bis Astrid ihnen vom Fenster aus zuwinkt.

Sie drückt auf den Klingelknopf über dem abgenutzten Messingschildchen mit der Inschrift »Mädchenhauptschule der Barmherzigen Schwestern vom hl. Karl Borromäus«. Paul geht zum Auto zurück. Astrid wartet unter dem Vordach, bis in der Eingangshalle jemand mit einem Schlüsselbund klimpert. Das Tor wird aufgeschlossen, Schwester Irmgard erscheint in der Pforte. Astrid zittert am ganzen Körper. Sie würde am liebsten laut aufschreien, aber das ist natürlich unmöglich. Schwester Irmgard murmelt einen Gruß, die Perlen an ihrem Rosenkranz klackern leise. Astrid flüstert: »Guten Abend, ehrwürdige Schwester«, dann huscht sie zur

Treppe, vorbei am Wandplakat der Welt-Lepra-Hilfe und dem Tischchen mit den Broschüren zum Thema »Erwachsenwerden im Geiste Jesu«. Sie rast die Stufen hinauf, innerhalb weniger Sekunden ist sie oben im ersten Stock, sie lässt die Reisetasche fallen und rennt zum Fenster. Muttis Ford Taunus steht noch unten auf dem Parkplatz. Sie zieht den Store zur Seite und winkt in würdevoller Haltung hinunter, wie die Queen, wenn sie auf dem Paradeplatz das feierliche Defilee ihrer Truppen abnimmt. Als Mutti kurz hupt, krampft sich alles in ihr zusammen. Der Wagen wendet und fährt langsam los. Mutti hupt noch einmal. Astrid winkt, bis die Rücklichter im Nieselschleier an der Friedhofsmauer verschwunden sind.

Wer aber von dem Wasser trinken wird, das ich ihm gebe, den wird ewiglich nicht dürsten; sondern das Wasser, das ich ihm geben werde, wird in ihm ein Brunnen des Wassers werden, das in das ewige Leben quillt.

Sie schleppt die Reisetasche in den Schlafsaal. Heute ist sie als erste Schülerin im Haus, die anderen werden erst gegen sieben kommen – wenn ihre Eltern sie nicht überhaupt erst morgen früh ins Internat bringen, die Glücklichen. Astrid weint, sie kann nichts dagegen machen. Sie stellt die Tasche neben ihrem Bett ab, holt Tante Resis Stoffbären hervor, legt ihn unter die Bettdecke, streichelt geistesabwesend über seinen Kopf. Die anderen Sachen wird sie erst später auspacken. Jetzt nimmt sie das Toilettetäschchen aus der Tasche, das Toilettetäschchen ist wichtig. Sie knipst das Licht aus, huscht auf die Zöglingstoilette, ihren Lieblingsort hier im Haus, der einzige Platz, an dem man für einige Minuten ungestört sein kann. Hier verkriecht sie sich häufig. Sie stellt das Toilettetäschchen neben das Klo, zippt den Rock auf, zieht sich die Unterhose runter, setzt sich auf die kalte, hölzerne Klobrille und macht in die Klosettmuschel. Der Strahl prasselt ins Spülwasser, dabei entsteht ein Geräusch, das ihr peinlich ist. Sie tupft sich mit Klopapier ab, zieht die Unterhose rauf, den Rock runter, dann reißt sie an der altertümlichen Kette mit Porzellangriff, die neben dem Klo hängt. Rumpelnd ergießt sich das Spülwasser aus einem angerosteten Behälter unter der Oberlichte in die Klosettmuschel. Astrid hockt sich auf den Boden, umklammert die Toilette, sie spuckt, rotzt, rappelt sich wieder hoch, läuft raus zum Waschbecken. Wenn sie bloß Schwester Irmgard jetzt nicht erwischt, oder schlimmer noch, Schwester Felicitas, die Zöglingsmutter. Im Spiegel: ein dünnes, leintuchweißes Gesicht. Astrid füllt sich den Mund mit Wasser, schluckt es runter, wäscht sich Rotz und Tränen aus dem Gesicht, geht wieder zurück auf die Toilette. Zitternd vor Traurigkeit und Wut setzt sie sich aufs Klo. Da steht das Toilettetäschchen. Keine Sekunde hat sie vergessen, dass es da ist. Sie zippt den Reißverschluss auf, holt die Nagelschere hervor, schiebt den linken Ärmel ihres Pullis über den Ellbogen. Die metallische Scherenspitze fühlt sich wohltuend kühl an. Sie setzt einen halblangen, nicht zu tiefen Schnitt neben die vernarbten Wunden auf ihrem Unterarm. Als die ersten Blutstropfen auf die Bodenkacheln fallen, fühlt sie sich leichter.

MAITAGE

Kurz vor Mittag gab es noch einmal Fliegeralarm. Ein paar Thunderbolts donnerten über den Fluss und die Schindeldächer der Altstadt hinweg und drehten in Richtung Süden ab. Seither war es ruhig in der Stadt. Die letzten Gebirgsjägereinheiten hatten sich am Morgen in Richtung Wildener Tauern zurückgezogen, wenig später waren ihnen die westlich von F. stationierten Verbände der SS-Panzerdivision *Wartburg* gefolgt. So war denn alles für die Katz gewesen, dachte Hartmut, als er den Mittagstisch deckte, Suppenteller und das Besteck mit den Emaillegriffen. Die Schanzarbeiten, zu denen seine *Jungvolk*-Gruppe in den letzten Tagen verdonnert worden war, hätten sie sich auch sparen können: Keine Sekunde lang hatten die Panzerlöcher, die sie in der Nähe des Rangierbahnhofs ausheben mussten, zur Verteidigung der Stadt gedient.

»Starr keine Löcher in die Luft«, wies ihn die Mutter zurecht. »Wir wollen essen.« Sie stellte die Terrine auf den Tisch. Es gab Erdäpfelsuppe, wie so oft in den letzten Tagen, eine dünne, wässrige Brühe mit ein paar Fettaugen obenauf. Seine Mutter, die in den letzten Tagen immer gereizter geworden war, füllte ihre Teller mit Suppe, dann stellte sie die Schüssel zurück auf den Herd und setzte sich ihm gegenüber.

Sie hatten gerade zu essen begonnen, als das Dröhnen von Panzern hörbar wurde, zuerst als leises, entferntes Grollen, dann immer deutlicher als ratterndes Scheppern und Rumpeln und Rasseln draußen auf dem Hauptplatz. Die handgeschliffenen Kristalle des böhmischen Lusters über dem Esstisch begannen leise zu klirren. Hartmut legte den Löffel beiseite, horchte. Seine Mutter aß mit unbewegter Miene weiter.

»Ich glaube, sie sind da«, sagte er.
»Iss«, sagte sie.
»Darf ich ans Fenster?«
»Hörst du nicht? Du sollst essen!«

Hartmut nahm einen Löffel Suppe, lustlos, dann noch einen. Jetzt füllte das Rasseln der Raupenketten draußen auf dem Kopfsteinpflaster das ganze Esszimmer aus, fast hätte man meinen können, die Panzer rollten geradewegs durch die 140-Quadratmeter-Wohnung. Auf dem Platz draußen waren vereinzelte Schreie und Bravorufe zu hören, eine Männerstimme brüllte etwas wie »Welcome to the Americans«. Jetzt hielt es Hartmut nicht länger auf seinem Platz. Mit einem Satz war er am Fenster. Über den Hauptplatz – vor ein paar Jahren in Adolf-Hitler-Platz umbenannt – marschierten hundert, vielleicht hundertzwanzig Soldaten in olivgrünen Uniformen, flankiert von Jeeps und einigen langsam übers Kopfsteinpflaster rumpelnden Sherman-Panzern. Er zog die Gardine zur Seite, machte das Fenster auf, beugte sich hinaus, um besser zu sehen. Die Marschordnung der Amerikaner verblüffte ihn. Ein bisschen nachlässig, fast lümmelhaft latschten die Invasoren über den Hauptplatz. Kein Vergleich mit dem geometrisch choreografierten Stechschritt, den er vor ein paar Jahren auf der großen Heldengedenkfeier in Linz gesehen hatte, als Ehrenabordnungen von SA und SS – sein Vater mittendrin – an einem klirrend kalten Februartag über die Landstraße paradiert waren.

Seine Mutter ging zum Herd, nahm den Schöpflöffel, goss seelenruhig noch etwas Suppe in ihren Teller. »Iss weiter«, sagte sie. »Gaffen kannst du später auch noch.«

Auf dem Hauptplatz hatten sich vielleicht zweihundert Menschen eingefunden, darunter einige Zwangsarbeiter aus den nahe gelegenen Wolff-Werken. Die meisten winkten mit weißen Taschentüchern, einige verfolgten den Einmarsch der Amerikaner mit teilnahmslosen Gesichtern, einige wenige wirkten deprimiert – aber vielleicht bildete sich das Hartmut auch bloß ein. Da und dort waren auch Männer vom Widerstand zu sehen, man erkannte sie an ihren rot-weiß-roten Armbinden und den 98er-Karabinern über den Schultern. In den letzten Wochen hatten die Widerständler mit kleineren Sprengstoffanschlägen und Sabotageakten in den Bergen von sich reden gemacht. In den Augen seiner Mutter waren die Leute rund um den Kommunisten Steinkogler, einen ehemaligen Vorarbeiter der Wolff-Werke, kriminelles Gesindel, mit dem man beizeiten kurzen Prozess hätte machen müssen.

Hartmut erkannte auch einige Schulkameraden unten auf dem Platz, den Ramsauer Erich, den Loidl Hubert. Er wäre am liebsten zu ihnen runtergelaufen, um sich das Spektakel mit ihnen zusammen aus der Nähe anzuschauen.

»Hast du nicht gehört?«, sagte die Mutter. »Setz dich! Die Suppe wird kalt.«

»Da kommen noch mehr Panzer«, sagte er. »Das musst du dir anschauen, Mutti!«

»Ach, lass mich!«

»Mensch, Mutti, da sind richtige Neger dabei!«

Sie legte den Löffel zur Seite, stand mit einem verächtlichen Schnauben auf, trat neben ihn ans Fenster. Vom nordwestlichen Stadttor kommend rollten weitere Panzer heran, einer der Tanks, der vorderste, schwenkte langsam den Geschützturm hin und her. Hartmut fragte sich, wozu das gut sein sollte, den Amis musste doch klar sein, dass niemand mehr auf sie schießen würde.

Mit zusammengepressten Lippen beobachtete die Mutter das Schauspiel. Besonders erbitterten sie die vielen Jubler, die vor dem Ami im Staube krochen, wie sie sich ausdrückte.

Hartmut erkannte die Hornigs von nebenan, auch Dr. Kern, den Apotheker, der ihm früher immer Waldmeisterbonbons zugesteckt hatte, wenn er Hustensaft oder für seine Mutter eine Packung Emser Pastillen in der Apotheke *Zum schwarzen Adler* gekauft hatte. Auch Frau Niedermeier vom Kurzwarengeschäft Knapp stand unten am Hauptplatz, sie ließ sich dazu hinreißen, einen Blumenstrauß in Richtung der Panzer zu werfen.

»Jetzt kriechen sie aus ihren Löchern«, sagte die Mutter mit tonloser Stimme. »Gut, dass dein Vater das nicht mehr erleben muss.«

Die Panzer stoppten vor der Pestsäule, auch die Jeeps kamen zum Stehen. Ein Uniformierter und ein paar Widerständler sprangen von einem der Geländewagen, sie begannen mit einer Gruppe von Männern vor dem Rathaus zu sprechen, offenbar führten sie irgendwelche Verhandlungen. Ein paar GIs pflanzten sich vor dem Bürgermeisteramt auf, dort war, wie an vielen anderen Häusern, eine weiße Fahne aufgezogen. Einige Soldaten lehnten am Haupttor, musterten die Umstehenden. Hartmut und seine Mutter beobachteten einen schwarzen GI in einem der Jeeps, er zündete sich lässig eine Zigarette an, während eines seiner Beine aus dem Wagen baumelte.

»Und so etwas hat uns besiegt«, sagte seine Mutter. Sie wandte sich ab, begann den Tisch abzuräumen. Hartmut beobachtete, wie Ramsauer und Loidl unten mit einem GI in Verhandlungen traten. Sie wollten ihm einen Kaugummi abschwatzen oder etwas in der Art.

»Hör endlich auf zu glotzen«, blaffte die Mutter, »geh runter in den Hof und hol Holz, aber ein bisschen plötzlich!«

Er war diesen Ton gewohnt. Seit er sich erinnern konnte, hatte er in einer Welt der Zurechtweisungen und der knappen Kommandos gelebt. Er fragte sich manchmal, wen seine Mutter herumkommandiert hätte, wenn es ihn nicht gegeben hätte. Er tröstete sich damit, dass sie mit dem Personal der Heil- und Pflegeanstalt *Eichenhof* vermutlich nicht anders umgesprungen war, von den Patienten da oben ganz zu schweigen. Bis zur Schließung der Anstalt vor eineinhalb Jahren hatte seine Mutter als ärztliche Leiterin im *Eichenhof* gearbeitet. Er konnte sich plastisch vorstellen, was für ein Schreckensregiment sie dort geführt hatte, bis die Patienten dann, im Oktober '43, in eine größere Anstalt irgendwo im Württembergischen verlegt wurden.

»Und bring Frau Rainer die Schnittbögen hinunter, die sie mir letzte Woche gebracht hat«, sagte die Mutter. »Sie müssen drüben auf dem Diwan liegen.«

»Ist gut.« Er holte die Schnittbögen, nach denen sich seine Mutter am Wochenende aus dem Stoff eines älteren Kleids ein neues geschneidert hatte, dann ging er hinunter ins Erdgeschoß zu Frau Rainer. Er klingelte, man hörte schlurfende Schritte, eine ältere, grauhaarige Frau in Kittelschürze öffnete.

»Heil Hitler, Frau Rainer. Ich bringe die Schnittbögen zurück.«

»Mit ‚Heil Hitler' wäre ich jetzt vorsichtig, Hartmut. Es hat sich ausgehitlert.«

»Ach so, ja.« Er trat verlegen von einem Bein auf das andere.

»Ein Jammer, dass das alles so kommen musste, findest du nicht? Was sagt denn deine Mutter dazu?«

»Begeistert ist sie nicht gerade.«

»Kann ich mir vorstellen. Magst du reinkommen?«

»Ich kann nicht, Frau Rainer. Ein andermal gern.«

»Schon gut, Hartmut. Bestell deiner Mutter schöne Grüße.«

»Mach ich, Frau Rainer.«

Er ging in den Hinterhof. Hier war der Garten, den sich die Hausparteien teilten, ein großer Garten, fünfzig mal fünfzig Meter im Geviert. Das Gelände war in sieben gleich große Grundstücke aufgeteilt, auf denen Wintergemüse, Salat, Kohlrabi, Karotten, Erdäpfel angebaut wurden. Am hinteren Ende, bei Theos Kaninchenställen, stand der Holzschuppen. Er öffnete das Vorhängeschloss, rüttelte an der Tür, die immer klemmte, betrat den Verschlag. Ein Geruch von Staub und Sägespänen lag in der Luft. Er zog die Axt aus dem Hackstock, angelte sich ein Scheit vom Stapel, begann ohne Eile Holz zu hacken, eine Arbeit, die er gern machte. Früher hatte das Holzhacken immer sein Vater übernommen, seit er nicht mehr da war, war Hartmut diese Aufgabe zugefallen.

»Hee, pssst!« Er unterbrach seine Arbeit, horchte. Von einem der Hoffenster drang ein Pfiff zu ihm herunter. Er trat vor den Schuppen. Die Sonne blendete ihn, als er raufschaute. Er hielt sich die Hand vor die Augen. Es war sein Freund Theo. »Stark, was sich da grade abspielt in der Stadt«, sagte Theo. »Was meint'n deine Mutter dazu?«

Hartmut antwortete nicht, er zuckte bloß die Achseln.

»Klar, sicher, kein Jubeltag für euch. Wie geht's meinen Hasen? Alles in Ordnung bei denen?«

Hartmut warf einen Blick in die Kaninchenställe. Fredi, Fritz und Lauser drängten sich ans Gitter, glaubten wohl, sie bekämen zu fressen. »Tut mir leid, Freunde, ich hab nix für euch«, sagte Hartmut, während er in die Hocke ging, um die Kaninchen zu streicheln. Die Barthaare der Tiere vibrierten, ihre rosa Nasen schnupperten hektisch ins Leere. Es roch anheimelnd nach Kaninchenstall.

»Den Viechern geht's gut, soweit ich das überblicke«, sagte Hartmut. »Bisschen frisches Heu bräuchten sie.«

»Bring' ich ihnen am Abend«, sagte Theo. »Was machst'n du am Nachmittag?«

»Was soll ich groß machen? Lesen, mit meiner Mutter Karten spielen, keine Ahnung.«

»Hol mich um zwei ab. Wir schauen uns in der Stadt um. Feindbeobachtung. Was meinst du?«

Nachdem er das Holz in die Küche geschleppt und in die Kiste neben dem Sparherd geschichtet hatte, ging Hartmut auf sein Zimmer und begann – Anordnung der Mutter – seinen Schreibtisch aufzuräumen. Er wollte es rasch hinter sich bringen. Die Zeichenblätter mit den gestern abgepausten Ansichten des Kreuzers *Admiral Scheer* verschwanden ebenso in einer Schublade wie die Anleitungen zum Basteln von Modellflugzeugen, an denen er sich mit mehr als beschränktem Erfolg versucht hatte in den letzten Tagen. Die Mathematik- und Physik-Hefte, ohnehin nutzlos zurzeit, da die Schule seit Wochen geschlossen war, schichtete er auf der Kommode vorm Fensterbrett auf. Seine Sammlung von Zigarettenbildchen (*Ruhmesblätter deutscher Geschichte*) wurde im Nachtkästchen verstaut. Dann kam der Spielzeugkasten dran. In ihm herrschte heilloses Durcheinander. Hartmut besaß eine umfangreiche Sammlung von Elastolin-Figuren, ganze Batterien von Panzergrenadieren und Artilleristen im Spielzeugformat befanden sich in seinem Besitz, dazu kamen eine Schwadron Reiter-SA in originalgetreuen Uniformen sowie einige historische Regimenter aus dem Ersten Weltkrieg und dem Krieg von 1870/71. Wie oft hatten Theo und er mit diesen Figuren gespielt, ganze Nachmittage hatten sie mit der Inszenierung monumentaler Materialschlachten zugebracht, ein Zeitvertreib, dem sie jetzt schon länger nicht mehr nachgegangen waren.

Hartmut besaß auch ein paar automatische Blechpanzer. Er holte einen davon aus der Kiste, einen *Marder* in graugrüner Tarnfarbe. Man musste ihn auf der Seite aufziehen, dann ratterte er auf echten Gummiraupen durchs Zimmer. Ohne Probleme kletterte der Panzer über Teppichfalten und andere Hindernisse. Das Tollste aber war der Feuerstein in seinem Inneren: Vom Rad eines Uhrwerks angerissen, produzierte er Funken, die vorne aus dem Geschützrohr sprühten. Hartmut probierte es aus: Der Mechanismus funktionierte noch, obwohl der Panzer mindestens schon fünf, sechs Jahre in seinem Besitz war. Zu seiner Sammlung gehörte auch ein Zeltlazarett mit naturgetreu gestalteten Figuren wie »Krankenschwester mit Feldflasche« oder »Sanitätssoldat im Rettungseinsatz«. Hartmut nahm den Sanitätssoldaten in die Hand und untersuchte ihn. Seltsam, wie kalt ihn der Anblick dieser Figur ließ. Früher hätte er wer weiß was gegeben für eine fabrikneue Schachtel mit Luftlande-Infanterie-Truppen oder ein neues, noch größeres Feldlazarett, heute bedeuteten ihm diese Dinge nichts mehr. Theo und er hatten lange nicht mehr mit den Elastolin-Figuren gespielt, mindestens ein Jahr nicht. Vielleicht konnte er den Freund überreden, noch einmal eine Kesselschlacht ins Werk zu setzen, ein letztes gewaltiges Elastolin-Gefecht, das alles, was sie in den letzten Jahren inszeniert hatten, in noch nie da gewesener Weise übertraf.

Nein, es machte ihm keinen Spaß mehr. Er gab sich keine Mühe, Ordnung in das Chaos in seinem Spielzeugkasten zu bringen, er schlug einfach den Deckel zu, ließ das Schloss einklicken, schob die Kiste unters Bett. Dann ging er zu seiner Mutter ins Wohnzimmer. »Darf ich zu Theo?«

Sie saß mit dem Stopfzeug in der Hand auf dem Sofa, besserte Handtücher aus. Sie sah mager aus, fast ausgemergelt, mit eingefallenen Wangen und tiefen Furchen rund um die Mundwinkel. »Meinetwegen«, sagte sie. Außerdem schien sie geweint zu haben. Erstaunt, auch ein klein wenig befremdet beobachtete er, wie sie sich das Feuchte von den Wangen wischte. Er hatte seine Mutter noch nie weinen gesehen, außer an dem Tag, an dem die Nachricht vom Tod seines Vaters eingetroffen war: Bürgermeister Huber hatte ihnen die Mitteilung persönlich überbracht, ein Kondolenzschreiben, in dem sie in wohlgesetzten Worten vom Tod des Hauptsturmführers Frey informiert worden waren: getreu dem Fahneneid für Führer, Volk und Vaterland gefallen auf dem Felde der Ehre.

»Um sieben bist du zu Hause!«, sagte die Mutter. Sie schien die Beherrschung wiedergefunden zu haben, hatte die alte Schärfe zurückgewonnen.

Er hatte Lust, irgendetwas Aufsässiges zu sagen. »Ist gut«, sagte er.

Sein Freund war begeistert: »Hast du gehört, die SS hat die Eisenbahnbrücke beim Bahnhof in die Luft gesprengt.« Theo saß auf der Vorzimmerkommode, band sich die Schuhbänder.

»War nicht zu überhören«, sagte Hartmut. Es hatte eine gewaltige Explosion gegeben heute früh, er war schon auf gewesen, hatte seiner Mutter geholfen, Briefe, Papiere und diverse Dokumente im Koksofen im Wohnzimmer zu verbrennen, belastendes Zeug, aus dem man ihnen einen Strick drehen könnte, wie ihm die Mutter erklärt hatte. In der Nachbarschaft waren durch die Explosion sogar einige Fenster zu Bruch gegangen.

»Beeil dich«, sagte Hartmut, »sonst kommen wir nie weg.« Er konnte es nicht erwarten, das Haus zu verlassen.

»Wir könnten zum Rangierbahnhof runtergehen«, sagte Theo. »Dort lösen die Amis am Nachmittag ein Lebensmittellager auf.« Er schmierte sich etwas Spucke ins Haar, brachte seine Frisur in Form. »Vielleicht fällt ja was ab für uns. Honig, Nudeln, Schokolade, irgendwas.«

»Frau Rainer sagt, das sei nur ein Gerücht«, sagte Hartmut. »Ich hab sie unten im Stiegenhaus getroffen.«

»Was?«

»Das mit dem Lebensmittellager.«

»Woher will die Rainer das wissen?«

»Sie war gerade dort. Es gibt kein Lebensmittellager am Rangierbahnhof.«

»Na, dann halt nicht«, sagte Theo. Er nahm vor dem Spiegel Aufstellung, überprüfte den Sitz seiner Frisur. »Schön wie ein Jagdgeschwaderkommandant, was meinst du?«

Sie pirschten sich über die rückwärts gelegene Treppe in die Garnisongasse hinunter, wobei Hartmut ängstlich darauf bedacht war, seiner Mutter nicht über den Weg zu laufen, weder im Stiegenhaus, noch draußen vorm Haus. Nie im Leben hätte sie erlaubt, dass er sich heute auf der Straße herumtrieb. Sie hatten Glück, kamen ohne Probleme ins Freie. Draußen war es frühlingshaft warm, ein Maitag wie aus dem Bilderbuch, mit wasserfarbenblauem Himmel und dem Duft blühender Kastanien in der Luft. Sie ließen die Apotheke *Zum schwarzen Adler* hinter sich und bogen auf den Hauptplatz ein, einen lang gezogenen Barockplatz mit alten Bürger- und Patrizierhäusern. Im *Baedeker* wurde der Platz als »Perle des Spätbarock« gefeiert. Im *Baedeker* fand auch die Pfarrkirche zur heiligen Anna mit dem kostbaren Schwanthaler-Altar Erwähnung. Hartmut staunte, dass praktisch alle Häuser auf dem Hauptplatz weiß beflaggt waren. Der Rundfunkaufruf des Gauleiters, wonach das Hissen weißer Fahnen mit standrechtlicher Exekution geahndet würde, hatte offenbar seine Wirkung verfehlt. Theo und Hartmut ließen die Sparkasse und *Kurzwaren Grosny* hinter sich und steuerten auf das Bürgermeisteramt zu, vor dem noch immer zwei Kampfpanzer standen, zwei *Sherman M4*, wie Theo sachkundig feststellte. Ein paar Soldaten lungerten vor den Panzern herum, unterhielten sich, kauten Kaugummi. Nachdem sie sich eine Zeit lang in der Nähe der Shermans herumgedrückt hatten, riskierten Theo und Hartmut einen Vorstoß. »Skjus mi, Sir«, sagte Theo zu einem der Soldaten, einem gutmütig aussehenden Burschen mit pausbäckigem Gesicht: »Skjus mi, Sör, Tschuing Gam?«

Der Soldat grinste. Er langte in seine Hosentasche, warf ihnen ein Päckchen *Spearmint* zu, weiße Verpackung mit grünen Streifen.

»Sänks«, sagte Theo, »sänks very matsch!«

Sie rannten zur Apotheke zurück, deren Portal seit heute Morgen mit Brettern verbarrikadiert war. Auf den Stufen vorm Eingang sitzend, stopften sie sich den Kaugummi zwischen die Zähne. »Schmeckt eins a«, sagte Theo.

»Meine Mutter bringt mich um, wenn sie davon was mitkriegt«, sagte Hartmut. »Süßigkeiten vom Feind, da trifft sie glatt der Schlag.«

»Wird ihr schon niemand erzählen«, sagte Theo. »Schau dich um, kümmert sich eh niemand um uns.«

»Auch wieder wahr«, sagte Hartmut, während er das Zeug zwischen den Zähnen herumschob. »Möchte wissen, was sie in die Dinger reintun.«

»Keine Ahnung«, sagte Theo. »Irgendwas Chemisches, schätze ich.«

»Wahrscheinlich.«

»Wie Präser, die machen sie ja auch chemisch. Schon mal Präser probiert?«

Hartmut wusste nicht, worauf Theo hinauswollte. Zur Sicherheit schwieg er.

»Ich meine so richtig, wenn er dir steht?«, beharrte Theo.

»Nein. Du?«

»Ich auch nicht. Würd' ich aber gern. Muss stark sein. Starkes Gefühl, meine ich.«

Theo begann seelenruhig eine Melodie zu summen, einen der alten *Jungvolk*-Heuler, die sie während der Heimnachmittage Hunderte Male gesungen hatten: »Wir Jungen schreiten gläubig der Sonne zugewandt …«

Den Nachmittag über trieben sie sich in der Stadt herum. Sie sahen der Plünderung eines Schuhgeschäfts zu, dessen Besitzer, der örtliche SA-Chef, sich zusammen mit den letzten Gebirgsjägereinheiten am Morgen aus dem Staub gemacht hatte. Sie erkundeten das Terrain auf der Festwiese, wo die Amerikaner ein Lazarett einzurichten begannen, tarnfarbene Zelte und Rot-Kreuz-Lkws, wo früher der St.-Anna-Kirtag oder das Maifest des Nationalsozialistischen Kraftfahrkorps stattgefunden hatten. Sie kehrten zurück in die Innenstadt, wo sie weitere Kaugummis oder andere Süßigkeiten zu ergattern hofften.

Hartmut war seit seinem zwölften Geburtstag letzten Sommer noch einmal kräftig gewachsen, zu kräftig, wie er fand. Er fühlte sich zu groß. Er sah aus wie ein Witz auf zwei Beinen, schien ihm, mit seinen kurzen Hosen und dem nachlässig in den Hosenbund gestopften Hemd. Seine Füße steckten in ausgebeulten, um eine Nummer zu großen Goiserern, um seine Knöchel schlotterten ausgewaschene graue Wollstrümpfe.

In der Stadt herrschte ein gewaltiges Durcheinander. Zwangsarbeiter aus Frankreich und Polen zogen in kleinen Gruppen über den Hauptplatz, zerlumpt und ausgelassen ob der wiedergewonnenen Freiheit, dazu kamen Flüchtlinge aus allen Teilen des Reiches. Vor den Lebensmitteldepots und dem Hauptpostamt hatten sich amerikanische Soldaten und die Männer vom Widerstand postiert. In einigen Vierteln unten am Fluss mussten die Bewohner ihre Häuser räumen, wegen der Einquartierungen der Amerikaner. Theo und Hartmut trafen eine Menge Leute, die sie kannten, Mitschüler, Lehrer, Bekannte ihrer Eltern. Jeder hatte Ungeheures zu erzählen, niemand wusste Genaues. Einmal hieß es, die SS hätte sich nach G. zurückgezogen und liefere sich dort Gefechte mit der 11. US-Panzerdivision, dann wieder wurde behauptet, Generaloberst Rendulic, Oberbefehlshaber der Heeresgruppe Süd, hielte sich in der Gegend auf und habe das Kommando über die letzten verbliebenen Kampfeinheiten übernommen, einschließlich des Volkssturms. Der Generaloberst plane, so erklärte der Kurzwarenhändler Grosny hinter vorgehaltener Hand, eine Gegenoffensive von den Bergen aus, um die Angloamerikaner zurückzuschlagen. Wieder andere wollten wissen, der Krieg sei seit heute Mittag zu Ende, der deutsche Generalstab habe offiziell kapituliert. Theo und Hartmut studierten eines der hastig gedruckten Plakate, das die Amerikaner in den letzten Stunden auf Hauswänden und Anschlagtafeln affichiert hatten: Die Bevölkerung wurde zur uneingeschränkten Kooperation mit der 3. US-Panzerarmee aufgerufen, sämtliche Waffen, einschließlich Jagdbüchsen, Sportflinten, Luftdruckgewehre waren bis 18.00 Uhr in der amerikanischen Kommandantur im Rathaus abzugeben. Plünderern drohte die Todesstrafe.

Sie streiften durchs Mühlenviertel in Richtung Fluss hinunter. Im Mühlenviertel wohnten vor allem die Arbeiter der Wolff-Werke, deren größte Produktionshalle bei einem der wenigen Bombenangriffe auf die Stadt vor etwa einem halben Jahr in Schutt und Asche gelegt worden war, die »Proleten«, wie Hartmuts Mutter die Bewohner des Viertels nannte. Normalerweise mied Hartmut die Gegend, auch der Stänkerer wegen, die einem hier immer wieder auflauerten (»Was schaust so blöd? Wieso stehst da wie ein frisch hingeschissenes Fragezeichen. Traust dich nichts sagen?«). Heute riskierten Theo und Hartmut die Abkürzung, man kam einfach schneller zur Brücke auf diesem Weg. An den Wänden überall Parolen: »Volk ans Gewehr!« – »Sieg oder bolschewistisches Chaos«. Ein Fenster öffnete sich, eine ältere Frau beugte sich heraus. Hartmut erkannte Frau Schmidt, die früher bei ihnen zu Hause gekocht hatte, ein böses, altes Weib, das seine Mutter vor zwei Jahren rausgeschmissen hatte: Frau Schmidt hatte über Hitler geschimpft, nachdem ihr Sohn am Kursker Bogen gefallen war. Jetzt spuckte sie aus dem Fenster. »Macht sie sich schon ins Hemd, die feine Frau Mutter?«, brüllte sie in Hartmuts Richtung. »Das tät' ich ihr wünschen, der alten Nazihur.«

Er schaute zu ihr rauf. Er hatte keine Lust, mit der Alten zu streiten. »Komm, lass uns abhauen«, sagte er zu Theo.

Sie standen nebeneinander an der Uferböschung und schauten ins Wasser. Der Fluss führte Hochwasser, eine Folge der späten Schneeschmelze heuer. Die Strömung war um vieles stärker als an anderen Tagen, die schmutzigbraunen Wassermassen rissen alle möglichen Gegenstände mit sich, Balken, Kanister, Autoreifen, dann und wann auch Karosserieteile und andere Eisentrümmer. Auf dem Uferweg schlichen sie in Richtung Brücke vor. Hier wimmelte es von amerikanischen Soldaten, Spezialtrupps suchten das Ufer nach Minen und versteckten Sprengsätzen ab. Hartmut und Theo verbargen sich im Ufergestrüpp, beobachteten die Soldaten. Mit Minensuchgeräten grasten sie das unwegsame Gelände Meter um Meter ab. Die Brücke selbst bot einen spektakulären Anblick: Wo die SS Sprengladungen angebracht hatte, war wenig von ihr übrig geblieben, die Stahlträger waren zum Teil grotesk verbogen, Metall- und Schienenteile lagen weit verstreut in der Gegend herum, das Wasser suchte sich seinen Weg zwischen patinierten Eisenblöcken und den bröckeligen Resten der Steinpfeiler.

In den Alleen des Kalvarienbergviertels, wo vor allem Ärzte, Rechtsanwälte und Notare wohnten, war an diesem Abend kaum jemand zu sehen. Nur vor dem Haus von Dr. Koschnick, dem Bürgermeister, standen zwei Militärautos. Es war halb sieben. Der Himmel färbte sich rot in der Abenddämmerung, fast violett, Schwalben schossen zwischen den Telegrafendrähten hin und her. In der Nachbarvilla zu Dr. Koschnicks Haus, in der eine pensionierte Schauspielerin mit ihren beiden Schwestern wohnte – Lilly Delvaux, sie war bis kurz nach Kriegsbeginn an der Josefstadt engagiert gewesen –, schloss jemand ein Fenster. Hartmut und Theo postierten sich hinter einem *50er Steyr,* der unter einem der Alleebäume stand. Von hier aus hatten sie Koschnicks Haus perfekt im Blick, ohne selbst gesehen zu werden.

Irgendetwas war da im Gange. Auf der Veranda der Koschnick'schen Villa wurde diskutiert, nicht laut, aber heftig, deutlich hörbar. Sie bemühten sich zu verstehen, worum es ging. Von ein paar Wortfetzen abgesehen bekamen sie nichts mit.

»Ich sag dir was«, flüsterte Theo. »Der wird kassiert, der Koschnick.«

»Meinst du?«

»Klar. Oder hast du eine andere Erklärung für das Tamtam da drin?«

Sie warteten. Nach einer Weile ging tatsächlich die Tür zu Koschnicks Villa auf, einige Soldaten mit nachlässig in den Nacken geschobenen Stahlhelmen verließen das Haus. In ihrer Mitte der Bürgermeister. Er wirkte gefasst. Sein von Schmissen gezeichnetes Gesicht zeigte keinerlei Regung. In der Linken trug Koschnick eine schwarze Aktentasche, die Rechte baumelte kraftlos herab – eine alte Kriegsverletzung von 14/18, wie Hartmut von seiner Mutter wusste, Isonzofront oder Piave, irgendwo in der Ecke war er verwundet worden. Der Bürgermeister trug Knickerbocker und ein Tweed-Jackett, sein Haar war akribisch gescheitelt, er wirkte wie ein Gutsbesitzer oder einer von diesen Wiener Industriellen, die vor dem Krieg mitunter zur Sommerfrische in die Gegend gekommen waren. Als er das Gartentor passierte, formten sich Koschnicks Lippen zu einem schmalen Lächeln.

»Wo werden sie ihn hinbringen?«, flüsterte Hartmut.

»Frag mich was Leichteres. In ein Lager vielleicht.«

Hartmut musste an einen der letzten Besuche des Bürgermeisters in der Wohnung seiner Eltern denken. Während des Heimaturlaubs seines Vaters im Oktober '43 musste es gewesen sein, da waren Koschnick und seine Frau zum Abendessen bei ihnen eingeladen. Sie hatten Rotwein und einen Rehschlögel mitgebracht, der Bürgermeister war über die Bezirksgrenzen hinaus als enthusiastischer Jäger bekannt. Es war ein lustiger Abend geworden. Hartmuts Mutter hatte den Rehschlögel gespickt und im Backrohr gedünstet. Hartmut hatte einen Schluck Rotwein trinken und einige humoristische Zweizeiler zum Besten geben dürfen, die er auf dem *Jungvolk*-Sommerlager wenige Wochen zuvor aufgeschnappt hatte: »Wer fällt vom Pferde, wenn es furzt? Das ist des Kaisers Unterurzt.«

Das war lange her. Eineinhalb Jahre.

Koschnick bewahrte Haltung. Ein Soldat hielt ihm die Jeeptür auf, Koschnick bedankte sich mit einem herablassenden Nicken, stieg in den Wagen. Der Motor wurde angelassen, der Jeep fuhr in Richtung Stadtzentrum davon.

Ein paar Soldaten in ihren olivgrünen Uniformen waren vor dem anderen Wagen stehen geblieben. Sie unterhielten sich leise, rauchten, lachten zwei, drei Mal laut auf. Hartmut und Theo fragten sich, ob sie noch jemanden verhaften wollten, Oberstudienrat Schwertlein vielleicht, der im Haus der Schauspielerin nebenan als Zimmerherr wohnte. Der ehemalige Direktor des örtlichen Gymnasiums war ein Hundertfuffzigprozentiger, wie jedermann wusste, aber die Amis unternahmen nichts dergleichen. Nach einer Weile schnippten sie die Stummel ihrer Zigaretten in den Rinnstein, stiegen in den Wagen. Mit quietschenden Reifen fuhren sie an Theo und Hartmut vorbei, die sich mit angehaltenem Atem an den Kotflügel des *50er Steyr* pressten.

Er kam kurz vor Beginn der Ausgangssperre nach Hause. Während die Mutter am Küchentisch saß und die Dokumentenmappe durchblätterte, auf der Suche nach weiterem kompromittierenden Material, das sie übersehen haben könnten, wie sie sagte, stopfte er hastig das Abendessen in sich hinein: zwei Scheiben Brot mit Margarine, eingelegte Gurken, einen mehligen Apfel.

Heller Wahnsinn, wie es in der Stadt zuginge, ließ sich die Mutter vernehmen. Frau Sommer habe angerufen, immerhin funktioniere das Telefon wieder. Brenneis sei zum Bürgermeister ernannt worden. Jetzt räche sich eben, dass man ihn nach dem Umbruch nicht gleich ins Straflager gesteckt hätte, wie die anderen Volksschädlinge auch, man sei eben immer noch viel zu großzügig gewesen, man hätte ein für alle Mal Schluss machen müssen mit der roten Brut. Überall in der Stadt würden Leute verhaftet, erzählte die Mutter, auch Selbstmorde habe es gegeben: Kreisleiter R. habe sich am Dachboden seines Hauses aufgehängt, auch einige andere Parteigenossen hätten den Freitod gewählt, das Ehepaar Weilguni hätte sich in seiner Jagdhütte draußen in Moosbach erschossen, in einem Abschiedsbrief hatte Forstrat Weilguni geschrieben, dass seiner Frau und ihm das Leben in einer nicht-nationalsozialistischen Welt nicht länger lebenswert erschien. Und Dr. Praschak, der Tierarzt drüben in B., habe sich mit Zyankali vergiftet.

Ein paar Sekunden herrschte Schweigen. Hartmut biss in den Apfel, zermalmte das Fruchtfleisch mit langsamen, kräftigen Bissen. In diesem Augenblick verlor die Mutter die Beherrschung: Ein ersticktes Schluchzen entrang sich ihrer Kehle, ging in ein leises, gequältes Wimmern über. Erschrocken schaute er sie an. Sie schlug die Dokumentenmappe zu, hielt sich die Hände vor den Mund, lief aus dem Zimmer.

Er lag auf dem Bett und blätterte alte *Adler*-Hefte durch, hochformatige Illustrierte für die männliche Jugend, herausgegeben vom Luftfahrtministerium Berlin. Er sammelte die Heftchen seit seinem neunten Lebensjahr. Was ihn besonders beeindruckte, waren die Illustrationen: effektvolle Luftschlachten, schicke Monturen, Ju-87-Stukas im Kampfeinsatz, die scharf konturierten Backenknochen der Piloten in ihren gläsernen Kanzeln. »Jagdflieger Major Mölders erzählt sein Leben«, »Luftkampf über den Ardennen«, das war Lesestoff nach seinem Geschmack. Einmal eine Messerschmidt fliegen, Herrgott, das wäre was, dachte er – die Messerschmidt Me-109, den schnellsten Jäger aller Zeiten. Bis auf ein, zwei Hefte besaß Hartmut alle *Adler*-Ausgaben seit Sommer 1940. Damals, nach dem Sieg über Frankreich, hatte er mit dem Sammeln begonnen. Zu seinen kostbarsten Schätzen neben den *Adler*-Heften gehörte ein Handbuch für die flugbegeisterte Jugend: Auf 150 Seiten waren da alle Kriegsflugzeuge aufgeführt, auch englische und amerikanische. In diesem Büchlein hatte er immer wieder geschmökert in den letzten Jahren, stundenlang, er hatte sämtliche Flugzeugtypen und ihre technischen Daten auswendig gelernt wie seinerzeit als Volksschüler die Hauptstädte Europas oder die Namen der wichtigsten germanischen Gottheiten.

Schon lange hatte er sich vorgenommen, Ordnung in seine *Adler*-Sammlung zu bringen. Vor Wochen bereits hatte ihm seine Mutter auf sein Drängen und Bitten hin einige Zeitschriftenordner aus Karton besorgt, in die begann er jetzt, penibel nach Jahrgang und Nummern geordnet, die einzelnen Exemplare einzuschlichten.

Als er damit fertig war, verstaute er die Ordner im Wandschrank. Er schloss die Schranktür und zog sich seinen Pyjama an. Dann machte er es sich im Bett bequem. Im Schein der Nachttischlampe vertiefte er sich in das Buch, das er gestern Abend zu lesen begonnen hatte: *Archipel in Flammen*, ein spannender Schmöker, in dem die Abenteuer des Marineoffiziers Henry d'Albaret vor der Küste Kretas beschrieben wurden. D'Albaret, ein Sympathisant des griechischen Freiheitskampfs, machte Jagd auf Piraten in der südlichen Ägäis.

Nach der Stromabschaltung um neun las Hartmut im Schein einer Taschenlampe weiter. Ab Seite 180 war die Spannung kaum mehr auszuhalten: Während eines Landgangs auf der Insel Scarpanto entdeckt d'Albaret, dass seine Geliebte auf dem Sklavenmarkt der Inselhauptstadt zum Verkauf angeboten wird. Um sie zu retten, beteiligt er sich an der Auktion und steigert mit um den Besitz der schönen Hadjine …

Um dreiviertel zehn kam die Mutter ins Zimmer. Sie machte eine Szene, weil er so spät noch las, wo er doch genau wisse, dass um halb neun Schluss zu sein habe mit der Leserei. Sie nahm ihm das Buch aus der Hand, warf einen abschätzigen Blick auf den Einband: »Du wirst dir noch die Augen ruinieren bei dem Schund.« Sie warf das Buch aufs Nachtkästchen, nahm ihm die Taschenlampe weg, drückte ihm einen flüchtigen Kuss auf die Stirn und war aus dem Zimmer.

Er konnte noch lange nicht einschlafen. Die Bilder des Tages gingen ihm durch den Kopf, immer und immer wieder: Koschnicks Verhaftung, die gesprengte Brücke mit den verbogenen Stahlträgern, die 3. US-Panzerarmee auf dem Hauptplatz. Kurz vor Mitternacht – er spielte schon mit dem Gedanken, noch einmal aufzustehen – übermannte ihn doch noch der Schlaf.

Am nächsten Tag erforschte er mit Theo den Stadtpark und das Areal rund ums Kurmittelhaus. Hier war vom Trubel im Stadtzentrum wenig zu spüren. Sie hockten am ausgetrockneten Seerosenteich und warfen Steine auf den kieseligen Grund, sie inspizierten den leeren Konzertpavillon und wunderten sich, warum so wenige Menschen im Park unterwegs waren, obwohl die Farben des Frühlings doch überall hervorbrachen: Der Flieder vor dem Kurmittelhaus explodierte mit weißen und violetten Helmbüschen, die Kastanien vor dem Dianatempel bogen sich unter der Last weißer Kerzen.

Theo und Hartmut strichen um das zu einem Lazarett umfunktionierte Kurmittelhaus, ein heruntergekommenes Jugendstilgebäude mit Marmor-Entree und stuckverzierter Außenfassade. Auch in diesem Gebäude, Hartmut wusste es von Frau Rainer, deren Schwester als Rot-Kreuz-Helferin arbeitete, starben die Menschen wie die Fliegen. Das war hier nicht anders als in den anderen Lazaretten der Stadt. Man hatte die Rekonvaleszenten in ihren Rollstühlen in den Park geschoben, damit sie sich in der Sonne wärmen konnten. Die, die gehen konnten, saßen auf einfachen Sesseln, graue Gestalten mit abgestumpften Gesichtern. Einer von ihnen, ein Schwarzhaariger mit leerem Jackenärmel, sprang auf und humpelte einer Rot-Kreuz-Schwester hinterher, die mit einem Rollwägelchen voller Medikamente zu einem der Wirtschaftsgebäude hinüberging, wo die Operationssäle untergebracht waren. Zum Gaudium seiner Kumpane äffte er den Gang der Schwester nach, indem er parodistisch die Brust herausstreckte und mit dem Hintern wackelte. Die anderen lachten, rissen Zoten. Nachdem die Schwester im Wirtschaftsgebäude verschwunden war, verstummten sie wieder.

Auch sein Vater, so erinnerte sich Hartmut, war in einem Lazarett gestorben, in der Nähe der Stadt Grodno, wo ihm eine Granate während der sowjetischen Sommeroffensive letztes Jahr die Beine zerfetzt hatte. Zwei Tage nach der Verwundung, am 25. Juli 1944, war er in einem Feldlazarett gestorben.

Dr. Seidelbast, einer der Gruppenführer im Heeresabschnitt Ost und Verbindungsbruder seines Vaters aus gemeinsamen Grazer Studententagen, hatte seiner Mutter in einem persönlichen Beileidsschreiben versichert, dass Hauptsturmführer Anton Frey einen sanften Tod gestorben sei: Unmittelbar nach der Verwundung habe er das Bewusstsein verloren und bis zum Eintreten des Todes auch nicht mehr wiedererlangt. Ein echter Trost war das nicht gewesen.

Hartmut hatte nur wenige und auch nur undeutliche Erinnerungen an seinen Vater. Seit Beginn des Polenfeldzugs hatte er ihn so gut wie nicht mehr zu Gesicht bekommen, nur ein Mal zu Weihnachten und ein weiteres Mal im Oktober '43, als sie alle zusammen – ein, zwei Tage nach dem Rehschlögelessen mit den Koschnicks – den Großen Priel bestiegen hatten. Es war eine strapaziöse Tour gewesen, Hartmut erinnerte sich an die Feldflasche, die ihm der Vater immer wieder gereicht hatte, an die Jause oben auf dem Fleischbanksattel, an die Schmerzen in den Beinen, als sie endlich auf dem Gipfel standen. Andere, unschärfere Szenen kamen ihm in den Sinn. Der Besuch beim Gauturnfest in S., ein knappes Jahr vor dem Krieg, die Keulenschwingerinnen auf dem Sportfeld, die in Reih und Glied marschierenden Riegen der Turner, die festlichen Tanzvorführungen, die Festrede seines Vaters.

Vor dem Rangierbahnhof trafen sie einen von Theos Cousins, Hartmut kannte ihn vom Fußballspielen und von ein, zwei improvisierten Schachturnieren in Theos Zimmer, Manfred hieß er. Manfred erzählte, dass sich von Norden her ein gewaltiger Flüchtlingstreck auf die Stadt zubewegte. Das müssten sie sich ansehen, sagte Theo. Er wollte Manfred überreden mitzukommen, aber der hatte keine Lust, er spiele lieber Fußball mit seinen Kumpels auf der Wiese hinter dem Rangierbahnhof, sagte er.

»Na, dann halt nicht«, maulte Theo – bevor er sich mit Hartmut allein auf den Weg machte. Über die Garnisongasse und den Taubenmarkt kamen sie zum alten Zollhaus, hier franste die Stadt allmählich in Richtung Norden hin aus. Schaulustige säumten das letzte Stückchen der Landstraße – die jetzt schon voll war mit Flüchtlingen. So viele Elendsgestalten habe er noch nie auf einen Haufen gesehen, bemerkte Theo. Auf Pferdekarren und wackligen Leiterwagen waren sie unterwegs, ausgemergelte junge Frauen mit Kindern, ältere Männer und gebückte Mütterchen am Stock. Manche hockten auf den Kutschböcken altersschwacher Pferde- und Ochsengespanne, andere rollten Schubkarren über die Landstraße oder zogen klapprige Handwagen hinter sich her, ihre Habseligkeiten waren mit Schnüren und Seilen schlecht und recht auf der Ladefläche fixiert.

Theo und Hartmut betrachteten die ausgehungerten Gestalten mit einer Mischung aus Neugier und Mitleid. »Arme Schweine«, sagte Theo. »Dabei haben die noch Glück, dass sie's hierher geschafft haben. Die meisten sind oben in der Tschechei von Partisanen abgeknallt worden, vor allem die jüngeren Männer, weiß ich aus verlässlicher Quelle.«

»Was für eine Quelle?«

»Na, meine Mutter. Die weiß es von einer Nachbarin, die hat einen Bruder in Brünn. Stimmt todsicher.«

Vorm alten Zollhaus wurden die Flüchtlinge von amerikanischen Soldaten und Vertretern des Roten Kreuzes erwartet. Hartmut beobachtete, wie die Aussiedler Ausweispapiere vorzeigten, wie sie mit lethargischen Mienen die Fragen von Rot-Kreuz-Funktionären beantworteten. Auf einem der Heuwagen, von einem Paar klappriger Ochsen gezogen, entdeckte er ein zwölf- oder dreizehnjähriges Mädchen, blasses

Gesicht, Stupsnase, helle Augen, lange, geflochtene Zöpfe. Sie trug eine Strickweste und einen Wollrock und hielt ein jüngeres, zwei oder vielleicht zweieinhalb Jahre altes Kind im Arm. Ihre Eltern saßen vorne auf dem Kutschbock, zwei, drei weitere Kinder drängten sich hinter ihr auf der Ladefläche. Das Ochsengespann zottelte an Hartmut und Theo vorbei. Das Mädchen schaute ihm ein paar Sekunden lang in die Augen. Für Hartmuts Begriffe war es ein langer, intensiver Blick. Ein wohliges Gefühl erfüllte ihn. »Mensch, hast du die gesehen?«

»Was? Wen?«

»Na, die mit den Zöpfen!«

»Wieso?«, sagte Theo. »Was ist mit der?«

Hartmut schilderte dem Kumpel in zwei, drei Sätzen das unerhörte Erlebnis, das er gerade gehabt hatte. »Echt? Die Brünette?« Theo verrenkte sich den Hals. »Nicht schlecht. Ganz annehmbares Gestell, würde ich sagen.«

Sie beschlossen, dem Wagen des Mädchens zu folgen. Sie trotteten neben dem Fuhrwerk her, sorgfältig darauf bedacht, von den Eltern der Kleinen ja nicht bemerkt zu werden. Das Ochsengespann kam vor dem alten Zollhaus zum Stehen. Der Vater sprang vom Wagen, redete mit einem Rot-Kreuz-Mann. Sie drückten sich in der Nähe des Vehikels herum, Hartmut versuchte im immer dichter werdenden Gedränge noch einen Blick von der blassen Schönheit da oben zu erhaschen. Aber sosehr er sich auch bemühte, sie nahm einfach keine Notiz mehr von ihm. Er wartete vergeblich auf einen – einen einzigen – Blick von ihr.

Nach einer Weile hatte Theo keine Lust mehr, sich auf dem Registrierplatz sinnlos die Beine in den Bauch zu stehen. »Schätze, das bringt nichts mehr«, sagte er.

»Und wenn ich sie anquatsche?«

»Was willst du denn sagen? Gnädiges Fräulein, es fällt mir schwer, meine Gefühle in Worte zu fassen …«

»Ach, halt die Klappe!«

»Wenn ich's dir sag, es bringt nichts, hier noch länger herumzuhängen. Lass uns abhauen.«

»Hab keine Lust abzuhauen.«

Sie standen noch eine Weile unschlüssig herum, immer wieder versuchte Hartmut die Aufmerksamkeit des Mädchens auf sich zu lenken. Vergebens. Dann sagte Theo, Hartmut könne die Maid ja anschmachten, bis er schwarz werde, *er* werde jetzt einen Abgang machen.

»Von mir aus«, sagte Hartmut, »verschwinden wir.« Er warf einen letzten Blick in Richtung Ochsengespann, dann zog er mit Theo in Richtung Innenstadt ab.

Am nächsten Morgen, nachdem er der Mutter beim Abwaschen zur Hand gegangen war, schloss er sich ins Badezimmer ein. Den ganzen Morgen über war sie ihm in den Ohren gelegen, er solle die schulfreie Zeit dazu nutzen, seine Latein- und Mathematikkenntnisse auf Vordermann zu bringen, er hätte da einiges aufzuholen, wie ihr sein Klassenlehrer, Professor Mayer, vor einigen Tagen auf dem Rathaus versichert hätte, wo er wie sie um Lebensmittelmarken angestanden war.

Latein und Mathematik büffeln – er dachte nicht daran.

Er sperrte sich ins Badezimmer und schlüpfte aus seinen Kleidern, dann nahm er vor dem Spiegel Aufstellung, begutachtete seinen Oberkörper, sein Gesicht. Irgendetwas an ihm hatte sich verändert in letzter Zeit, schwer zu sagen, was. Manchmal bemerkte er einen scharfen Schweißgeruch an sich, den er unangenehm fand, dann wieder taten ihm ohne Grund Gelenke und Muskeln weh. Beunruhigend waren auch die Träume, aus denen er mitunter erwachte: Er kam als Einziger nackt zur Schule; Marlies Pichler, die Tochter des Zeugwarts im Turnverein, zeigte ihm hinter der Turnhalle ihre Brüste; ein unbekannter Mann zog ihm die Hose runter und bat ihn, in die Wiese zu pinkeln. Er begann die spärlichen Schamhaare zu untersuchen, die ihm in den letzten Wochen gewachsen waren. Theo, der einige Monate älter war als er, hatte schon ein richtiges schwarzes Büschel da unten.

Hartmut zog ein paar Grimassen vor dem Spiegel. Er prüfte sein Gesicht, inspizierte die Nase, die ihm zu groß vorkam, er betastete Wangen, Backenknochen und Kinn. Er fragte sich, ob er irgendwann einmal mehr hermachen würde als heute, in fünf, sechs Jahren vielleicht, ob ihm die Mädchen dann nachlaufen würden wie seinem Cousin Ernst, der sich in seiner Luftwaffenuniform vor Verehrerinnen kaum retten konnte. Würde sich jemals eine für ihn interessieren? Sein Blick glitt über Schultern und Oberkörper. Er sah eine knochige Gestalt vor sich, einen aus der Form gegangenen Pimpf mit kurzem, aschblondem Haar und eigenartig nach außen gebogenen Ohren. Hartmut fühlte sich nicht wohl in seiner Haut. Er wäre gern muskulöser gewesen, strammer, irgendwie imposanter.

Er öffnete den Badezimmerschrank. Da standen zwei Zahnputzbecher, eine Dose *Nivea Creme,* ein Flakon mit *Kölnisch Wasser* – und die Toilettesachen seiner Mutter. Konzentriert und ohne Hast begann er den Inhalt des Kastens auszuräumen, die einzelnen Gegenstände reihte er auf dem Fensterbrett auf, Lippenstifte, Kämme, Bürsten, ein Päckchen *Kaiser Borax,* eine Tube Hirschtalgcreme, eine Rougedose, die seine Mutter kaum je verwendete, eine deutsche Frau schminkte sich schließlich nicht … Ganz hinten im Schrank stieß er auf ein bröseliges Stück Rasierseife, vielleicht noch von seinem Vater stammend. Ein leidlich scharfes Rasiermesser und der dazugehörige Pinsel kamen ebenfalls zum Vorschein. Er hatte nicht danach gesucht, aber jetzt, da die Sachen da waren, warum sollte er sie nicht benutzen? Er nahm den Pinsel, rührte die Rasierseife in der dafür vorgesehenen Ausbuchtung auf dem Waschbecken an, dann seifte er sich ein. Der Schaum fühlte sich angenehm an auf der Haut. Mit dem Rasiermesser schabte er sich langsam das Weiße aus dem Gesicht; er berauschte sich an dem kratzenden Geräusch, mit dem er das Rasiermesser übers Kinn zog, ein wunderbares Geräusch. Als er mit dem Rasieren fertig war, betupfte er die Haut mit *Kölnisch Wasser,* dann betrachtete er das Ergebnis im Spiegel. Kein Unterschied zu vorher, obwohl er sich bedeutsamer vorkam, Jagdflieger-Mölders-mäßiger.

Nach dem Mittagessen holte ihn Theo ab, sie wollten sich an ihrer alten Schule umsehen. Das frühere Horst-Wessel-Gymnasium war wie viele öffentliche Gebäude der Stadt zum Flüchtlingslager umfunktioniert worden. Es handelte sich um einen freudlosen, gelb gestrichenen k.u.k.-Bau mit bröckeligen Stellen im Verputz, der unter blühenden Rosskastanien in einem kleinen Park lag. Vor dem Gebäude herrschte großes Durcheinander: Funktionäre des Roten Kreuzes eilten mit Aktenordnern und Papieren hin und her, Flüchtlingsfamilien ohne Quartier kampierten auf den Wiesen, hupende Autos brachten Decken und Lebensmittel.

Theo und Hartmut schlichen sich am leeren Kabuff des Schulwarts vorbei (»Bitte das Schuhwerk mit Sorgfalt reinigen«) ins Innere des Hauses. Auch hier war alles voller Menschen. In den Klassenzimmern hatten sich die

Flüchtlinge auf Decken und Matratzen eingerichtet, manche schliefen auf trockenem Stroh, andere auf dem blanken Fußboden. In der 4b war die große Afrika-Karte ausgerollt (Professor Mayer: »Togoland war deutsch und wird wieder deutsch!«), rund um die Karte hatten sich mehrere Familien häuslich eingerichtet.

Sie zogen weiter in den ersten Stock. Das Lehrmittelzimmer war abgeschlossen. »Schade«, sagte Theo, »hätte gern ein bisschen herumgeschnüffelt da drinnen.« Von fern sahen sie Helmer, den Schulwart, der eine Gruppe von Flüchtlingskindern zusammenstauchte: Sie hatten auf dem Gang mit einem Fetzenbündel Fußball gespielt. Sie sollten auf der Stelle aufhören, brüllte Helmer, sonst würde er sich einen nach dem anderen persönlich vorknöpfen, und dann würde es aber ordentlich was setzen.

»Komm, lass uns abhauen«, sagte Hartmut. »Bin nicht sonderlich scharf drauf, dass uns der Helmer hier entdeckt.«

Sie machten, dass sie in den zweiten Stock hinaufkamen, wo sich ihre alte Klasse, die 3a, befand. Auch hier bot sich ein ähnliches Bild. In jeder Klasse hausten Flüchtlinge, alte Leute, viele Kinder, auch junge Frauen mit Babys. Hartmut erinnerte sich an den Aufsatz, den sie ein paar Tage vor der Schließung der Schule hatten schreiben müssen: »Wir Deutsche fürchten Gott und sonst nichts in der Welt«. Oberstudienrat Hänsel war nicht mehr dazugekommen, die Arbeiten zu korrigieren, die Schulbehörden waren ihm mit der Aussetzung des Unterrichts zuvorgekommen. Hartmut hatte etwas von den eisernen Banden der Volksgemeinschaft geschrieben, die auch von angloamerikanischen Bombengangstern und den aus dem Osten heranflutenden bolschewistischen Horden nicht zerstört werden könnten. Hänsel hätte es mit Sicherheit gefallen.

Auf dem Weg zur Turnhalle kamen sie am Chemiesaal vorbei. Die Tür stand halb offen. Theo warf einen Blick hinein. »Ich halt's nicht aus«, flüsterte er. »Mann, schau, was die da macht.«

Hartmut drängte den Freund beiseite und lugte durch den Türspalt. Im Chemiesaal lagerten einige Mütter mit ihren Kindern, ganz hinten in der Ecke hockte, einen Säugling an der Brust, eine junge Frau. Den Pullover bis unters Kinn hochgeschoben, drückte sie den Kopf des Kleinen gegen den entblößten Busen. Hartmut hatte noch nie eine weibliche Brust gesehen, nicht einmal in den Kulturfilmen, die früher in den Excelsior-Lichtspielen manchmal gezeigt worden waren – *Kopfjäger am Kongo, Totenrituale der Fransman-Hottentotten.*

»Grundgütiger, hat die einen Busen!«, schwärmte Theo. Die Frau saß neben der gusseisernen Zentralheizung, den Rücken gegen die Wand gelehnt. Sie hatte dunkelblondes, leicht gewelltes Haar, wie Mady Rahl, war aber nicht ganz so apart wie die von Hartmut verehrte Schauspielerin, etwas farbloser und auch nicht ganz so gut gewachsen. Das Baby schien unruhig zu werden. Es warf den Kopf zurück, presste das Gesicht an den Körper der Mutter. Die veränderte ihre Position, hob das Kind hoch, legte es an die andere Brust. Also, das wären die tollsten Apparate, die er je zu Gesicht bekommen hätte, schwärmte Theo, nicht einmal der Vorbau von Ursel Müller von *Drogeriewaren Müller* auf dem Taubenmarkt könnte da mithalten, und die verfüge wahrhaftig über eine imposante »Milchwirtschaft«.

Hartmut konnte Theos Begeisterung nicht ganz nachvollziehen. Er versuchte den Körper der Frau besser in den Blick zu bekommen, aber sosehr er sich auch bemühte, es gelang ihm nicht. Der Kopf des Säuglings verdeckte alles. Eigentlich sah man nichts.

Bis zum Abend spielten sie hinter dem Rangierbahnhof Fußball, zusammen mit Theos Cousin Manfred und ein paar Kumpels aus der Nachbarschaft. Von der anderen Flussseite drangen Hämmern und das Kreischen aneinanderreibender Metallteile herüber, dann und wann hörte man auch laute Rufe und Gebrüll – die amerikanischen Pioniere hatten mit dem Bau des Not-Pontons über den Fluss begonnen.

Auf dem Heimweg sah Hartmut eine Kolonne von zwanzig, dreißig Panzern, die von der Garnisongasse kommend in Richtung G. rollten. Offenbar waren die Kämpfe in den Bergen noch nicht beendet, er glaubte am Nachmittag bisweilen auch Geschützdonner vom Maltzacher Sattel herübergehört zu haben. Gut möglich, dachte er, dass sich die Amerikaner an der Alpenfestung noch die Zähne ausbeißen würden.

Um sieben kam er nach Hause. Er schloss das Haustor auf und warf einen Blick in den Postkasten – die Post wurde schon seit Tagen nicht mehr ausgetragen. In diesem Augenblick ging Frau Rainers Tür auf, die Nachbarin stürzte aus ihrer Erdgeschoßwohnung ins Stiegenhaus.

»Hartmut! Da bist du ja. Wo warst du so lange, um Gottes willen?«

»Wieso? Was ist los?«

»Na, du stellst Fragen!« Frau Rainer wischte sich die Hände in die Kittelschürze, kam ihm ein paar Schritte entgegen auf der Treppe. »Ich weiß gar nicht, wie ich dir das sagen soll ...«

»Frau Rainer, was ist passiert?«

»Ach, Hartmut, es tut mir so leid ... Sie haben deine Mutter verhaftet.«

Er blieb am Treppenabsatz stehen, wusste nicht, was er sagen sollte.

»Komm erst einmal zu mir herein«, sagte Frau Rainer. Sie legte ihm den Arm um die Schulter, schob ihn nach oben in ihre Wohnung. »Du hast sicher noch nichts gegessen.« Sie führte ihn in ihre Wohnküche, bot ihm einen Stuhl an. Hartmut setzte sich, schaute zu, wie sie ihm ein paar Margarinebrote schmierte. Sie sei gerade mit seiner Mutter bei einer Schale Ersatzkaffee gesessen, erzählte Frau Rainer, oben in ihrer Wohnung, als es plötzlich geklingelt habe. Hartmuts Mutter war zur Tür gegangen. Amerikanische Militärpolizei, vier Männer, einer mit MP im Anschlag. Ob sie Frau Frey sei, habe einer der Männer gefragt, es gäbe eine Anzeige gegen sie, er müsse sie bitten mitzukommen.

»Eine Anzeige, was für eine Anzeige?«, fragte Hartmut.

Frau Rainer hatte nicht im Detail mitbekommen, worum es ging; soweit sie verstand, hing die Anzeige mit einer Reihe von ungeklärten Vorfällen oben auf dem *Eichenhof* zusammen, sie war sich allerdings nicht sicher, ob sie das richtig verstanden hatte. Auf jeden Fall habe der Soldat, der die Patrouille anführte, gesagt, seine Mutter solle ihre Sachen packen, sie hätte fünf Minuten Zeit, keine Sekunde länger.

Hartmut war völlig durcheinander. Man hatte seine Mutter abgeführt wie eine Kriminelle. Wie war das möglich? Dass sie im Gefängnis oder einem Internierungslager sitzen sollte – seine Mutter – unvorstellbar! Und was wurde nun aus ihm? Ein Gefühl der Verlassenheit erfasste ihn. Sollte er sich jetzt allein durchs Leben schlagen? Wie sollte das funktionieren?

»Deine Mutter hat es sehr gefasst aufgenommen«, sagte Frau Rainer. »Nur um dich hat sie sich große Sorgen gemacht.« Sie nahm den Teller mit den Margarinebroten, stellte ihn vor Hartmut auf den Tisch. »Ich habe ihr in die Hand hinein versprochen, dass ich mich um dich kümmern werde. Keine Angst, Frau Frey, hab ich gesagt, ich schaue auf den Buben, machen Sie sich da einmal keine Sorgen.«

Hartmut überlegte: Die Sache hatte natürlich auch ihre positiven Aspekte. Niemand würde ihm mehr Vorschriften machen, niemand würde ihn mehr maßregeln, wenn er mit Theo Fußball spielte, anstatt sich mit den Geheimnissen der konsonantischen Konjugation oder dem Genitivus possessivus auseinanderzusetzen. Oder wenn er abends zu lange las. Das war entschieden eine Verbesserung.

Er begann zu essen. Frau Rainer schaute ihm mit betretener Miene zu. Er tat ihr leid, das merkte er. »Wie lange wird sie wegbleiben, was meinen Sie?«

»Wenn ich das wüsste, Bub. Auf jeden Fall wohnst du hier bei mir, bis sie wieder da ist.«

»Vielen Dank, Frau Rainer … Vielen Dank, dass Sie sich um mich kümmern und das alles.«

»Ist doch selbstverständlich, Hartmut.«

Frau Rainer stand auf und machte sich an der Kredenz zu schaffen. Erst jetzt bemerkte Hartmut, dass das Radio lief. Der Sender in S., der seit einer Woche abgeschaltet war, hatte offenbar den Betrieb wieder aufgenommen. *Du und ich im Mondenschein, auf einer kleinen Bank allein …*

Er stopfte die Margarinebrote in sich hinein, während Frau Rainer über die schweren Zeiten zu lamentieren begann, die jetzt auf sie zukommen würden. Dabei sei es noch ein Glück, dass die Amerikaner in F. einmarschiert seien und nicht die Russen. Wenn sie die Russen hier in der Stadt hätten – Gott bewahre, dann könnte man jetzt nicht so friedlich beim Abendessen sitzen, dann würde die Stadt verwüstet und geplündert und die Frauen würden … na ja, man habe das alles zur Genüge in der Wochenschau gesehen.

»Ja«, sagte Hartmut. »Die Bilder in der Wochenschau waren schlimm.«

»Iss, Bub. Wer weiß, wann wir die nächste Zuteilung kriegen.«

»Frau Rainer, kann ich in mein Zimmer raufgehen?«, fragte er, als er fertig war mit dem Essen. Er trug den leeren Teller zur Abwasch, stellte ihn ins Spülbecken.

»Möchtest deine Ruhe haben«, sagte sie. »Das kann ich verstehen.«

Er verließ Frau Rainers Wohnung, ging hinauf in den ersten Stock, sperrte die Wohnungstür auf und durchsuchte die Wohnung, ob die Mutter irgendetwas hinterlassen hatte, eine Nachricht, einen Brief, etwas in der Art. Nichts. Er ging ans Fenster, schaute auf den Hauptplatz hinaus; die Ausgangssperre zeigte Wirkung, nur vor der Kommandantur standen ein paar Uniformierte, sonst war niemand zu sehen. In diesem Moment fiel der Strom aus. Er schloss das Fenster, tastete sich zur Wohnzimmerkommode, um Kerzen zu suchen. Er fand ein paar in der obersten Lade, steckte sie in den für solche Fälle bereitstehenden Kerzenhalter, kramte ein Päckchen Streichhölzer aus der Hosentasche hervor, zündete zwei Kerzen an, trug den Kandelaber zum Wohnzimmertisch, setzte ihn ab, hockte sich davor, starrte in die Flammen. Nach einer Weile schob er den Zeigefinger der rechten Hand langsam über eine der Kerzen. Er zuckte nicht zurück, als das Feuer seine Fingerkuppen zu versengen begann. Mit schmerzverzerrtem Gesicht zählte er bis fünfundzwanzig: einundzwanzig, zweiundzwanzig, dreiundzwanzig …

Er kühlte die Hand in einem Lavoir mit kaltem Wasser, verband den Finger mit einer Wickelbinde. Der

Wohnzimmerluster flackerte ein paar Mal auf. Als Hartmut schon glaubte, das mit dem Strom würde nichts mehr, kam die Elektrizität ebenso überraschend zurück, wie sie abgeschaltet worden war. Er blies die Kerzen aus, stellte den Kandelaber zurück auf die Kommode. Er musste raus aus der Wohnung. Vielleicht nach unten in den Garten? Er warf sich eine Jacke über – abends war es immer noch empfindlich kalt –, dann schloss er die Wohnungstür hinter sich zu, ging langsam die Treppen ins Erdgeschoß hinunter. Er trat ins Freie, atmete durch. Kein Laut war zu hören. Auf dem schmalen Himmelsstückchen zwischen den Dächern war der Mond zu sehen, ein großer, blasser Kürbis. Er ging nach hinten zu Theos Kaninchenställen. Leise rief er die Tiere herbei. Eine Sekunde passierte gar nichts, dann hörte man geschäftiges Scharren und Rascheln hinten im Käfig. Fredi, Fritz und Lauser drängten nach vor ans Gitter. Hartmut schob ein Büschel Gras durch die Maschen, sprach leise mit den Tieren. Vorsichtig machte er das Gittertürchen auf und holte Lauser heraus, der hatte ein hübsches Fell, schwarzweiß gescheckt mit großen Abzeichen an Augen und Schnauze. Fredi und Fritz waren einfärbig braun. Er mochte sie auch, aber sie waren nicht so hübsch wie der Schwarz-Weiße. Lauser schien aufgeregt, er presste sich an Hartmuts Schulter, zutraulich, beschnupperte seinen Hals, sein Kinn. Das Fell des Kaninchens fühlte sich warm an und weich.

Seltsam, dachte Hartmut, hier im Garten war alles genauso wie gestern. Sonst hatte sich alles geändert. Er schubste Lauser in den Hasenstall zurück, rupfte noch ein Büschel Gras aus und schob es ihm hinein, dann riegelte er den Verschlag ab. Langsam ging er zurück in sein Zimmer. Er holte die Rummy-Karten aus der obersten Schreibtischlade, fing an, eine Patience zu legen. Als ihn das zu langweilen begann, schlüpfte er in seinen Pyjama und legte sich ins Bett. Er schüttelte den Kopfpolster auf, machte es sich unter der Bettdecke bequem, dann knipste er das Nachttischlicht an und vertiefte sich, während vom Hauptplatz das Gerassel von Panzerketten zu ihm heraufdrang, in die letzten Kapitel von *Archipel in Flammen.*

EPITAPH AUF MIKE

Ich habe Mike an einem der *Cine-Club*-Nachmittage kennengelernt, die Studienrat Meier, Deutschprofessor am Brucknergymnasium, einmal im Monat in den *Greif*-Lichtspielen auf dem Kaiser-Josef-Platz zu veranstalten pflegte. Wir standen alle noch vor dem Kino zusammen und quatschten, wobei Didi Achleitner, Gründungsredakteur der Schülerzeitung *Etcetera,* einmal mehr den Klugscheißer raushängen ließ.

»Versteh ich nicht, warum der Film so super Kritiken gekriegt hat«, sagte Achleitner. »Ich meine, der Titel ist okay, *Nordsee ist Mordsee,* den Titel kann man lassen. Aber sonst: WDR-Fernsehspiel-Ästhetik der ödesten Art, wenn ihr mich fragt.«

Auch Stoffel war nicht zufrieden. »Am Anfang hab ich mir gedacht: Der Film gewinnt bestimmt noch an Drive. War ein Irrtum. Das Ganze ist immer noch fader geworden.« Er schob sich einen Kaugummi in den Mund, ließ das Stanniolpapier in seiner Jackentasche verschwinden.

»Ihr seid abscheuliche Snobs«, sagte Kathi. »Dass ein Filmemacher sein Augenmerk auf sozial Benachteiligte richtet, spricht noch lange nicht gegen seine künstlerische Integrität – im Gegenteil.«

Ich seufzte. Genau die Art von Diskussion, die mir auf die Nerven ging.

Jetzt mischte sich ein Neuer ins Gespräch, ein introvertiert wirkender Schlaks mit braunem, halblangem Haar und einem weiten, um die Hüften schlackernden Sakko. Das war Mike. Ich weiß nicht, wer ihn mitgebracht hatte, einer von den *Etcetera*-Leuten vermutlich. Mike ging in die

Siebte, ich kannte ihn vom Sehen auf dem Pausenhof, dann und wann hatte ich ihn auch vorm Anti-AKW-Stand in der Fußgängerzone gesehen, wo er Flugblätter verteilte und den Leuten Unterschriftenlisten vor die Nase hielt. Nicht, dass er spektakulär gut aussehend gewesen wäre, das kann man wahrhaftig nicht behaupten. Er war ehrlich gesagt gar nicht mein Typ. Er hatte grüne, mit braunen Pünktchen gesprenkelte Augen und einen ausdrucksvollen Mund, das schon, aber von seinem Gesicht, seiner Statur, seiner ganzen Erscheinung her – speckige Jeans, indisches Halstuch – war er wie alle anderen auch: Durchschnitt. Von Achleitner und den anderen Stützen der *Etcetera*-Clique unterschied er sich höchstens dadurch, dass er ernster wirkte und grüblerischer. Das wiederum zog mich an.

»Also, mich hat der Film berührt«, sagte er. »Vor allem die letzte Szene, da, wo die beiden Typen die Segel setzen … man könnte sagen, das war kitschig, ich fand's aber nicht kitschig … ich fand's … irgendwie berührend.«

Dass einer als Argument einbrachte, er fände einen Film berührend, war ungewöhnlich. Die von *Etcetera* sprachen von hyperbolischer Transparenz oder den nebulösen Epiphanien der Dialektik, wenn sie einen Film gut fanden. Mike hatte das nicht nötig. Er sagte, was er empfand. Das gefiel mir.

Die Diskussion ging hin und her, ohne dass groß etwas dabei herausgekommen wäre. Das war an diesem Nachmittag nicht anders als sonst auch. Nachdem alle Argumente ausgetauscht waren – ob sie nun stichhaltig waren oder nicht –, machte Stoffel den Vorschlag, etwas trinken zu gehen. Er musste uns nicht lange überreden. In zwei, drei Grüppchen zogen wir zum *Café Urbann* in der Bahnhofstraße, unserem Stammlokal, einem zerschlissenen Kaffeehaus mit Marmortischchen und gemütlichen Stoffbänken und der rauchgeschwängerten Aura Tausender geschwänzter Schulstunden.

Ich setzte mich mit Kathi, Mike und Stoffel in Bewegung. Achleitner und die *Etcetera*-Leute waren schon vorausgegangen, sie wollten noch irgendwo Zigaretten besorgen.

»Und dir?«, fragte Mike. »Wie hat dir der Film gefallen?«

»Ich fand ihn nicht schlecht«, sagte ich. »Im Gegensatz zu Achleitner, dem Schwätzer.«

»Er hört sich halt gern reden«, sagte Mike. »Im Grunde ist er okay. Zigarette?«

Ich schüttelte den Kopf.

»Heiße Mike. Du?«

»Nenn' mich Dana«, sagte ich. »Das tun alle. In Wirklichkeit: Daniela.«

»Gott ist mein Richter«, sagte er.

»Was?«

»Gott ist mein Richter.«

Ich warf ihm einen verständnislosen Blick zu.

»Dein Name kommt aus dem Hebräischen«, sagte er. »Auf Deutsch heißt Daniela ‚Gott ist mein Richter'.«

»Echt? Hör' ich heut' zum ersten Mal.«

»Mein Kopf ist voll mit solchem Zeug. Bis oben hin angefüllt mit unnützem Wissen. Manchmal krieg ich richtig Angst, dass ich verrückt werde. Kennst du das?«

»Weiß nicht. Vielleicht.«

Mike blieb stehen. Er kramte eine Packung *Samson*-Tabak aus der Umhängetasche, begann sich eine Zigarette zu drehen. Kathi und Stoffel gingen langsam weiter, wir blieben zurück.

»Du gehst in die Sechste«, sagte er, während er das dünne, mit bröseligem Tabak gefüllte Zigarettenpapier zwischen den

Fingern hin und her rollte. Es war eine Feststellung, keine Frage.

»Woher weißt du das?«

»Ich seh dich jeden Tag in der Schule«, sagte er. Er ließ das Tabak-Päckchen in der Tasche verschwinden, zündete sich die Zigarette an. »Außerdem hast du den Redewettbewerb letzten Herbst gewonnen. ‚Demokratie braucht Partizipation.'«

»*Das* hast du mitgekriegt?«

»Das Foto von der Preisverleihung hing doch lange genug am schwarzen Brett.«

Ich fühlte mich geschmeichelt. Mike hatte mich zur Kenntnis genommen, obwohl er mir bis zu diesem Zeitpunkt noch gar nicht groß aufgefallen war.

Wir gingen weiter. Er erzählte von der Anti-AKW-Gruppe, in der er sich engagierte. Einmal in der Woche traf er sich mit fünf, sechs Leuten im Büro der Naturschutzjugend im Ledererturm: Man zog Flugblätter ab, malte Plakate und Transparente, besprach die nächsten Aktivitäten. Im Wesentlichen bestanden diese Aktivitäten aus dem Verteilen von Flugblättern vor den höheren Schulen, dann und wann auch im Aufstellen eines Infostands in der Bäckergasse, wo Unterschriften gesammelt und Broschüren von Murray Bookchin und Robert Jungk verkauft wurden.

Das *Café Urbann* war berstend voll. Wir fanden einen Tisch unter den Garderobeständern ganz hinten. Mike und ich kamen nebeneinander zu sitzen. Er bestellte Kaffee, ich heiße Schokolade. Mike legte ein abgegriffenes *Fischer-alternativ*-Bändchen mit grünlich-grauem Einband auf den Tisch: *Wege aus der Wohlstandsfalle.*

»Darf ich mal sehen?«, sagte ich.

»Klar.«

Ich nahm das Buch, überflog den Klappentext, blätterte die mit Unterstreichungen und Bleistiftanmerkungen übersäten Seiten durch.

»Alles andere als unspannend«, sagte Mike. »Möchte in *Politische Bildung* eine Redeübung drüber halten. Die Herausgeber stellen die ganze industrielle Massenproduktion in Frage.«

»Echt?«

Er nickte. »Sie plädieren für ein ökologisch nachhaltiges Wirtschaftsmodell, mit kleinen, dezentralen Einheiten und so.«

»Ich glaube nicht, dass das funktioniert«, sagte ich.

»Wieso nicht?«

»Weil ich nicht an Modelle glaube, die sich ein paar Professoren zu Hause an ihren Schreibtischen ausdenken. Die Welt funktioniert nicht so.«

Die Kellnerin brachte die Getränke. »So wie bis jetzt kann's jedenfalls nicht weitergehen«, sagte Mike, während er eines der papierenen Zuckersäckchen aufriss und ein wenig Zucker in seinen Kaffee rieseln ließ. »Man sieht doch, wohin uns die eindimensionale Orientierung auf immer mehr Wirtschaftswachstum führt: Die Wälder sterben, die Flüsse kippen, das kann man nicht einfach hinnehmen, finde ich.«

Ich löffelte das Schlagobershäubchen von meiner Schokolade, trank einen Schluck. Mike setzte mir die Grundzüge des neuen Wirtschaftsmodells und einige interessante Details auseinander – »Es geht um eine Art soziale Mutation, verstehst du?« –, nach ein paar Minuten verstummte er plötzlich. Er rührte in seinem Kaffee, schien über irgendetwas nachzudenken. Mit einem Mal war es so, als wäre er nicht mehr da. Er wirkte vollkommen weggetreten.

»Geht's dir nicht gut?«, fragte ich.

»Nein, passt schon. Es ist nur ...« Er winkte ab. »Ist ja egal!«

Es war einer jener plötzlichen Stimmungsumschwünge, die ich später noch öfter an Mike beobachten sollte.

Am anderen Ende des Tischs kam Didi Achleitner auf sein Lieblingsprojekt zu sprechen, ein Artaud-Happening, das er im Herbst im Cordatus-Saal der evangelischen Kirchengemeinde realisieren wollte. Sein Konzept sah eine leere, mit blutigen Fahnen behängte Bühne vor, dort sollten zwei Dutzend Schauspieler in Zwangsjacken Artauds Manifest vom *Theater der Grausamkeit* vortragen. Kathi, mir und einem Mädchen aus der siebten Klasse hatte Achleitner tragende Rollen zugedacht. Wir sollten zentrale Abschnitte des Texts im Chor deklamieren, darunter die Passage, in der Artaud eine neue Art von kultischem Theater fordert – »ein Theater, das die erotischen Obsessionen des Zuschauers zum Vorschein bringt«, wie Achleitner jetzt wieder schwärmte. Er redete sich in Fahrt, wie immer, wenn ihn die Begeisterung für sein Projekt übermannte. »Artauds Manifest muss euch in Fleisch und Blut übergehen«, sagte er. »Es geht *nicht* darum, dass ihr den Text sprecht. Der Text muss euch sprechen, versteht ihr?« Er strich sich mit einer fahrigen Gebärde durchs Haar. Mit seinem melancholisch umschatteten Blick und der malerisch zerfahrenen Mähne sah er für einen Augenblick selbst aus wie Artaud.

Ich beugte mich zu Kathi hinüber, flüsterte ihr ins Ohr: »Glaubst du, dass aus dem Abend jemals was wird?«

Sie nippte an ihrem Rotwein-Cola, setzte das Glas ab, warf mir einen ironischen Blick zu. Dann schüttelte sie stumm den Kopf.

Zwei Tage später – es war große Pause und ich war gerade auf dem Weg ins Konferenzzimmer, wo ich etwas abzugeben hatte – sprach Mike mich an. Er hing mit ein paar

Siebtklässlern vor dem Chemiesaal herum, löste sich aus der Gruppe, schlapfte auf mich zu. Ob ich Lust hätte, mit ihm und ein paar Kumpels am Wochenende ins *CC* zu fahren, fragte er. Sein Freund Ecki hätte ein Auto aufgetrieben, und da hätten sie gedacht, ich hätte vielleicht Lust mitzukommen.

Das *CC* war eine Diskothek am Ortsrand von Eberstalzell, etwa zwanzig Kilometer von W. entfernt. Das Lokal galt aus mir nicht nachvollziehbaren Gründen als angesagt, obwohl es mitten in der Pampa lag und im Grunde nichts anderes war als eine hundsordinäre Dorf-Disco. *Reggae Nights* und *Woodstock Specials* lockten allerdings Leute aus dem ganzen Bezirk dorthin, zumindest an den Wochenenden.

»Ins *CC*?«, sagte ich. »Da war ich schon eine Ewigkeit nicht mehr.«

»Dann wird's Zeit.«

»Okay«, sagte ich. »Ich komme mit.«

»Wir treffen uns am Samstag um halb neun vorm Ringstraßencafé. Dann fahren wir alle zusammen raus, okay?«

»Einverstanden.«

Und so machte ich mich zwei Tage später mit Kathi, Stoffel und Achleitner, der ein weiteres Auto aufgetrieben hatte, auf den Weg nach Eberstalzell. Mike und die anderen fuhren uns in einem mit einem riesigen *Atomkraft nein danke*-Kleber bedeckten R4 voraus. Sie hatten die Fenster runtergekurbelt und beschallten die Felder am Straßenrand mit einer Live-Version von *Ramblin' Gamblin' Man* von Black Oak Arkansas. Einer von Mikes Freunden schaute aus dem Heckfenster des R4 zu uns nach hinten, schnitt Grimassen, streckte die Zunge raus.

»Scheint schon zugekifft zu sein, der Typ«, sagte Kathi.

»Schaut so aus«, grummelte Achleitner, der Mike und seinen Freunden eine gewisse Eifersucht entgegenzubringen schien.

Kurz nach neun kamen wir im *CC* an. Vor dem Eingang stand ein wackliges, mit weißen Farbspritzern übersätes Beistelltischchen, dahinter thronte ein bärtiger Typ mit kajalgeschminkten Augen und langen schwarzen Haaren. Er trug jede Menge Ringe und Armbänder, dazu eine geblümte Weste mit ausgefransten Fellrändern. Vor ihm stand eine offene Geldkassette. Ich legte einen Zwanziger auf den Tisch, bekam einen Stempel auf den Handrücken gedrückt. »Das erste Getränk geht aufs Haus«, sagte er desinteressiert. Er drückte mir einen Getränkebon in die Hand, ich schob mich hinter Kathi ins Lokal. Die abgestandene Luft, das Flackern der Lichtorgeln, die zwei Dutzend Leute, die unter den rotierenden Lichtpunkten einer an der Decke montierten Spiegelkugel herumlungerten – alles war haargenau so wie vor eineinhalb Jahren, als ich mit Kathi und ein paar Leuten aus der Clique zum letzten Mal hier gewesen war.

»Mörder was los ist nicht gerade«, maulte Stoffel, als wir uns an den Tanzenden vorbei in Richtung Bar bewegten.

»Vielleicht wird's ja noch«, sagte Kathi.

Wir ließen uns in der Nähe der Bar nieder, bestellten Bier und *Cuba libre*, schauten den Leuten beim Tanzen zu. Achleitner ließ sich in ein abgewetztes Samt-Fauteuil im hinteren Teil des Klubs fallen, redete auf einen schweigsamen Burschen aus der sechsten Klasse ein, den er an der Bar getroffen hatte. Keine Ahnung, woher die beiden sich kannten. Die Luft war schlecht und die Musik ein bisschen zu mainstreamig, wie Kathi fand. Sie saß neben mir auf einer der mit Kunstleder überzogenen Bänke, ließ sich von Stoffel den Nacken massieren. Mit einer Kopfbewegung deutete sie auf Mike, der sich etwas abseits von uns mit seinem Kumpel Ecki und einer der *Etcetera*-Redakteurinnen unterhielt. »Wird das was mit dem?«, fragte sie leise. Ich zuckte mit den Achseln.

Nach dem dritten *Cuba libre* gingen wir auf die Tanzfläche. *In a Gadda da Vida* war unwiderstehlich. Mike und Ecki folgten uns. Sie bewegten sich mit laschen, seltsam uninspirierten Bewegungen zur Musik. Begeisterte Tänzer, das sah man, waren sie nicht. Mike schickte ein zaghaftes Lächeln in meine Richtung.

Inzwischen war das Lokal ganz gut gefüllt, fünfzig, sechzig Leute frequentierten die Tanzfläche. Ich spürte den Rum, der mir zu Kopf gestiegen war, dazu kam die abgefahrene Musik. Ich hatte das Gefühl zu schweben. Alles andere als unangenehm. Ich schloss die Augen, begann den Kopf herumzuwerfen im Rhythmus des jaulenden Solos, zu dem der Gitarrist gerade ansetzte. Es war großartig. Ich öffnete die Augen, der DJ hatte das Stroboskop in Gang gesetzt, Lichtblitze zuckten über die Tanzfläche. Ich sah Kathi und Stoffel mit abgehackten Bewegungen an mir vorbeidriften. Die *Etcetera*-Redakteurin, die sich vor ein paar Minuten noch extracool mit Mike und Ecki unterhalten hatte, glitt mit seligem Lächeln in Richtung Bar. Als Ron Bushy etwas später zu seinem ausgedehnten Schlagzeugsolo ansetzte, zog es sogar Achleitner, den notorischen Tanzverweigerer, auf die Tanzfläche. Je exzessiver die Nummer wurde, desto ekstatischer fegte auch er zwischen den Tanzenden herum, er grölte sogar den Schlussrefrain mit, schien sich völlig wegzuflippen. »Das hat's noch nie gegeben«, rief ich der neben mir shakenden Kathi zu und zeigte auf Achleitner, aber sie verstand mich nicht.

Kurz nach vier taumelten wir aus dem Klub, fünfzehn, zwanzig Leute insgesamt, die bis zum Ende durchgehalten hatten. Nach Hause wollte keiner. Wir standen vor dem Lokal, überlegten, was wir noch unternehmen könnten.

Einer aus der *Etcetera*-Clique machte den Vorschlag, zum Fluss hinunterzufahren. Er kenne eine Stelle nicht weit von hier, die sei echt phänomenal. Vor allem der Sonnenaufgang dort unten sei ein Wahnsinn.

Es brauchte nicht viel, uns zu überreden. Ich stieg zu Mike und Ecki in den R4, ein mir unbekannter Typ mit schulterlangem Haar und ein Pärchen aus der siebten Klasse drängten sich zu mir auf den Rücksitz, was einiges Geschiebe und ein, zwei halbanzügliche Witze zur Folge hatte. Dann fuhren wir los. Mike schob eine Kassette in den Recorder, drehte auf volle Lautstärke, der Typ neben mir sang lauthals mit:

> *Up on Cripple Creek she sends me.*
> *If I spring a leak she mends me.*
> *I don't have to speak she defends me,*
> *a drunkard's dream if I ever did see one.*

Ecki parkte den Wagen am Rand einer Schotterstraße, gleich hinter Achleitner und dem Mini Cooper der *Etcetera*-Redakteurin. Er verteilte zwei, drei muffig riechende Decken, die er aus den Tiefen des Kofferraums hervorholte. Mike brachte von irgendwoher auch noch eine Doppelliterflasche Rotwein zum Vorschein. Dann setzten wir uns in Bewegung, stapften einen taufeuchten Waldweg zum Fluss hinunter.

Die Stelle, an die der *Etcetera*-Redakteur uns führte, hatte wirklich was Romantisches. Der Fluss bahnte sich seinen Weg zwischen Uferweiden und moosigen Steinen; ein, zwei Meter vom Ufer entfernt wucherten üppige Farnbuschen. Wir breiteten unsere Decken auf einem breiten, flachen Steinstrand aus, setzten uns hin, ließen die Doppelliterflasche im Kreis gehen, schwiegen, quatschten, schwiegen wieder.

Nach einer Weile wurden die ersten Sonnenstrahlen zwischen den Weidenblättern am anderen Flussufer sichtbar, ein zartes Orange, das sich in den Baumkronen brach und in glitzernden gelben Lichtpunkten übers Wasser tanzte.

Ich fröstelte. »Schweinekalt hier«, sagte ich. »Ich hätte nicht gedacht, dass es Anfang Juni noch so kalt sein kann.«

»Soll ich dir eine Decke bringen?«, fragte Mike. Er saß neben mir, eine Selbstgedrehte zwischen den Lippen.

»Au ja«, sagte ich. »Dafür hättest du was gut bei mir.«

Er verschwand in Richtung Auto. Wenig später kehrte er mit einer ausgefransten Wolldecke zurück. Sie war dreckiger als die anderen Decken, ein paar Ölflecken waren drauf, aber das war mir egal. Mike legte mir die Decke um die Schultern, rubbelte mich ein bisschen ab, am Rücken und entlang der Arme. Das war angenehm. Ich schmiegte mich in die kratzige Wolle, zog die Ecken über der Brust zusammen. Einer von Mikes Freunden holte seine Gitarre hervor, begann an ihr zu zupfen. *»The woman I'm thinkin' of – she loved me all up, but I'm so down today …«*

Stoffel und Achleitner hatten ein bisschen Kleinholz und ein paar Äste gesammelt, sie schichteten das Ganze zu einem Holzhaufen auf und bemühten sich, ein Lagerfeuer zu entfachen. Nach einigem Hin und Her – ich schätze, sie brannten drei Dutzend Streichhölzer ab – gelang es ihnen. Mike saß neben mir. Er lehnte sich an mich. Ich schloss die Augen, summte die Melodie mit, legte den Kopf auf seine Schulter.

Mike reichte mir einen Joint, ein dickes, trichterförmiges Gerät, das Ecki mit Hingabe modelliert hatte. Ich nahm einen Zug, dann noch einen, gab das Ding an Stoffel weiter. Stoffel nahm den Joint, er hatte die Finger beider Hände kompliziert ineinander verflochten und saugte vernehmbar an der Öffnung zwischen seinen Daumen.

»Wirkt ein bisschen manieriert, wie du das machst«, sagte Kathi.

»Gelernt ist gelernt«, sagte Stoffel.

»Jim Morrison hat's auch so gemacht«, rief Achleitner. Er hockte am Ufer, versuchte flache Steine übers Wasser hüpfen zu lassen.

Ich schmiegte mich an Mike, schloss die Augen, genoss seinen Geruch. »Komm, lass uns näher ans Feuer rücken«, sagte ich. »Mir ist immer noch kalt.« Wir rutschten ein bisschen nach vorn, machten es uns neben Kathi und Stoffel bequem. Ich zog die Decke fester um die Schultern. Mike neben mir war verstummt. Er wirkte geistesabwesend, irgendwie entrückt.

»Hast du was?«, fragte ich.

»Nein, wieso?«

»Keine Ahnung. Kommt mir so vor.«

Er schwieg. Nach einer endlos langen Zeit – so schien es mir jedenfalls – begann er wieder zu sprechen. »Ich hab manchmal so Phasen«, sagte er. »Endogen vermutlich. Hab's aufgegeben, darüber nachzudenken.« Er stocherte mit einem Haselnussstock in der Asche, schob eins der zischenden Scheiter in die Glut. »Manchmal hab ich das Gefühl, ich würd' am liebsten einfach alles hinschmeißen. Die Schule, das Studium, die ganze Scheiße, verstehst du?«

Ich sagte nichts.

»Hat keinen Sinn, sich das alles zu geben.« Er stieß ein unfrohes Lachen aus. »Ich meine, wozu soll das gut sein: Arbeiten, Geldverdienen, Karriere, der ganze Anpassungs-Mist? Hat mir noch keiner beantworten können, die Frage.«

Ich überlegte, was ich erwidern könnte. Mir fiel nichts ein. Wahrscheinlich, sagte ich mir, war Mike einfach melancholisch veranlagt.

Ich horchte in mich hinein, versuchte herauszufinden, ob das Zeug, das ich geraucht hatte, schon zu wirken anfing. Ich war alles andere als erfahren in diesen Dingen. Zwei, drei Mal hatte ich bisher Shit geraucht in meinem Leben, ohne große Begeisterung, eher aus dem Gefühl heraus, es auch einmal versucht haben zu müssen. Die Wirkung war jedes Mal gleich null gewesen.

»Versprich mir eins«, sagte Mike.

»Was?«

»Lass dich von mir nicht runterziehen, Dana. Kommt dir vielleicht komisch vor, wenn ich das sage ... ich weiß auch nicht, ich hab so eine Gabe, andere fertigzumachen. Ich will das nicht, verstehst du, es passiert mir einfach. Keine Ahnung, wieso mir das dauernd passiert, ich weiß es nicht, ich muss da so eine Art Talent haben.«

Während er sprach, wurde seine Stimme immer tiefer. Seine Worte hallten in meinen Ohren wider, als hätte er sie durch ein Kanalrohr gerufen. Ich sagte etwas, das mir unglaublich klug vorkam, hatte allerdings in der nächsten Sekunde schon wieder vergessen, was. Dabei spürte ich ein unwiderstehliches Bedürfnis zu lachen, mein Mund verzog sich zu einem dämlichen Grinsen. Ich schloss die Augen, sah eine Gruppe weiß gewandeter Gestalten auf einer Gitarrensaite tanzen. Das Knistern des Feuers schien stärker zu werden, die Gitarrensaite löste sich vom Boden, flatterte wie ein Drachenschwanz über den Himmel, ein breites, wallendes Band, an dessen Ende ich selber stand und mit hysterischen, marionettenhaften Bewegungen applaudierte.

Ein paar Tage später saß ich mit Mike auf einer Bank am Ufer des Mühlbachs, unweit des alten Minoritenklosters. Er hatte den Arm um mich gelegt, ich spielte mit einem Messingring an seinem Finger. Es war ein sonniger Nachmittag. Der Mühlbach, mit funkelnden Lichtflecken gesprenkelt, plätscherte träge unter den ausladenden Kastanienbäumen dahin. Eine Taube ließ sich am Kiesweg nieder, plusterte sich auf, begann nach Samenkörnern zu picken.

Wir unterhielten uns über Kathi, Stoffel und die anderen aus der Clique, ließen uns über Achleitner und sein aussichtsloses Artaud-Projekt aus. Als wir das Thema durchhatten, begann Mike über einen seiner Lehrer zu lästern, über den Geografie- und Mathematik-Professor Gerhardter, im Nebenberuf Reserve-Offizier, der seinen Schülern, anstatt sich auf seine Fächer zu konzentrieren, mit Vorträgen über »geistige Landesverteidigung« auf die Nerven ging. Mike mochte ihn nicht. Was die vom Landesschulrat sich dabei dächten, schimpfte er, einen Kriegshetzer wie Gerhardter auf wehrlose Jugendliche loszulassen.

»Reg dich nicht auf«, sagte ich. »Den Gerhardter nimmt doch eh keiner ernst.«

»Als Lehrer ist ein militaristischer Hohlkopf wie der nicht tragbar.« Mike schnippte einen Zigarettenstummel in den Kies, trat ihn aus. Er zog noch eine Weile über Gerhardter her, mokierte sich über das Bundesheer, das er für eine Witzarmee hielt, aber auch für eine Witzarmee sollte man an Schulen keine Propaganda machen dürfen, fand er. Dann kam er auf Annette Herkner, seine Deutschprofessorin, zu sprechen. »Die Herkner«, wie sie an der Schule von allen genannt wurde, fand Gnade vor seinen Augen. Sie habe ihn mit den Texten Ernesto Cardenals bekannt gemacht, und vor allem: mit Pablo Neruda, seinem Abgott seit ein paar Monaten. Das vergesse er ihr nie. Ob ich schon mal was von Neruda gelesen hätte?

Ich zuckte die Achseln. »Hat sich noch nicht ergeben.«

»Der Wind ist ein Rappe«, sagte er leise: *»Hör nur, wie er dahinprescht übers Meer, durch den Himmel …«*

»Wow«, sagte ich. »Du kannst sogar was auswendig. Super.«

»Nicht viel. Bloß ein paar Zeilen.«

»Würdest du mir bei Gelegenheit eins von seinen Büchern borgen?«

»Klar«, sagte Mike. »Ich hab ein paar *Sammlung Luchterhand*-Bändchen daheim. Von Erich Arendt übersetzt. Kannst du gerne haben.«

An diesem Nachmittag fand ich beeindruckend, wie viel Mike über lateinamerikanische Literatur wusste. Im Augenblick kniee er sich richtig rein in das Thema, sagte er. Vielleicht würde er später einmal Spanisch studieren. Dann könnte er sich möglicherweise nützlich machen und das deutschsprachige Publikum mit ein paar großen, unübersetzten Dichtern bekannt machen, mit Jorge Icaza oder Roberto Juarroz beispielsweise, von denen rede hierzulande kein Schwein.

»Was ist das da in deiner Umhängetasche?«, fragte ich. »Das schwarze Dings?« Ich zeigte auf ein in Leder gebundenes Notizbuch, das ein Stückchen aus seiner Tasche ragte.

»Ach«, sagte Mike, »da schreib ich so Sachen rein, Notizen, Gedichte, was mir so durch den Kopf geht.«

»Echt? Kann man die … Ich meine, wie sind deine Gedichte so?«

Er kratzte sich am Kopf, schien eine Spur verlegen. »Mit Neruda kann ich mich natürlich nicht messen. Ich bin ein blutiger Amateur, verstehst du?«

»Würdest du mir eins vorlesen? Ich meine, du musst nicht, wenn du nicht möchtest.«

»Ich weiß nicht. So besonders sind sie wirklich nicht.«

»Du entscheidest, ob du mir ein Gedicht vorlesen willst oder nicht.«

»Also gut«, sagte er. »Eins geht.«

Er zog das Notizbuch aus der Umhängetasche, schlug es auf. »Erwarte dir bloß nicht zu viel«, sagte er, während er sich durch die mit krakeligen Versen beschriebenen Seiten blätterte. »Sind wie gesagt nur Versuche.«

»Ja, klar.«

Er blätterte ein bisschen, dann begann er zu lesen:

»Jetzt sehe ich öfter die Toten.
Sie werden deutlicher mit jedem Herbst.
Brennende Laubhaufen in den Gärten.
Unter dem Kastanienbaum
schlagen Kinder mit Stöcken
auf stachlige Kugeln ein.

Vom Schornstein des Nachbarhauses
steigt Rauch auf,
schwarzgraues Gekräusel.
Mein Blick trübt sich ein.
Sehnsucht nach dem Unerfüllbaren:
Aufsteigen,
sich verlieren
im Gelb des Himmels.«

Er klappte das Notizbuch zu, steckte es in die Tasche, kramte seinen Tabak hervor, begann sich eine Zigarette zu drehen.

»Nicht schlecht«, sagte ich. »Echt nicht schlecht, Mike.«

Er verzog keine Miene. »Findest du?«

»Es ist bildkräftig. Hat einen eigenen Ton. Es ist … beeindruckend.«

»Ist in einer halben Stunde entstanden, das Gedicht. Ging relativ schnell.«

»Bist du immer so flott?«

»Eigentlich nicht. Die Verse waren da, einfach so. Weiß nicht, warum.«

Ich zog den Ring von seinem Finger, streifte ihn mir über, probehalber. »Schon mal daran gedacht, deine Texte zu veröffentlichen?« sagte ich. »Die von *Etcetera* nehmen sie sicher mit Handkuss.«

»Ich schreibe nicht für andere«, sagte er barsch. »Ist eine Ausnahme, dass ich dir was von mir vorgelesen habe.«

»Du willst die Gedichte geheim halten?«, sagte ich. »Versteh ich nicht.«

Er warf mir einen vorwurfsvollen Blick zu. »Das hat nichts mit Geheimhalten zu tun. Die Sachen, die ich schreibe, gehen nur mich etwas an, niemanden sonst.«

Wenn ich an den Sommer 1980 zurückdenke, den letzten Sommer vor der Matura, kommt es mir vor, als hätte es zwei Mikes gegeben. Auf der einen Seite den einfühlsamen Freund und Liebhaber, auf der anderen den düsteren Melancholiker, der sich und den anderen das Leben mit seinen Trübsinnsanfällen schwer machte. Wenn es Mike »schlecht ging«, wie er das nannte, tauchte er tagelang unter: Er verkroch sich zu Hause, war nicht erreichbar, ließ sich am Telefon verleugnen. Für mich war das schrecklich, ich versank in Weltschmerz und Liebeskummer, lag heulend in meinem Zimmer, suhlte mich in Selbstmitleid. Wenn alles vorbei war, nach drei, vier Tagen, folgte stets das große Versöhnungs-Ritual: Mike schenkte mir Blumen oder ein *Insel*-Bändchen mit Haikus oder Rilke-Briefen, bat um Nachsicht für seinen Rückzug und das tagelange Schweigen. Jedes Mal verzieh ich ihm, obwohl ich mir geschworen hatte, ich täte es nicht. Ich konnte nicht anders.

So vergingen die Wochen bis Schulschluss. Auf Phasen der Verstimmung und des Streits folgten harmonische Perioden, in denen wir's gut miteinander hatten. Manchmal waren wir richtig glücklich. In diesen Phasen machten wir die Buchgeschäfte in der Innenstadt unsicher, oder wir fuhren nach Linz in den *OP-Cine-Club* und schauten uns den neuen Carlos-Saura-Film an, ich in einem dieser indischen Kleider, in denen ich damals herumrannte, Mike mit der gehäkelten Umhängetasche überm Arm, auf der alle möglichen Arten von Stickern prangten: »Hunger ist kein Schicksal« – »Hände weg von Nicaragua«, solche Sachen.

Manchmal nahm ich ihn mit nach Hause: Meine Eltern waren liberaler als andere, sie hatten nichts dagegen, dass Mike mit zu mir kam. Wir verschanzten uns in meinem Zimmer, hörten Musik, lasen uns gegenseitig was vor. Manchmal blieb er auch zum Abendessen. Er verstand sich gut mit meiner Mutter, brachte ihr indische Rezepte mit, half manchmal beim Kochen. Er verstand sie richtig um den Finger zu wickeln.

Zu sich nach Hause lud Mike mich nie ein. Seine Eltern waren einfache Leute, wie er erklärte, sie wohnten draußen am Land, ein paar Kilometer von W. entfernt, in einem Dorf namens S. Sein Vater, Metallschweißer in den *Reformwerken*, hatte das Haus Anfang der sechziger Jahre selbst gebaut. »Ich komme aus einer richtigen Häuslbauerfamilie«, sagte er.

»Verstehst du dich gut mit deinen Eltern?« Wir lagen nebeneinander auf der Bettcouch in meinem Zimmer, hörten John Mayall. Durch den Spalt unterm Rollo fiel ein schmaler Streifen Sonnenlicht herein.

»Ich kann mit ihnen genauso wenig anfangen wie sie mit mir«, sagte Mike. »Beruht auf Gegenseitigkeit.«

»Erzähl mir von ihnen.«

»Was soll ich dir da erzählen? Mein Vater ist ein Schweiger. Er sagt nie was. Guten Morgen, guten Abend, was gibt's Neues in der Schule – darauf beschränkt sich das in der Regel. Gesprächig wird der Alte nur, wenn's um den Krieg geht. Da kommt er richtig in Fahrt. Ansonsten: Er arbeitet ununterbrochen. Dauernd muss er irgendwas umgraben, abspachteln, reparieren. Ist wie ein Zwang bei ihm.«

»Und deine Mutter?«

»Die gleicht das wieder aus. Die redet nämlich ununterbrochen. Auch nicht auszuhalten auf Dauer.«

Die Kassette war zu Ende, *Nature's Disappearing* brach mitten in Mayalls melancholischem Blues-Singsang ab. Mike stand auf, ging zum Kassettenrekorder am Schreibtisch, drückte die Eject-Taste, fischte die Kassette heraus, drehte sie um, schob sie zurück in das Kassettenfach.

»Weißt du, was mich am meisten nervt? Dass sich meine Alten für nichts interessieren. Dass die einmal ein Buch in die Hand nähmen? Undenkbar. Vom Bericht des *Club of Rome* hat meine Mutter noch nie was gehört, und mein Vater schon gar nicht. Ist mir ein Rätsel, wie man so leben kann.«

»Viele Leute leben so«, sagte ich. »Deine Eltern sind da echt keine Ausnahme«.

Mike setzte sich neben mich. Er massierte mir den Nacken, versuchte mich zu küssen. »Nicht jetzt«, sagte ich. »Meine Eltern …«

»Ja, klar«, sagte er.

»Am Abend sind sie beim Chef meines Vaters eingeladen. Ich meine … du könntest zum Essen bei mir bleiben, wenn du möchtest.«

»Ich habe Ecki versprochen, um sechs bei ihm vorbeizuschauen.«

»Ecki!«, sagte ich. »Was du immer mit deinem Ecki hast! Dauernd steckst du mit ihm zusammen.«

»Bist du eifersüchtig? Ecki ist mein ältester Kumpel.«

»Weiß ich doch«, sagte ich. »Ich hab kein Problem damit, dass du zu ihm gehst. Echt nicht.«

Er spielte mit meinem Haar, zwirbelte eine Locke mit Daumen und Zeigefinger. »Ich weiß, dass du nicht eifersüchtig bist«, sagte er. »Würde auch gar nicht zu dir passen.«

Es war mir ein Rätsel, was Mike an Ecki fand. Mir erschien Ecki als langweilig und nichtssagend, ein magerer, blasierter Typ mit Nickelbrille, vom Aussehen her ein bisschen an Peter Handke erinnernd: das lange, fettige Haar, die hängenden Schultern, die Atmosphäre der Weltverachtung, die er um sich verbreitete. Mike verbrachte jede freie Minute mit ihm. Es kam vor, dass sich die beiden ein Wochenende lang in Eckis Zimmer im Haus seiner Eltern verbarrikadierten, einer Acht-Zimmer-Gründerzeitvilla in der Volksgartenstraße. Dort hörten sie das ganze Wochenende über Platten und kifften sich bis oben hin zu. Ich war bei diesen Sessions nie dabei, ich war wie gesagt alles andere als eine leidenschaftliche Kifferin, aber Mikes Erzählungen zufolge müssen sie sich in Eckis Bude regelmäßig zugedröhnt haben, bis sie nicht mehr wussten, wo ihnen der Schädel stand.

Die Sommerferien begannen mit einem Schulabschlussfest der Kulturinitiative *Eintopf* in der Stadthalle, einer Mischung aus Rockkonzert und Poesiefestival. Von vier Uhr nachmittags bis nach Mitternacht traten diverse Bands in der Stadthalle auf, darunter die Bluespumpm und der Harri-Stojka-Express, dazu kamen einige landesweit bekannte

Liedermacher wie Rudi Burda, Kurti Winterstein und Sigi Maron. In den Umbaupausen lasen junge Autoren aus eigenen Texten. Einer dieser Autoren war Didi Achleitner. Er war sichtlich nervös, als er mit seinem Manuskriptmäppchen die Bühne erklomm und hinter dem Lesungstischchen Platz nahm. In der Halle drängten sich ein paar Hundert Leute, Schüler und Studenten vor allem, auch ein paar jüngere Professoren aus den drei oder vier Gymnasien der Stadt. Ich saß mit Kathi, Mike und den anderen in der dritten Reihe. Achleitner trank einen Schluck Wasser, begann seine Lesung. Die meisten Gedichte, die er vortrug, kannten wir schon. Er hatte sie in der letzten *Etcetera*-Ausgabe publiziert: »Die Zeit der Krähen ist vorbei. / Die Winteräcker sind verwaist, / mit blanken Zangen kappt der Frost / den Draht der Telegrafenmasten.«

Mike schaute mit versteinerter Miene auf die Bühne.

»Irgendwas nicht in Ordnung?«, flüsterte ich.

»Nein. Wieso?« Er zuckte die Achseln, warf mir einen genervten Blick zu.

Nach ein paar Versen gewann Achleitner an lesetechnischer Trittfestigkeit: »Wenn jetzt einer käme, / kundig des Vogelflugs, / Prophet nahender Eiszeiten, / Seher des Offenkundigen, / wir hießen ihn schweigen.«

Achleitner las eine Viertelstunde, ein paar Gedichte schienen mir wirklich gut, und wenn auch manches etwas überladen wirkte, manches Bild vielleicht allzu gesucht, so wurde sein Auftritt doch mit höflichem Applaus quittiert. Als Achleitner seine Manuskripte zusammenpackte und sich hölzern verbeugte, ließen sich Kathi und ich zu übermütigen »Zugabe-Zugabe«-Rufen hinreißen, aber niemand hörte auf uns. Achleitner ging mit steifen Bewegungen von der Bühne ab. Ich war ein bisschen überdreht, rempelte Mike in die

Seite. »Warum liest du eigentlich nicht da oben? So gut wie die von Didi sind deine Gedichte auch!«

Mike machte eine ärgerliche Handbewegung. »Wenn er sich da oben produzieren will: seine Sache. Ich kann darauf verzichten.«

Der Liedermacher Reinhart Sellner erschien auf der Bühne, ein dunkelblonder Mann von Mitte dreißig, der sich in den letzten Jahren nicht nur als Musiker und Friedensaktivist, sondern auch als kämpferischer Lehrergewerkschafter einen Namen gemacht hatte. Sellner stimmte seine Gitarre, zupfte ein kleines, aggressives Instrumentalvorspiel, kündigte ein Antikriegslied an, mit dem er *Dscheneräl Haigs* unerträglicher Aussage, dass es Wichtigeres gäbe als den Frieden, die gebührende Antwort erteilen wollte. Er zupfte an seiner Gitarre, drehte ein bisschen an den Stimmwirbeln, begann in dem raunzenden Singsang, der sein musikalisches Markenzeichen war, loszulegen: »I steh auf den Lennon sei *Give Peace a Chance*, nur hob i ma nie vüü dazua überlegt ...«

Mike verdrehte die Augen. Sellners Auftritt war nicht nach seinem Geschmack. Er schaute sich um, erspähte Ecki in der Nähe des Getränkeausschanks. Mike stand auf, nahm seine Tasche, ging zu Ecki hinüber. Die beiden begrüßten sich, wechselten ein paar Worte, gingen hinaus ins Foyer. Ich fing Kathis Blick auf. Sie legte den Kopf zur Seite, zog die Augenbrauen hoch. »Was ist?«, sagte sie.

Ich machte eine resignierte Handbewegung, zeigte auf die Bühne, wo Reinhart Sellner in apokalyptischen Bildern die Schrecken eines künftigen Atomkriegs heraufbeschwor, und meinte, wir sollten uns auf das Bühnengeschehen konzentrieren.

Ich wurde unruhig. Mike war noch nicht wiederaufgetaucht, obwohl schon vor einiger Zeit die Mojo Bluesband ihren Gig begonnnen hatte. Deren Auftritte ließ er sich sonst nie entgehen. Ich wartete noch zwei, drei Nummern ab, dann begann ich ihn zu suchen. Ich hielt beim Getränkeausschank Ausschau nach ihm, bei den Garderoben, vor den Klos. Nichts.

»Hast du vielleicht Mike gesehen?«, sagte ich zu einer der *Etcetera*-Redakteurinnen, die vorm Damenklo stand und sich mit einem Aktivisten der Sozialistischen Jugend unterhielt.

»Mike? Hat sich der nicht mit Ecki in Richtung Volksgarten verzogen?«, sagte sie mit Blick auf den SJ-Aktivisten. Der zuckte die Achseln.

Ich drückte die Tür auf, ging ins Freie, schaute mich um. Die wummernden Bassrhythmen der Mojo Bluesband ließen die Fensterscheiben vibrieren. Ich machte ein paar Schritte in den Park, meine Augen brauchten eine Weile, bis sie sich an die Dunkelheit gewöhnt hatten. Ich ging in Richtung Moritz-Etzold-Turnhalle, umrundete die Blumenuhr, entdeckte Mike und Ecki auf einer der Parkbänke in der Nähe des Volksgarteneingangs. Was machten die beiden da? Ich ging hin, unruhig, irgendetwas stimmte nicht. Mike lag auf der Parkbank, er stammelte unzusammenhängendes Zeug, war leichenblass. Ecki hockte neben ihm, redete, konkreter: lallte auf ihn ein.

»Was ist los?«, sagte ich.

»Mir ist schlecht«, stöhnte Mike. »Ihr könnt euch nicht vorstellen, wie scheißschlecht mir ist.«

»Das sieht man«, sagte ich. Meine Stimme klang kühler als sonst.

Mike hob die Hände vors Gesicht, starrte mit weit aufgerissenen Augen seine Handflächen an. »Ich hab keine Hände mehr«, sagte er. »Wie ist das möglich? Ich bin ein Krüppel, Leute, ein scheißverdammter Krüppel.«

»Was soll das, Mike? Was für eine Show ziehst du hier ab?«

»Ist keine Show«, sagte Ecki. »Ist echt.«

Ich beugte mich zu Mike hinunter, suchte seinen Puls, legte ihm eine Hand auf die Stirn. Eiskalt. »Alles okay, Mike? Hey, Mike, kannst du mich hören?«

Ein dümmliches Lächeln spielte um seine Lippen. »Klar hör ich dich. Bin doch nicht taub.«

Ich wurde bestimmter: »Mike, sag mir, was los ist! Habt ihr irgendwas genommen? Los, raus mit der Sprache!«

»Brauchst nicht so zu schreien, Schätzchen. Wir können uns auch über Gedankenübertragung unterhalten. Telepathie, verstehst du? Ich kann nämlich Gedanken lesen. Ich bin mit allen Individuen geistig verbunden. Feine Sache, wenn man sich mit den Leuten unterhalten kann, ohne zu reden, meine ich.« Er lallte noch etwas, das ich nicht verstand, dann versuchte er sich aufzurichten. Er sackte vornüber. Ich fing ihn auf, bemühte mich, ihn zurück auf die Bank zu drücken. »Herrgott, Ecki, ihr habt doch völlig den Verstand verloren«, sagte ich.

»Reg dich ab«, sagte Ecki. »Wir haben bloß ein paar Trips geschmissen und ein bisschen was geraucht. Kein Grund zur Panik.«

»Und euch was zu saufen genehmigt«, sagte ich mit Blick auf die halb leere Weinflasche neben ihm. »Echt toll, muss ich ehrlich sagen.«

Ecki ließ den Kopf in den Nacken fallen, stieß ein kurzes hysterisches Lachen aus. »Wird nicht mehr vorkommen!« Er kicherte und gluckste, kam gar nicht mehr raus aus dem Kichern.

»Nimm wen anderen auf den Arm«, sagte ich. Ich hätte ihm am liebsten eine runtergehaut.

Mike stöhnte, seine Hände, seine Arme begannen immer stärker zu zittern. Nach einer Weile schlotterte er am ganzen Körper. Ich legte seinen Kopf auf meinen Schoß, redete beruhigend auf ihn ein. »Alles okay«, sagte ich. »Du schläfst jetzt ein bisschen, dann bringe ich dich nach Hause.«

»Nach Hause …«, lallte er.

»Wäre doch gelacht, wenn wir dich nicht wieder auf die Beine kriegen würden.« Meine Eltern waren zusammen mit meiner Schwester übers Wochenende zu meinen Großeltern nach St. Georgen gefahren. Ich konnte Mike also problemlos mit zu mir nehmen. Ich schlüpfte aus meiner Jacke, deckte ihn zu, redete unentwegt auf ihn ein. Als das Zittern etwas schwächer zu werden schien, lief ich zurück in die Halle, um Kathi und Stoffel zu holen.

Stoffel brachte uns im Wagen seines Vaters nach Hause. Wir legten Mike auf mein Bett, flößten ihm ein halbes Glas Wasser ein, warteten, bis er eingeschlafen war. Dann machte ich eine Flasche Valpolicella auf, wir setzten uns auf den Balkon und quatschten.

»Du musst aufpassen, dass du nicht zu Mikes Ersatz-Mama wirst«, sagte Kathi, während sie einen Nachtfalter von der Petroleumlampe auf dem Tisch verscheuchte.

»Ist mir klar.«

»Keine gute Arbeitsteilung, wenn einer dauernd den Leidenden raushängen lässt und der andere immer auf ihn aufpasst«, sagte Stoffel. »Ein bisschen leiden ist okay. Man darf's bloß nicht übertreiben.«

»Ich weiß«, sagte ich.

»Da bin ich mir nicht so sicher«, sagte Kathi.

Beim Frühstück saß mir Mike mit hängenden Schultern gegenüber. Er trank Kaffee, kaute lustlos an seinem Buttertoast.

»Tut mir leid wegen gestern Abend«, sagte er.

Ich fischte zwei Frühstückseier aus dem Kochtopf, schreckte sie ab, gab sie in die Keramik-Eierbecher, die meine Schwester und ich als Kleinkinder im Vorfeld irgendeines Muttertags modelliert hatten.

»Warum tust du das?«, sagte ich.

»Was?«

»Dich zukiffen bis zur Bewusstlosigkeit.«

»Weiß nicht«, sagte er. »Hat sich so ergeben.« Er schenkte sich Kaffee nach, schwieg.

Nach dem Frühstück schloss er sich für zwanzig Minuten im Bad ein. Er duschte und rasierte sich, dann ging er mit mir auf mein Zimmer, wo wir eine Mike-Oldfield-Platte auflegten und miteinander schliefen.

Mike lag neben mir. Wir hatten die Bettdecke abgestreift, ich fächelte mir mit einer Modezeitschrift meiner Mutter etwas Kühlung zu. Auf der Wiese vorm Wohnblock zog der Hausmeister mit dem Rasenmäher seine Bahnen. Der Geruch von frisch gemähtem Gras drang durchs offene Fenster zu uns herein.

»Du hast nicht zufällig Lust, irgendwann mit mir nach S. hinauszufahren?«, sagte Mike. »Meine Mutter liegt mir in den Ohren, sie möchte dich gern kennenlernen.«

»Deine Mutter weiß von meiner Existenz?«

Mike drehte sich auf die Seite, stützte den Kopf auf die Hand, grinste mich an: »Ich habe ihr von dir erzählt. Eh schon vor Längerem.«

Ein paar Tage später, an einem Samstag, fuhren wir mit seinem Moped hinaus nach S. Der Ort bestand aus einer hübschen Barockkirche mit Zwiebelturm, einer Volksschule aus der Zwischenkriegszeit, einem Kriegerdenkmal, zwei Bäckereien, der *Fleischhauerei Vitzthum*, einem *ADEG*-Gemischtwarenladen, einer Raiffeisen-Filiale aus den frühen siebziger Jahren und zwei Wirtshäusern: *Zur Krone, Zum fidelen Bauern.*

Mikes Eltern wohnten in einer Neubausiedlung am Ortsrand. Ihr Haus war das letzte an einer am Waldrand versickernden Straße, ein lang gezogenes Gebäude mit rotbraunem Holzbalkon und einem selbst gebastelten Klingelschild aus Salzgebäck an der Tür. Hinter dem bescheidenen Anwesen konnte man einen Gemüsegarten und einen Hühnerstall ausmachen, etwas weiter dahinter eine Scheune und eine mit verwitterten Holzpfosten eingezäunte Weide, auf der ein paar Schafe grasten.

Mike lenkte seine KTM in die Einfahrt, stellte den Motor ab. Seine Mutter, eine stämmige Frau, stand in der Haustür, wischte sich die Hände in die Kittelschürze. Zwischen ihren Beinen strich eine rot-weiß getigerte Katze ins Haus. »Nein, so eine Freude«, sagte sie, während sie uns entgegenging. »So oft habe ich dem Buben schon gesagt, bring einmal deine Freundin mit, Michi, ich will sie kennenlernen, deine Daniela. Glauben Sie, er hätte Anstalten gemacht in der Richtung? Wie auf ein krankes Pferd hab ich eingeredet auf ihn. Na, jetzt hat er Sie endlich mitgebracht, das ist das Wichtigste!«

»Ist schon gut, Mutter«, sagte Mike.

»Vielen Dank für die Einladung«, sagte ich höflich. Ich gab Frau Ahammer die Hand, sie ergriff sie mit beiden Händen, ließ sie nicht mehr los. Ob ich genügend Hunger mitgebracht hätte, fragte sie, sie habe eine Kaffeejause vorbereitet, und wenn ich wolle, könne ich gern auch zum Abendessen bleiben.

Auf einer Strohmatte mit der Aufschrift »Willkommen« putzten wir uns die Schuhe ab, dann traten wir ins Haus. »Da hab ich Ihnen Hausschuhe hergestellt«, sagte sie. »Ich hab die Böden extra noch einmal herausgewischt in der Früh, damit Sie nicht sagen können, bei den Schwiegerleuten daheim schaut's aus wie im Barackenlager.«

Wir zogen die Schuhe aus, schlüpften in die Filzpatschen, die sie vor der Garderobe bereitgestellt hatte, gingen weiter in die Wohnküche.

»Meinen Mann müssen Sie entschuldigen«, sagte Frau Ahammer. »Fragen Sie mich nicht, was der wieder zu arbeiten hat. Der arbeitet ununterbrochen, das hat Ihnen der Michi bestimmt schon erzählt. Ich weiß nicht, was da passieren müsste, dass dem einmal die Arbeit ausgeht ... Möchten Sie Kaffee? Sie trinken doch Kaffee?«

»Ja, gern.«

Sie schaufelte ein paar Löffel Kaffeebohnen in eine elektrische Kaffeemühle, drückte auf den Deckel, worauf sich der Motor surrend in Bewegung setzte. »Nehmt Platz, Kinder!« Wir setzten uns an den gedeckten Tisch – Kaffeetassen und Teller waren aus geblümter Gmundner Keramik – und schauten zu, wie sie den frisch gemahlenen Kaffee in eine dieser altmodischen Espressokannen füllte. Sie ließ Wasser in das Unterteil laufen, schraubte den oberen Teil der Aluminiumkanne drauf, entfachte eine der Flammen auf dem Gasherd.

Die Wohnküche war ein Exzess der Gemütlichkeit. Neben der Alpenlandschaft über dem Esstisch hingen einige kleinere Hinterglasmalereien und ein Lebkuchenherz: *Ich mag dich, wie du bist.* Die Schrankwand war mit Nippesfiguren und Puppen aller Art vollgeräumt, auf einem Bord unweit des Kachelofens waren Keramikteller, steinerne Bierhumpen, Vasen mit Strohblumensträußen aufgereiht, daneben hatte Frau Ahammer auch noch einige Ansichtskarten gepinnt: *Mariazeller Impressionen, Grüße aus St. Radegund, Bad Ischl – Kaiserstadt im Herzen des Salzkammerguts.*

»Nehmen Sie Zucker?« Sie hob ein Stück Guglhupf auf meinen Teller, klackste etwas Schlagobers drauf.

»Ein Löfferl, gern«, sagte ich.

»Michi, du nimmst dir selbst«, sagte sie, während sie mir den Zuckerstreuer rüberschob.

Der Kaffee war fertig. Frau Ahammer stand auf, ging zum Herd, drehte die Gasflamme ab. Sie kam mit der Kanne zurück, schenkte uns ein, setzte sich wieder zu uns.

»Greifen Sie zu, junge Dame«, sagte sie. Ich begann zu essen, lobte den Kuchen, erkundigte mich nach dem Rezept – ganz artige Schwiegertochter in spe.

Das Geheimnis liege im Germteig, erklärte Frau Ahammer. Man müsse ihn mit einem Kochlöffel abschlagen, zum Kneten sei er zu weich. Vor allem aber – und jetzt verrate sie mir das Geheimnis der Geheimnisse – dürfe man nur warme Milch fürs Dampfl verwenden, keine kalte, sonst gehe der Teig nicht richtig auf. Sie würde mir das Rezept geben, wenn ich es haben wollte.

»Ja, gern«, sagte ich diensteifrig. Mike verdreht die Augen.

»Was sagen Sie zu meinen Puppen?«, wollte Frau Ahammer wissen. Sie zeigte auf die mit Püppchen vollgeräumte Schrankwand hinter dem monumentalen Schwarz-Weiß-Fernseher. Jede einzelne dieser Puppen war individuell gekleidet, die eine trug eine samtviolette Ballrobe mit Stola, die andere ein luftiges Sommerkleidchen, die dritte ein

Dirndl mit Tirolerhut, die vierte einen Hosenanzug mit changierendem Schwarz-Schimmer und so weiter.

»Hab ich alles selbst geschneidert«, erklärte Frau Ahammer. »Die Puppen sind meine große Leidenschaft, neben der Arbeit im Garten.«

Ich nickte, bemühte mich um einen interessierten Gesichtsausdruck. Frau Ahammer musste Hunderte von Arbeitsstunden auf das Einkleiden ihrer Puppen verwendet haben. Auch das Fensterbrett war voll mit Puppen. »Letzten Herbst hab ich mir eine kleine Schneiderwerkstatt eingerichtet«, sagte sie. »Unten im Keller. Ich zeig' sie Ihnen, wenn Sie wollen.«

Jetzt hörten wir Schritte im Vorhaus, ein schwerfälliges Stapfen, das Ausklopfen von Schuhen. Die Tür ging auf. Ein untersetzter Mann in blauem Monteursanzug stand in der Tür: kräftiges, sonnenverbranntes Gesicht, schütteres, graues, nach hinten gekämmtes Haar. Mikes Vater. In der Hand hielt er eine Kappe mit der Aufschrift »Tiger-Lacke«.

»Wo warst du so lange, Alois?«, sagte Frau Ahammer. »Wir haben Besuch.«

Mikes Vater legte die Kappe neben den Kachelofen. Er kam auf mich zu, schüttelte mir die Hand, murmelte eine Art Gruß, dann setzte er sich zu uns an den Tisch. Er habe unten auf der Holzleiten-Wiese noch Heu gemacht. Im Radio hätten sie Regen angesagt für den Abend, da habe er nichts riskieren wollen.

Herr Ahammer ließ sich von seiner Frau Kaffee einschenken, schnitt sich zwei Stück Guglhupf ab, begann zu essen.

»Und Sie sind Michis Freundin?«, sagte er.

»Ja.«

Er zerteilte den Kuchen, begann zu essen. »Aha.« Herr Ahammer machte keinerlei Anstalten, das Gespräch fortzusetzen. Er aß in Ruhe seinen Kuchen, leerte Milch in seinen

Kaffee, irgendwie war es, als säße ich gar nicht mit am Tisch. Ein paar Sekunden lang herrschte Schweigen, dann durchbrach ich die Stille. »Haben Sie das Haus hier selbst gebaut?«, fragte ich, damit die Situation nicht noch mehr ins Peinliche kippte.

Herr Ahammer nahm das Kännchen, goss sich noch etwas Milch nach, rührte um. »Das will ich meinen. '65 haben wir angefangen mit dem Hausbauen.« Er trank einen Schluck, stellte die Tasse wieder ab.

»Und da hat Ihnen niemand geholfen?«

»Klar hat mir jemand geholfen: die Frau, der Schwager aus Gallspach … und der Minnichmayer, der Baumeister drüben in Schallerbach, der hat mir die Baugrube ausgehoben.«

»Verstehe.«

Er hielt mir seine Gießereiarbeiterhände entgegen, Handflächen nach oben. »Sonst hab ich alles selber gemacht: Estrich betoniert, Böden verlegt, Wasserrohre installiert, die elektrischen Leitungen gestemmt … Glaubt einem ja keiner, was das für eine Arbeit ist, wenn man das Häusl heute so sieht.«

»Dafür haben Sie's jetzt aber richtig gemütlich«, sagte ich.

»Übers Häuslbauen kann mir keiner was erzählen. Wenigstens *dafür* war die Kriegsgefangenschaft gut.« Er schob sich ein Stück Guglhupf in den Mund, kaute, als hätte er Angst, irgendjemand würde ihm den Kuchen wegessen.

»Sie waren in Kriegsgefangenschaft?«

Er nickte. »Viereinhalb Jahre. Im September '49 hat uns der Iwan endlich heim gelassen.«

»Viereinhalb Jahre. Wahnsinn!«

»Donbass-Gebiet, sagt Ihnen das was? Dort haben wir den Russen fünftausend Dreizimmerhäuser hingestellt. Wohnungen für die Bergleute.«

»Das war bestimmt eine harte Zeit für Sie und Ihre Kameraden«, sagte ich.

»Zehn Stunden am Tag *roboti, roboti.* Kein Spaß, das kann ich Ihnen sagen. Dazu nichts zu fressen. Es gab Tage, da haben wir vor lauter Hunger die Rinde von den Bäumen gekratzt. Das kann sich ja heute keiner mehr vorstellen.«

Mike starrte mit zusammengekniffenen Lippen auf die Tischdecke.

»Meinem ärgsten Feind wünsch' ich das nicht, dass er durchmachen muss, was wir damals durchgemacht haben«, seufzte Herr Ahammer. Er schob den Teller beiseite, ging zum Kühlschrank, holte sich ein Bier.

»Wer hat euch denn angeschafft, in Russland einzumarschieren?«, sagte Mike in die Stille hinein.

Sein Vater schlug die Kühlschranktür zu. Er wurde zuerst blass, dann rot vor Zorn. »Was verstehst du schon davon?«

»Eine ganze Menge, ich hab …«

»Warst du dabei? Dann red *bitte* nicht so gescheit!«

»Ich hab einiges darüber gelesen«, sagte Mike.

Herr Ahammer lachte: »Mein Sohn hat Bücher gelesen! Ist ja großartig!«

»Bitte«, sagte Frau Ahammer, »vertragt euch. Was soll denn unser Besuch von uns denken?«

»Passt schon, Frau Ahammer«, versuchte ich zu beschwichtigen. »Ich finde es wichtig, dass solche Dinge einmal ausgesprochen werden.«

Wir lagen auf dem Bett in Mikes Zimmer, einer Dachstube mit abgeschrägten Wänden, tranken Tee aus selbst gebrannten, roten Tonschalen. Aus dem Garten drangen wütende Hammerschläge zu uns herauf. Herr Ahammer. Er reparierte die Spaliere am Geräteschuppen.

»Ich weiß nicht, was ich machen soll, ich halte den Alten einfach nicht mehr aus«, sagte Mike. »Das ewige Gelaber über den Krieg und den Iwan und die Kriegsgefangenschaft und das alles. Ich hab das schon so oft gehört, ich könnte mich ankotzen, wenn er davon anfängt.«

»War halt eine belastende Erfahrung für ihn.«

»Eins weiß ich: Sobald's geht, hau ich ab von hier, dann bringen mich keine zehn Pferde mehr in dieses Kaff zurück.«

Ich betrachtete das Jim-Morrison-Poster auf der Dachschräge über dem Bett. Das berühmte Foto: Morrison mit Christusblick und nacktem Oberkörper

»Der hat es genau richtig gemacht«, sagte Mike, der meinem Blick mit den Augen gefolgt war. »Der hat den Spießern die Arschkarte gezeigt.«

»Allerdings ist er dabei draufgegangen.«

Mike setzte sich auf, goss Tee in sein Tonschälchen, trank. »Vielleicht geht's nur darum, rechtzeitig den Hut draufzuhauen«, sagte er. »Vielleicht ist das das Einzige, worauf's im Leben ankommt: zu wissen, wann man Schluss machen muss.«

Er stellte das Tonschälchen ab, begann sich eine Zigarette zu drehen. Er krümelte etwas Tabak in das Papier, rollte es ein paar Mal hin und her, befeuchtete den Klebestreifen mit der Zunge, steckte sich die Zigarette in den Mund. »Im Prinzip ist es keine große Sache. Sobald du den Entschluss gefasst hast, musst du's einfach durchziehen: Du hängst dich im Heizungskeller auf, und die Sache hat sich.« Er rauchte sich die Zigarette an, inhalierte.

Mitte August fuhren wir für einen Monat nach Griechenland. Ich hatte meine Eltern wochenlang bearbeiten müssen, bis sie mir das erlaubten. Schließlich durfte ich, allerdings unter der Bedingung, dass ich zwei Mal wöchentlich anrief und ihnen fest versprach, im Herbst über ein verlängertes Wochenende mit ihnen zum Wandern zu fahren.

36 Stunden waren Mike und ich im Zug nach Athen unterwegs. Von Piräus setzten wir mit der Fähre auf die Insel Sifnos über. Dort wollten wir bis zum 10. September bleiben, ausspannen, relaxen, den Herrgott einen guten Mann sein lassen …

Das Problem war: Wir begannen schon auf dem Schiff zu streiten. Mike warf mir vor, ihn ausschließlich seiner guten Seiten wegen zu lieben. Ich versuchte ihm nachzuweisen, dass er unrecht hatte, warf ihm vor, dass er wehleidig und ichbezogen sei, dass er sich in seinem Elend suhlte und sich von niemandem heraushelfen lassen wollte, weder von mir noch von sonst jemandem.

Als wir in Kamares von Bord gingen, sprachen wir kein Wort mehr miteinander. Die Hitze war brutal, auch jetzt am späten Nachmittag noch. Die weißen, in wohlgeordneter Anarchie über- und nebeneinandergewürfelten Häuser des Hafenorts lagen ungeschützt in der Sonne. Hinter dem Dorf erstreckten sich kahle Hügel, steinige, mit rötlichem Buschwerk bewachsene Höhenzüge, die die Insel von Norden her durchschnitten. Mike latschte vor mir über die Gangway, der Schlafsack an seinem Tramperrucksack baumelte über seinem Hintern hin und her. Ich folgte ihm, ausgelaugt, müde, entnervt.

Nach ein paar Metern blieb er stehen. Er schnallte den Rucksack ab, setzte sich mit beleidigter Miene auf die Kaimauer, schaute ins Wasser.

Ich hockte mich neben ihn. »Und jetzt?«, sagte ich. »Wie geht's jetzt weiter?«

Er schwieg.

»Willst du mich drei Wochen lang anschweigen oder was?«

»Kann schon sein.«

»Herrgott, Mike, ist dir überhaupt klar, was für eine Mimose du bist?«

Er machte keine Anstalten zu antworten. Er wandte den Blick ab, beobachtete eine Handvoll Möwen, die sich um ein paar von einem Touristenkind ins Meer geworfene Brotkrümel balgten.

»Ach Gott, ich hab mich so auf diesen Urlaub gefreut, Mike.«

Er zuckte die Achsel. »Du kennst doch den alten Stones-Song? *You Can't Always Get* und so weiter.«

»Du hast echt einen Sprung in der Schüssel.«

»Ich hab nicht angefangen mit dem Streit.«

»Ist das nicht egal, wer angefangen hat? Ich hab Hunger, Mike. Ich bin müde. Und ich hab keine Lust, noch länger hier in der Hitze herumzusitzen.«

»Zwingt dich ja keiner, bei mir zu bleiben.«

Nach längerem Hin und Her war ich es, wie immer, die alle Schuld auf sich nahm, damit der Streit endlich ein Ende hatte. Ich redete auf ihn ein wie auf ein krankes Pferd, ich entschuldigte mich, unterbreitete ihm ein Waffenstillstandsangebot, dann entschuldigte ich mich noch einmal. Mike ließ es langsam angehen. Er zögerte den Zeitpunkt hinaus, an dem er sich endlich dazu herbeiließ, mir zu vergeben. Ich musste ihm versprechen, ihn auch mit seinen weniger liebenswerten Seiten zu lieben, ihn überdies heute Abend zum Essen einzuladen. Ich akzeptierte. Hauptsache Frieden.

Wir saßen in einer von scheppernder Bouzouki-Musik erfüllten Taverne am Hafen. Die Lokale im Dorf waren einfach und billig, das gab's damals noch. Der Mann, der uns bediente, hieß Nikos. Er hatte einen Schnauzbart und ein wettergegerbtes, von Runzeln zerfurchtes Gesicht. Er bespannte unseren Tisch mit einem weißen Papiertischtuch, das er mittels einer an der Tischkante festgezurrten Schnur auf der Platte befestigte. Wenn wir Lust hätten, erklärte er in gebrochenem Englisch, könnten wir mit in die Küche kommen, seine Frau zeige uns gern die Tagesgerichte, die sie tagsüber zubereitet habe. Heute empfehle er Lamm-Giouvetsi, es gebe aber auch frisch gefangenen Fisch – Kephalos und Red Snapper – und drei, vier andere Gerichte, darunter ein feines Stifado, das seine Frau immer mit besonders vielen Zwiebeln mache. Wir folgten ihm in eine enge, von Zwiebel- und Fleischduft erfüllte Küche, eine schwarz gekleidete Frau hantierte über Töpfen und Pfannen. Wir gustierten ein bisschen, Mike entschied sich für den empfohlenen Lammeintopf, ich wählte einen der Fische, die Nikos mir in einer klebrigen, roten Plastiksteige entgegenhielt: »Kephalos«, sagte er mit zahnluckigem Grinsen: »Very good.«

Wir kehrten an unseren Tisch zurück, bestellten Wein und Oliven, beobachteten das Geschehen auf der Uferpromenade. Die Fähre hatte etwa drei Dutzend Leute ausgespuckt. Abgesehen von zwei alten Griechen, die einen geflochtenen Korb mit Hühnern und einen Elektrogriller in eins der Häuser geschleppt hatten, waren es ausschließlich Rucksacktouristen, die mit uns an Land gegangen waren. Einige von ihnen hockten jetzt unter den Tamarisken am Ufer und warteten auf den Bus nach Apollonia. Nikos brachte uns Wein, stellte zwei Gläser und eine Schale mit grünen Oliven auf den Tisch. Ich nahm die Karaffe, schenkte ein. »Auf einen schönen Urlaub«, sagte ich.

»Ich betrachte es nicht als Urlaub, was wir hier machen«, sagte Mike, dessen Stimmung sich nur geringfügig gebessert hatte.

»Tatsächlich nicht?«

»Urlaub ist was für Spießer.«

Ich schaute ihn an. Suchte er wieder Streit? Sein entspannter Gesichtsausdruck verriet mir, dass es ihm in diesem Fall nicht darum ging.

»Und wie würdest du das nennen, was wir hier machen?«, fragte ich.

Die Trennung in Arbeitszeit und Urlaub sei das Produkt einer arbeitsteiligen Gesellschaft, erklärte Mike. Die erkenne er nicht an, die sei auch schädlich für die Millionen von Arbeitnehmern. Wie André Gorz gehe es ihm darum, die Arbeitswelt zu humanisieren und die Arbeit zu einer nicht entfremdeten Tätigkeit zu machen. Wenn das gelänge, erübrige sich die Trennung in Arbeit und Urlaub von selbst.

»Bla bla bla«, sagte ich. »Bla bla bla bla bla.«

Im Gemischtwarenladen am Campingplatz kauften wir Wein, Brot und Käse, dann schnallten wir uns die Rucksäcke um und machten uns auf die Suche nach einem Schlafplatz irgendwo am Strand. Mike wollte die Nacht im Freien verbringen, während ich gegen ein Zimmer in einer der Pensionen am Ortsrand nichts einzuwenden gehabt hätte. Wir wanderten über eine enge, gewundene Uferstraße, die mit Feigenbäumen, Disteln und graubraun verdorrter Macchie gesäumt war. Da und dort behauptete sich ein Oleanderstrauch im drahtigen Gestrüpp.

Mike zeigte auf ein paar Zelte am Strand. Einige Leute hockten vor einem Feuer, hielten Stöcke in die Glut. Wir verließen die Uferstraße, stapften auf das Camper-Grüppchen zu. Es waren zehn, zwölf Leute insgesamt, die sich da ihr Abendessen grillten, Lammkotelettes und Schweinerippchen und mit Knoblauchöl bestrichene Zucchinischeiben. Sie empfingen uns freundlich. »Seid ihr grade eben mit dem Schiff gekommen?«, fragte einer, ein braun gebrannter Bursche mit langem, blondem, zu filzigen Dreadlocks gezwirbeltem Haar.

»Ja«, sagte Mike. »Hatten eineinhalb Stunden Verspätung.«

»Ganz normal, das Schiff hat immer Verspätung«, sagte der mit den Dreadlocks. »Das gibt's gar nicht anders.« Er warf einen Blick auf das halbdurchsichtige, blaue Plastiksäckchen in meiner Hand. »Sieht das aus wie Wein oder ist das tatsächlich Wein?«

»Rate mal«, sagte ich.

Er wendete einen in Alufolie gewickelten Erdapfel in der Glut, warf wieder einen prüfenden Blick auf mein Einkaufssäckchen.

»Klarer Fall von Wein«, sagte er. »Wollt ihr euch nicht setzen?« Er grinste.

Wir schnallten die Rucksäcke ab, legten sie ein Stück weit vom Feuer entfernt in den Sand, kauerten uns auf die zusammengerollten Schlafsäcke, machten uns mit den Leuten bekannt. Sie kamen aus Norddeutschland, wenn ich das richtig verstand, aus der Gegend um Oldenburg, manche waren auch aus Bremen, hatten sich wohl zum Teil erst hier kennengelernt. Der mit den Dreadlocks hingegen kam aus Münster. Er arbeite als Volontär in einem Fachverlag, erzählte er. Er hieß Henrik.

»Fachverlag«, sagte ich. »Was für Bücher verlegt ihr da?«

»Philosophische Sachen. Quine, Strawson, solche Leute. Auch ein bisschen Medientheorie, Kunsttheorie, Kulturwissenschaft, das meiste ist unverdauliches Zeug, wenn du mich fragst.«

»Du studierst aber noch?«

Ja, sagte er, das im Verlag sei nur ein Nebenjob.

Ich fragte ihn, was er studiere, welche Fächer. »Philosophie, neuntes Semester«, sagte er. Im Herbst wolle er mit der Magisterarbeit beginnen, er habe allerdings nicht die geringste Ahnung, welches Thema er wählen solle. Er hielt die Weinflasche gegen die Sonne, studierte das Etikett, trank einen Schluck, wischte sich mit dem Unterarm über die Lippen. »Feines Tröpfchen, das ihr da mitgebracht habt.«

Er reichte die Flasche einem neben ihm sitzenden Typen weiter, einem langen Dünnen, der ein bisschen aussah wie der junge Pete Townshend.

Ich unterhielt mich mit der Frau zu meiner Linken. Sie hieß Gaby, arbeitete in einer Behinderten-WG in Rastede. Rastede, das war irgendwo in der Nähe von Oldenburg. Wir quatschten über ihre Arbeit, über den Mangel an Erfolgserlebnissen, über die notorischen Finanzprobleme der Einrichtung, in der sie arbeitete.

Henrik verschwand kurz in seinem Zelt, kam mit einer Garnitur Campinggeschirr zurück. »Ist das dein Freund da drüben?«, fragte er. Er zeigte auf Mike, der auf der anderen Seite des Feuers auf einen Mann mit kleinen, runden Nickelbrillen einredete.

»Ja«, sagte ich.

»Schon lange zusammen?«

»Seit Mai.«

Henrik fischte eine Kartoffel aus der Glut, rollte sie in den Sand, begann sie vorsichtig aus der Alufolie zu schälen. »Ist ja noch gar nicht so lange. Hast du Hunger?«

Es war Nacht. Mike und ich lagen auf den Isomatten vorm Zelt, lauschten dem Zirpen der Grillen. Dann und wann hörte man verhaltenes Flüstern in den anderen Zelten, irgendwo klapperte Geschirr. Ich schloss die Augen, machte sie wieder auf. Ein Flugzeug zog mit blinkenden Signallichtern über den Nachthimmel. Ich nahm Mikes Hand, legte sie auf meinen Bauch. Er grummelte etwas. Nach einer Weile drehte er sich zur Seite, begann schwerer zu atmen.

Drüben im Dorf bellte ein Hund. Ein anderer fiel in das Gekläff mit ein. Ich wälzte mich von einer Seite auf die andere, konnte nicht schlafen. Nach einer Weile wurde es still in den Zelten, man hörte nichts mehr, bis auf das Grillengezirp und das monotone An- und Abschwellen der Meeresbrandung.

Mike war als Erster auf den Beinen. Er schlüpfte in seine Kleider, lief in den Ort hinüber, um Joghurt, Milch und frische Früchte zu kaufen. Ich schlief bis halb neun, dann kletterte ich aus dem Schlafsack. Das Meer war ruhiger als am Abend zuvor, fast unbewegt, zugleich von einem tiefen, intensiven Blau. Ich setzte mich zu den anderen an die Feuerstelle, sagte freudig Ja, als Henrik mir anbot, auf seinem Gaskocher Kaffee für mich zu brühen. Um halb zehn kam Mike aus dem Ort zurück. Er setzte sich zu uns, packte seine Einkäufe aus, frische Feigen und safttriefende Birnen, die er mit seinem Campingmesser in kleine Spalten schnitt.

»Lust auf Vitamine?«, fragte er.

»Gern.« Er schob ein paar Spalten rüber, ich kostete, genoss die wässrige Süße in meinem Mund. »Mehr bitte.« Mike achtelte eine Birne, legte ein paar Stücke auf einen Plastikteller, tat ein paar Feigen dazu, reichte mir den Teller.

»Der Morgen fängt ja gut an«, sagte ich, während ich mir ein Birnenstückchen in den Mund schob.

Mike holte eine Wasserflasche aus dem Rucksack, schraubte sie auf, trank einen Schluck. »Und?«, sagte er. »Was steht heute auf dem Programm?«

»Nicht weit von hier gibt's eine super-romantische Bucht«, sagte Gaby. »Fünfzehn Minuten Fußweg. Na ja, zwanzig vielleicht.«

»Romantische Bucht«, sagte ich, »klingt gut.«

Nach dem Frühstück zogen wir los, acht, neun Leute insgesamt. Wir wanderten in der prallen Sonne den Strand entlang, ein, zwei Mal machten wir Halt unter einer halb verdorrten Akazie, einer verkrüppelten Tamariske, tranken Wasser, wanderten weiter. Dann erreichten wir die Bucht. Gaby hatte nicht zu viel versprochen: War wirklich ein idyllisches Fleckchen. Wir breiteten unsere Handtücher im Schatten eines Felsvorsprungs aus, gingen ins Wasser. Das Meer war ziemlich warm, 25 Grad, vielleicht auch mehr. Ich kraulte ein paar Meter ins Offene, schluckte Wasser, schnaubte Gischt vor mir her, keuchte und kechzte, schwamm zurück Richtung Ufer. Mike trieb auf dem Rücken, strampelte mit den Beinen, rief irgendetwas, das ich nicht verstand. Ich paddelte zurück an den Strand, legte mich ins knöchelhohe Wasser, ließ die Wellen über mich hinwegschwappen.

Ich lag mit Gaby und einem Jungen namens Peer auf einem Felsen, beobachtete ein paar Möwen, die sich kreischend über eine der Steilklippen stürzten. Mike war, wie die anderen, nicht mit heraufgekommen, er hockte unten im Schatten und las. Die Sonne stand im Zenit. Die Umrisse einer kleinen Insel draußen im Meer wurden sichtbar. Der von einem Dunstschleier umhüllte Felsblock schien über dem Wasser zu schweben, wie eine Erscheinung, von funkelnden Lichtpünktchen umspült.

Henrik setzte sich auf, ließ die Beine über den Felsen baumeln, warf ein Steinchen in die Gischt. »Mehr kann man vom Leben nicht verlangen«, sagte er.

»Nö«, sagte ich träge. »Außer vielleicht ein Glas Orangensaft – das wäre das Tüpfelchen auf dem i.«

»Du möchtest Orangensaft?«

»War nur ein Scherz, Henrik. Ich mein's nicht ernst.«

»Ich hab Orangensaft dabei«, sagte er. »Drüben im Rucksack.« Er zeigte auf den Strand, wo unsere Sachen lagen. »Soll ich ihn holen?«

»Nein«, sagte ich.

»Ich hab aber Lust dazu.« Henrik sprang auf.

»Ist nicht nötig, dass du mir was holst, Henrik. Bitte, bleib hier.«

»Nein, das mach ich gerne.« Er sprang ins Wasser, kraulte in Richtung Ufer.

»Donnerwetter«, sagte Gaby. »Der frisst dir ja schon aus der Hand.«

»Darum geht's mir nicht, ehrlich.«

Wir schauten zu, wie er ans Ufer schwamm, über den heißen Sand lief, sich an seinen Badesachen zu schaffen machte.

Wenig später überreichte er mir eine von der Sonne gewärmte Tetrapackung Orangensaft. »Leider nicht eisgekühlt«, sagte er. »Ich hoffe, der O-Saft schmeckt auch so.«

»Der Wille zählt fürs Werk«, sagte ich, während ich die Packung in Empfang nahm. »Möchte noch jemand einen Schluck?«

Am Abend gingen wir ins Dorf essen. Nikos rückte ein paar Tische zusammen, verteilte Windlichter unter der Pergola, wieselte zwischen Terrasse und Küche hin und her, fuhr jede Menge Platten auf: Sardinen, Muscheln, gegrillten Oktopus, dazu Ofenkartoffeln und griechischen Salat und als Nachtisch ein süßes, klebriges Zeug namens Loukoumades, das überraschend gut schmeckte. Wir langten kräftig zu, tranken griechisches Bier, unterhielten uns über dieses und jenes.

Nach dem Essen stellte Nikos eine Flasche Raki auf den Tisch. Mike und die anderen schenkten sich reichlich ein, ich hielt mich zurück, nippte bloß einmal an dem scharfen Zeug.

Als ich von der Toilette zurückkam, sah ich Henrik auf der Kaimauer sitzen. Ich ging zu ihm, setzte mich neben ihn.

»Ach, du bist es«, sagte er. »Willst du eine?« Er hielt mir ein Päckchen Karelias hin.

»Rauche nicht.«

»Klar, hab ich vergessen.«

Er steckte die Zigaretten wieder ein. »Unglaublich, der Himmel, findest du nicht?«, sagte er.

Ich hob den Blick, schaute nach oben. Leider war ich nicht gut im Lokalisieren von Sternbildern, ich erkannte bloß den Großen Wagen, der genau über uns stand, daneben ein schieferroter Mond, der sich über einen der Berggipfel am Rande der Bucht schob.

»Schön«, sagte ich.

Henrik griff sich ein Steinchen, warf es ins Wasser. »Was willst du mal machen? Ich meine, wenn du mit der Schule fertig bist?«

»Keine Ahnung. Wird sich schon was ergeben.«

»Nicht mal eine klitzekleine Idee?«

»Vielleicht was mit Journalismus. Mal sehen.«

Im Lokal fingen sie Partisanenlieder zu singen an. *Bandiera rossa la trionferà.* Ich versuchte wegzuhören. War mir peinlich. Henrik schlang die Arme um die Knie. »Journalismus«, sagte er. »Kann ich mir gut vorstellen bei dir.«

Wir gingen zurück zu den anderen. Ich setzte mich zwischen Angela und Gaby, genoss die Abendbrise, die von den Bergen herunterstrich, trank ein Glas Retsina und noch eins und noch eins, lachte mich schief über ein paar Witze, die Gaby zum Besten gab, obwohl ich mit Witzen ansonsten nicht so schrecklich viel anfangen konnte: »Er: ‚Na, wie war's?' Sie: ‚Wie war *was?*'«

Wir brüllten vor Lachen, wohl auch wegen des Weins, dem wir über die Maßen zugesprochen hatten. Es dauerte eine Weile, bis ich bemerkte, dass Mike verschwunden war.

»Jemand von euch Mike gesehen?«

»Mike?«, sagte Gaby. »Der ist vor einiger Zeit in die Richtung da gegangen. Ich dachte, er geht aufs Klo.«

»Was ist los?«, fragte Henrik.

»Mike«, sagte ich. »Er hat sich verdrückt.«

»Verdrückt? Wieso?«

»Frag mich was Leichteres.«

Er hockte vor dem Zelt, vor sich eine halb leere Flasche Metaxa. Inzwischen war es so gut wie windstill, das Meer plätscherte kaum hörbar gegen die Ufersteine.

»Party schon zu Ende?«, sagte er. Die Spitze seiner Zigarette glomm orangerot in der Dunkelheit auf.

»Nein«, sagte ich. »Die haben's noch sehr lustig.«

»Kann ich mir lebhaft vorstellen.«

»Wieso bist du so plötzlich abgehauen, Mike?«

»Wollte nicht stören.«

»Spinnst du?«

»Ihr habt euch doch so gut unterhalten, Henrik und du.«

»Lieber Gott, bitte lass es nicht wahr sein!«, sagte ich. »Lass den lieben Mike jetzt bitte keine Eifersuchtsszene machen!«

Mike nahm einen Schluck Metaxa, wischte sich den Mund mit dem Handrücken ab. »Eifersuchtsszene? Hab ich denn Grund dazu?«

Ich versuchte meinen Ärger runterzuschlucken, wurde aber von Sekunde zu Sekunde wütender.

»Wenn du glaubst, du kannst mich mit deinen Gefühlsausbrüchen terrorisieren, dann hast du dich geschnitten, mein Lieber. Darauf hab ich aber so was von keine Lust.«

»Merkst du nicht, wie der Typ dich anflirtet? Alle merken das.«

»Henrik ist ein netter Kerl. Na und? Es gibt viele nette Kerle auf der Welt. Darf ich mit keinem von denen mehr reden?«

»Ich habe keine Lust, mit dir zu streiten«, sagte Mike.

»Beruht auf Gegenseitigkeit.«

Er nahm noch einen Schluck Metaxa, schraubte den Verschluss zu, ließ die Flasche in den Sand rollen.

Die nächsten Wochen waren ein einziger Kampf. Zwei, drei Tage riss Mike sich zusammen, dann begann das alte Spiel von vorn. Wir stritten uns, versöhnten uns, stritten von Neuem. Um seiner Eifersucht keine Nahrung mehr zu geben, stimmte ich seinem Vorschlag zu, unsere Zelte in Kamares abzubrechen und weiter nach Apollonia zu fahren. Dort verbrachten wir zwei einigermaßen friedliche Tage, dann setzten wir mit der Fähre nach Paros über, auf eine der größeren Nachbarinseln. Nach einer wüsten Auseinandersetzung irgendwo am Strand vor Paroikia, gegenseitiges Anbrüllen und Handgemenge inklusive, trennten wir uns. Ich mietete mir ein Zimmer in der Altstadt von Paroikia, Mike trampte in den Norden und schlug sein Zelt auf einem Campingplatz in der Nähe von Naoussa auf. Er freundete sich mit einer

Gruppe von Holländern an, besorgte sich billigen Stoff und war eine Woche lang Tag und Nacht zugedröhnt, wie er mir später erzählte.

Auf dem Gemüsemarkt der Inselhauptstadt trafen wir uns wieder. Irgendwie schafften wir's, uns ein letztes Mal zu versöhnen. Dennoch: Die restlichen Ferientage waren alles andere als lustig. Als wir in Athen in den Zug stiegen, redeten wir nur mehr das Allernötigste miteinander.

Mitte September begann die Schule. Mike kam in die Achte, würde im Mai die Matura machen, sofern er sich's nicht vorher anders überlegte. Wir trafen uns noch ein, zwei Mal, gingen spazieren, versuchten an bessere Zeiten anzuknüpfen. Es ging nicht. Er wurde immer launischer, immer verschlossener, schien auch nicht mehr daran interessiert, mich zu treffen. Ich litt.

An einem Freitagnachmittag Mitte Oktober suchte ich eine letzte Aussprache. Wir trafen uns an der Traunbrücke, machten einen Spaziergang den Fluss entlang in Richtung Wehr hinauf.

»Ich weiß nicht, wo ich anfangen soll«, sagte ich.

»Fang irgendwo an.« Er hob eine Kastanie auf, polierte sie mit seinem Jackenärmel, warf sie hoch, fing sie wieder auf.

»Ich weiß einfach nicht, woran ich bin, Mike. Ich hab das Gefühl, du lässt mich nicht richtig an dich heran.«

Er schwieg.

»Ich weiß schon, der Urlaub war ein Verhau. Können wir nicht trotzdem versuchen, na ja … wieder miteinander auszukommen?«

»Wir können es versuchen«, sagte er. Es klang nicht überzeugt.

Wir schlenderten wortlos nebeneinanderher. Für einige Augenblicke hatte ich die unsinnige Hoffnung, dass Mike sich zu einer Aktivität aufraffen würde, dass er irgendetwas tun, irgendetwas unternehmen würde. Er musste doch merken, dass es zu Ende ging.

Nichts geschah.

»Weißt du was?«, sagte ich. »Fällt mir nicht leicht, das zu sagen, aber ich hab irgendwie das Gefühl … wir sollten uns nicht mehr sehen …«

Er blieb stehen. »Ich hab schon erwartet, dass du so was sagen würdest.«

»Und?«

»Was und?«

Ich merkte, wie ich richtig wütend wurde. »Na ja, du könntest was *tun.* Du könntest kämpfen. Du könntest zum Beispiel sagen, überleg's dir noch einmal, Dana, irgend so was.«

»Ja, könnte ich …«

»Aber?«

Er senkte den Blick, biss die Lippen zusammen. »Es wäre nicht ehrlich.«

»Nicht ehrlich?«

Er drehte sich um und ging.

»Mike«, rief ich. »Lässt du mich einfach hier stehen oder was?«

Er reagierte nicht, ging einfach weiter in Richtung Thalheimer Brücke. »Mike«, rief ich. »Das kannst du doch nicht machen! Du kannst mich doch nicht einfach …«

Ich lief ihm nach, blieb stehen. Den Teufel würde ich tun und ihm nachrennen. Ich setzte mich auf eine Bank, wartete, ob er sich's nicht doch noch anders überlegte. Ich wartete.

Heulte. Riss mich zusammen, heulte wieder. Nach einer halben Stunde machte ich mich auf den Weg zurück.

In den nächsten Wochen gingen wir einander aus dem Weg. Ich mied den Pausenhof, wo er in den Freistunden oft mit Ecki herumstand. Nach der Schule achtete ich darauf, so schnell wie möglich nach Hause zu kommen, damit ich ihm ja nicht über den Weg lief. Falls wir uns doch begegneten, was sich nicht immer vermeiden ließ, bei den Wahlen zum Schulgemeinschaftsausschuss zum Beispiel, taten wir, als kennten wir uns nicht. Wenn es nicht anders ging, nickten wir uns kurz zu.

Ein paar Tage vor Weihnachten, ich hatte in der *Buchhandlung Friedhuber* noch ein paar Geschenke gekauft, ging ich am *Café Urbann* vorbei. Durch die erleuchteten Fenster sah ich Mike und Ecki an einem der Marmortische sitzen, Mike las Ecki etwas aus einem *Bibliothek-Suhrkamp*-Band vor, irgendwas von Cioran, wie mir schien, aber ich war mir nicht sicher. Mike sah blass aus.

Die Weihnachtsfeiertage verbrachten wir wie jedes Jahr bei meinen Großeltern auf dem Land. Das Wetter war nicht besonders. Schon am Morgen des 24. Dezember sah man vor lauter Nebel nicht zum benachbarten Hof, einem von kahlen Birnbäumen umstandenen Vierkanter. Zu Mittag begann es zu regnen. Wir ließen uns die Weihnachtsstimmung nicht verderben, ich fuhr mit Großvater zu einem Holzhändler nach G. hinüber, wo wir eine riesige, zweieinhalb Meter hohe Fichte kauften, die wir den ganzen Nachmittag über aufputzten. Um halb sechs servierte Großmutter wie jedes Jahr den Weihnachtskarpfen. Nach dem Essen kam die Bescherung. Ich freute mich über eine schöne, dunkelblaue

Daunenjacke und die Jane-Austen-Dünndruckausgabe, die mir meine Eltern geschenkt hatten, nachdem ich ein paar diskrete Hinweise hatte fallen lassen, dass ich sie gerne hätte. Meine Schwester bekam ein Paar Ski und neue Skischuhe. Die Stimmung war entspannt, wie jedes Jahr. Familienstreitigkeiten – so was gab's bei uns nicht. Nach der Bescherung holte mein Großvater den Cognac aus der Hausbar. Er schenkte uns ein, dann setzten wir uns alle um den Esstisch und spielten Scrabble.

Anfang Jänner fiel endlich Schnee. Es schneite drei Tage lang ununterbrochen. Ich machte es mir in meinem Zimmer gemütlich, hörte Platten, versank in der Lektüre von *Mansfield Park,* half meiner Mutter beim Einkleben der zu Weihnachten geknipsten Familienfotos. Am letzten Ferientag, einem Mittwoch, ging ich mit Kathi und Stoffel Schlittschuh laufen. Wir zogen unsere Runden auf dem Eis, aßen Pommes frites, quatschten eine Zeit lang mit zwei Mädchen aus der 6a, die wir an der Bande trafen, dann fuhren wir mit den Rädern in die Innenstadt und tranken Glühwein an einem der mit Tannenzweigen und kitschigen Glaskugeln verzierten Holzstände in der Fußgängerzone.

Die Schule begann mit Latein und zwei Stunden Bildnerische Erziehung, dann hielt ich eine Redeübung in Geschichte. Ich sprach über Olympe de Gouges und die Frauen der Französischen Revolution, ein Thema, das mich seit Längerem beschäftigte. Nach der Schule fuhr ich mit dem Rad nach Hause. Als ich am Busbahnhof vorbeifuhr, sah ich Mike auf einer der Wartebänke sitzen. Er hatte den Kopf in beide Hände gestützt, schien über irgendetwas nachzudenken. Eine Sekunde lang hatte ich den Impuls, zu ihm hinzufahren und mich zu erkundigen, wie's ihm ginge. Ich tat es nicht. Ich wollte mich nicht aufdrängen. Schließlich war er es, der nichts mehr von mir wissen wollte, nicht ich.

Eineinhalb Wochen später – wir hatten Turnen – waren Kathi und ich gerade dabei, eine magnesiumverschmierte Matte aus dem Geräteraum in den Turnsaal zu schleifen, als Herr Schmidt, der Schulwart, in der Tür erschien. Zunächst dachten wir uns nichts Besonderes dabei. Herr Schmidt kam manchmal, um kleinere Reparaturen zu erledigen, einen Lichtschalter zu fixieren, eine Neonröhre auszutauschen, solche Sachen. Er winkte die Sportlehrerin zu sich, flüsterte ihr etwas ins Ohr. Erst da bemerkte ich, dass etwas nicht stimmte. Die Turnlehrerin hielt sich eine Hand vor den Mund, warf einen erschrockenen Blick in unsere Richtung, dann rief sie uns alle zusammen. »Es ist etwas Schreckliches passiert«, sagte sie. »Ich weiß gar nicht, wie ich euch das sagen soll.«

»Was ist los, Frau Fessa?« – »Spannen Sie uns nicht auf die Folter!« – »Ein Unfall? Hat jemand einen Unfall gehabt?«

»Ein Schüler aus der Achten hat heute früh … also, er hat Selbstmord begangen. Mike Ahammer.«

Kathi neben mir stieß einen Schrei aus, schlug sich die Hände vors Gesicht.

»Er ist vom Dach des Maria-Theresien-Hochhauses gesprungen«, erklärte die Lehrerin.

Ich verfiel in eine Art Starre, spürte, wie ich mich hart machte. Die Stimmen um mich herum schienen aus weiter Ferne zu kommen, zugleich registrierte ich jedes einzelne Wort, das gesprochen wurde. Die Polizei habe vor einigen Minuten den Herrn Direktor informiert, berichtete die Lehrerin, die Beamten seien zurzeit noch im Haus. Einige von uns seien ja mit Mike befreundet gewesen, soweit sie wisse, deshalb mache sie uns den Vorschlag, den Turnunterricht ausfallen zu lassen und über das Vorgefallene zu sprechen. Vor allem sei jetzt wichtig, dass wir über die Sache redeten …

Ich setzte mich auf den Boden, den Rücken an der Sprossenwand, Tränen liefen über meine Wangen. »Dana«, sagte die Lehrerin, »alles in Ordnung bei dir?«

Ich kann mich nicht mehr daran erinnern, was während der nächsten Minuten geschah. Nichts davon ist mir im Gedächtnis geblieben. Irgendwann setzt eine schwankende, unscharfe Erinnerung wieder ein, sehe ich mich in den Umkleideräumen sitzen, die Turnlehrerin und ein paar Mitschülerinnen reden auf mich ein, während Kathi, in Tränen aufgelöst, den Arm um meine Schultern legt.

Kathi und ich haben später versucht, die Ereignisse zu rekonstruieren. Viel war es nicht, was wir herausbekamen. Mike hatte keinen Abschiedsbrief hinterlassen, sich außer Ecki niemandem anvertraut. Und Ecki, der ohnehin nicht sonderlich gesprächig war, war es in dieser Beziehung noch weniger.

Sicher ist, dass die beiden am Morgen des 19. Jänner nicht zur Schule gegangen waren. Sie trafen sich um neun vorm *Greif*-Kino, trieben sich in der Innenstadt herum, spielten Billard im *Safari*, zogen sich im Pollheimerpark einen Joint rein, dann schlug Mike vor, zum Maria-Theresien-Hochhaus in der Nähe des Rangierbahnhofs zu gehen. Er würde jetzt Ernst machen und in die Tat umsetzen, worüber sie schon oft gesprochen hatten. Was er konkret meine, wollte Ecki wissen. Er würde sich jetzt umbringen, sagte Mike, seit zwei, drei Tagen sei er fest dazu entschlossen, er würde vom Dach des Hochhauses springen, Ecki solle gar nicht erst versuchen, ihn umzustimmen. Es habe ohnehin keinen Zweck.

Ecki ging mit seinem Freund zum Maria-Theresien-Hochhaus, einem 26 Stockwerke hohen Wohnturm, der seit seiner Errichtung Mitte der sechziger Jahre als Österreichs höchstes Bauwerk galt, eine Information, die kein Werbeprospekt, keine Infobroschüre der Stadt zu erwähnen vergaß. Vor dem verschneiten Rangierbahnhof – ihr Ziel war noch wenige Schritte entfernt – zeigte Mike aufs Hochhausdach und fragte Ecki, ob er mit ihm runterspringen wolle. Wozu länger warten, wo sie sich doch einig seien, dass der Freitod die einzige eines denkenden Menschen würdige Antwort auf die Nichtigkeit des Lebens war.

Er könne es nicht machen, sagte Ecki, irgendwie sei er nicht so weit.

Okay, meinte Mike, er respektiere das. Was ihn betreffe, sei er allerdings fest entschlossen, die Sache durchzuziehen. Er könne keinen Sinn mehr in dem Gemurkse erkennen, das sich »Leben« nenne.

Sie rauchten eine Zigarette, dann noch eine, dann umarmten sie sich kurz, verabschiedeten sich.

Mike schenkte Ecki seine Armbanduhr, die brauche er jetzt nicht mehr, sagte er mit traurigem Lächeln, und die 26 Schilling, die er noch besitze, auch nicht, die könne Ecki ruhig haben, er solle sich dafür im *Café Urbann* ein Viertel Rot kaufen und am Nachmittag mit Achleitner und den *Etcetera*-Leuten auf ihn, Mike, anstoßen, wenn er Lust dazu habe, und jetzt sei Schluss mit diesen peinlichen Sentimentalitäten, das sei ja nicht auszuhalten, wie sentimental er in seinen letzten Lebensminuten noch werde, so ginge das nicht, und dann klopfte er Ecki noch einmal auf die Schulter und stapfte durch den Schnee auf einen der Hauseingänge zu.

Ecki hatte keine Lust, den Sprung seines Freundes mitanzusehen. Er winkte ihm kurz nach, als Mike sich noch einmal umdrehte, dann machte er kehrt und ging zügigen Schritts zum *Greif*-Kino, wo er sein Fahrrad abgestellt hatte.

»Und du hast nicht versucht ihn zurückzuhalten?«, fragte ich. Wir saßen im Hinterzimmer des *Volksgartenwirts.* Ecki, mit eingefallenen Wangen und tief eingegrabenen Furchen zwischen Nase und Mundwinkeln, trug einen langen, schwarzen Ledermantel. »Warum hätte ich ihn zurückhalten sollen?«, sagte er. »War seine freie Entscheidung.«

»Du sagst das so gefühllos.«

»Ich hätte ihn nicht umstimmen *können.*« Eckis Stimme klang apathisch, teilnahmslos, als ginge ihn die ganze Sache nichts an. »Ich sag dir eins, Dana: Wenn er sich am Montag nicht umgebracht hätte, hätte er's nächste Woche getan.«

»Wieso glaubst du das?«

»Ich weiß es. Ich hätte nichts für ihn tun können.«

»Hättest du wohl. Du hättest irgendwo anrufen können, bei der Polizei, bei der Telefonseelsorge, was weiß ich.«

»Bei der Telefonseelsorge?« Ein ironisches Lächeln umspielte seine Lippen. »Das meinst du jetzt nicht ernst, oder?«

Die Kellnerin kam, brachte uns etwas zu trinken, mir heißen Tee, Ecki ein Römerglas mit Rotwein.

Ich ließ nicht locker. »Hat Mike irgendwas gesagt, warum er sich … warum er sich umbringen will?«

Ecki zuckte die Achseln. »Er hat immer von philosophischem Selbstmord gesprochen.«

»Von was?«

»Von philosophischem Selbstmord.«

Ich zog das dampfende Teeglas zu mir herüber, schaute ihn ratlos an.

»Mike und ich haben oft drüber gesprochen. Ob das alles den Aufwand lohnt und so.« Er zeigte auf das leere, etwas zu wenig geheizte Hinterzimmer. »Er hat viel drüber gelesen. Camus, Améry, solche Sachen.«

»Améry?«

»War seine Bibel. Hat er passagenweise auswendig gekonnt.«

»Verstehe.« Ich fischte den Teebeutel aus dem Glas, quetschte ihn mit dem Löffelchen gegen den Glasrand, legte den Beutel auf die Untertasse. Ecki packte etwas Tabak auf ein Blatt Zigarettenpapier, begann sich eine Zigarette zu drehen.

»Und du?«, sagte ich.

»Was?«

»Warum hast du dich nicht umgebracht?«

»Keine Ahnung.« Er leckte über den Klebestreifen, rollte die Zigarette zwischen Daumen und Zeigefingern hin und her. »Vielleicht hat mir der Mut dazu gefehlt.« Er zündete sich die Zigarette an, nahm einen Zug. »Aber was nicht ist, kann ja noch werden.« Er rang sich ein gequältes Lächeln ab.

Man hatte Mike auf dem Garagendach vor dem Hochhaus gefunden. Eine Rentnerin hatte seine Leiche entdeckt, als sie das Vogelhäuschen vor ihrem Fenster mit frischem Futter füllen wollte. Mikes Körper lag in einer Blutlache, neben der Entlüftungskuppel aus Plexiglas. Seine Beine waren auf unnatürliche Weise verrenkt.

Eine der Lokalzeitungen brachte ein Foto. Die Schwarz-Weiß-Aufnahme zeigte Mikes Fußspuren oben auf dem Dach. Die Spuren zeigten deutlich: Mike war noch ein paar Mal im Kreis gegangen, bevor er seinem Leben ein Ende setzte. »Was ist dem Achtzehnjährigen vor seiner Verzweiflungstat durch den Kopf gegangen?«, fragte der Bildtext. »Michael A. scheint noch darüber nachgedacht zu haben, ob er sein junges Leben wirklich wegwerfen soll ...«

Ich schnitt das Foto aus, befestigte es auf der Pinnwand neben meinem Schreibtisch. Dort hingen schon ein paar Porträtfotos von Mike, auch die eine oder andere Aufnahme aus dem Griechenland-Urlaub. Ein kleiner Altar.

Die Tage bis zum Begräbnis verbrachte ich in einer Art Trance. Sobald die Schule zu Ende war, fuhr ich nach Haue und lag stundenlang auf meinem Bett. Ich war wie eingefroren, konnte nicht weinen, nicht essen. Ich hörte die ganze Zeit über Musik. *Hergest Ridge, Tubular Bells,* solche Sachen. Dabei war ich kaum ansprechbar, obwohl sich meine Mutter und meine Schwester nach Kräften bemühten, mich auf andere Gedanken zu bringen.

Herr Schmidt, der Schulwart, hatte vor dem Haupteingang eine schwarze Fahne gehisst. In der Aula hatten wir eine Art Gedächtnisecke eingerichtet, mit einer brennenden Kerze vor Mikes Foto und vielen Blumen und Abschiedskarten. Die Stimmung war gedrückt, auch in der Unterstufe, obwohl die Zwölf-, Dreizehnjährigen Mike gar nicht persönlich gekannt hatten.

Das Begräbnis fand an einem Freitag statt. Mikes Klassenvorstand hatte ein Dutzend Mietbusse organisiert, in denen fuhren wir von der Schule zum Dorffriedhof von S. hinaus. Einige Leute waren auch mit dem Auto gekommen. Ich schätze, dass sich fünf-, sechshundert Trauergäste auf dem kleinen Friedhof drängten, vielleicht auch mehr, zu viele jedenfalls, um in der bescheidenen Aufbahrungshalle Platz zu finden.

Es war ein trüber Tag. Ein eisiger Wind wehte über die Felder, trieb einzelne, dünne Schneeflocken vor sich her. Ich schob mich mit Kathi und Stoffel durch das schmiedeeiserne Tor. Die Aufbahrungshalle war ein kleines, modernes Gebäude aus weißem Beton, mit einer asymmetrischen Dachkonstruktion und bunten, künstlerisch gestalteten Glasfenstern.

Wir fanden Platz in einer der letzten Bankreihen. Ich legte die weißen und roten Rosen, die ich mitgebracht hatte, auf meinen Schoß, schaute mich um. Ganz vorne, umrahmt von brennenden Kerzen und einem Dutzend Kränzen, stand Mikes Sarg, ein heller, schmuckloser Kasten aus Buchenholz. Im Raum herrschte Stille, verhaltenes Gehüstel da und dort. Ganz vorne, in der ersten Reihe: Mikes Eltern. Frau Ahammer schnäuzte sich in ein graues Stofftaschentuch. Mikes Vater starrte mit zerfurchtem Gesicht auf den Klinkerboden unter sich. Neben ihm ein paar ältere Leute, Verwandte wahrscheinlich. Die alte Frau mit dem Kopftuch – vielleicht war das Mikes Taufpatin, von der er mir das eine oder andere Mal erzählt hatte. Dann und wann hörte man ein Schluchzen, ein Schnäuzen, sonst war es mucksmäuschenstill, niemand sprach, auch die Schüler aus den unteren Klassen nicht, die sich an den Seitenwänden der Aufbahrungshalle drängten.

Der Raum war nicht geheizt. Ich fröstelte, hoffte, dass die Trauerfeier bald beginnen würde. Ein Bestattungshelfer in schwarzem Paletot schritt durch die Reihen, teilte einen Partezettel und ein hektografiertes Blatt mit Liedtexten aus. Ich nahm eine Parte, faltete sie auseinander. Als ich Mikes Foto sah, ein melancholisches Milchgesicht von fünfzehn, sechzehn Jahren, trieb es mir Tränen in die Augen. Unter dem Bild stand ein Vierzeiler:

Da ist ein Land der Lebenden
und da ist ein Land der Toten.
Die Brücke zwischen ihnen ist die Liebe,
das einzig Bleibende, der einzige Sinn.

Kathi und ich tauschten einen Blick, begannen beide zu heulen. Ich faltete den Partezettel zusammen, steckte ihn in die Manteltasche. Rechts neben dem Sarg nahmen vier Musiker mit ihren Blasinstrumenten Aufstellung, junge Burschen in Hubertusmänteln: ein Horn, zwei Trompeten, eine Zugposaune. Sie waren kaum älter als wir, gedrungene, pausbäckige Kerle aus dem Dorf. Man konnte sich gut vorstellen, dass Mike als Kind mit ihnen im Kuhstall gespielt hatte.

Jetzt trat Pfarrer Stickler ans Pult, der evangelische Geistliche, der bei uns an der Schule Religion unterrichtete. Stickler war ein gedrungener Mann von Ende dreißig, er trug Hornbrille und Sozialarbeiter-Bart, hatte Ende der Sechziger – so behauptete eine ehrfurchtsvoll im *Café Urbann* kolportiere Fama – bei Ernst Bloch in Tübingen studiert. In den höheren Klassen genoss er, im Gegensatz zu den meisten anderen Lehrkräften, ein gewisses Prestige, auch Mike hatte immer wieder davon gesprochen, dass Stickler »im Prinzip in Ordnung« sei, wie er sich ausgedrückt hatte. Wie seine Eltern war auch Mike evangelisch gewesen.

Der Pfarrer warf einen melancholischen Blick auf die Gemeinde, dann senkte er den Blick und begann eine Stelle aus dem ersten Korintherbrief zu lesen: »*Siehe, ich sage euch ein Geheimnis*«, donnerte er: »*Wir werden nicht alle entschlafen, aber wir werden alle verwandelt werden. Denn es wird die Posaune schallen, und die Toten werden auferstehen, unverweslich, und wir werden verwandelt werden. Denn das Verwesliche muss anziehen die Unverweslichkeit, und das Unsterbliche muss anziehen die Sterblichkeit …«*

Meine Aufmerksamkeit wandte sich anderen Dingen zu, ich dachte an die ebenso quälenden wie turbulenten Monate, die ich mit Mike verbracht hatte, an die Sommernacht im *CC*, in der wir uns nähergekommen waren, an seine literarischen Pläne, an den Samstagnachmittagsbesuch bei seinen Eltern und die Puppensammlung seiner Mutter. Als ich mit meinen Gedanken in die Aufbahrungshalle zurückkehrte, gab Pfarrer Stickler den Musikern gerade mit einem unmerklichen Nicken zu verstehen, dass sie zu spielen beginnen konnten. Die Burschen fingen an zu musizieren. *Befiehl du deine Wege.* Einige Leute, nicht viele, sangen mit.

Unter dem Geläut der Totenglocke zog der Kondukt zum offenen Grab. Auf den gefrorenen Pfützen am Rand des Kieswegs lag eine dünne Schicht frisch gefallenen Schnees, zart wie Schwanenflaum. Kathi, Stoffel und ich reihten uns in der Mitte des Trauerzugs ein. Mechanisch setzte ich einen Fuß vor den anderen.

Auf einem der Grabsteine hatte sich eine Krähe niedergelassen, ein zerrupftes Tier, das den Massenauflauf neugierig zu beobachten schien. Vielleicht war das Mike, dachte ich für eine Sekunde, vielleicht hatte er sich reinkarniert, um auszukundschaften, wer wirklich um ihn trauerte, wer nicht. Ein absurder Gedanke. Der Vogel neigte den Kopf, hüpfte vom Grabstein, stieß ein paar heisere Schreie aus, erhob sich mit kräftigen Flügelschlägen in die Lüfte.

Mikes Grab lag im hinteren Friedhofsbereich, unter einer Gruppe verkümmerter Ebereschen, auf denen kleine, erfrorene Büschel orangeroter Beeren hingen.

Der Sarg wurde abgesetzt, die Musiker hörten auf zu spielen. Eine Sekunde lang war es still, dann begann Pfarrer

Stickler zu sprechen. Er zitierte die berühmte Stelle aus dem Alten Testament: »*Des Menschen Tage sind wie Gras. Er blüht wie die Blume des Feldes. Fährt der Wind darüber, ist sie dahin.*« Kathis Kehle entrang sich ein Schluchzer. Stoffel legte ihr den Arm um die Schulter, drückte sie an sich.

Stickler begann mit seiner Grabrede. Er sprach nicht schlecht. »Erschüttert, hilflos und voller Trauer haben wir uns an Michaels Grab versammelt, um Abschied zu nehmen von einem, der vielleicht zu dünnhäutig, zu empfindsam, zu verletzlich war für das Leben unter …«

In diesem Augenblick unterbrach ein Schrei die Zeremonie. Frau Ahammer stürzte sich auf den Sarg, versuchte ihn zu umarmen, bedeckte ihn mit Küssen.

Zwei, drei Leute versuchten sie zu beruhigen, nahmen sie beim Arm, redeten auf sie ein. Frau Ahammer wehrte sich, rief mit sich überschlagender Stimme: »Michi, bleib da, bitte, Michi, lass mich nicht im Stich!« Die Szene ging über meine Kräfte. Ich drehte mich um, ging langsam in Richtung Ausgang. Den Rosenstrauß legte ich hinter einen Grabstein in der Nähe des Kriegerdenkmals, vielleicht würde ich ihn später wieder holen. Wie in Trance ließ ich die Aufbahrungshalle hinter mir. Ich ging durchs Friedhofstor, spazierte die Dorfstraße entlang, vorbei an zwei alten Frauen, die vor dem Gemischtwarenladen standen und mich neugierig musterten.

Ich grüßte, ging an ihnen vorbei. Die Tür des Feuerwehrrüsthauses war mit halb abgerissenen Plakatresten beklebt: der Einladung zu einem Pfarrfest in Grieskirchen, der Ankündigung eines Motocrossrennens in Schwanenstadt.

Ich erreichte das Ortsschild, stapfte weiter auf der Landstraße in Richtung O. Durch die halb offene Tür eines Kuhstalls strömte ein Schwall Mistgestank. Ich beschleunigte meinen Schritt. Wohin ich ging, war mir egal. Die Telegrafendrähte am Straßenrand summten leise. Auf den umgepflügten Winteräckern hockten Krähen. Ein Mopedfahrer überholte mich. Er hupte, zog an mir vorbei.

Es dämmerte, als ich zitternd vor Kälte zum Friedhof zurückkehrte. Ich schlug ein paar Mal mit den Armen gegen die Schultern, um den Kreislauf in Schwung zu bringen. Die Busse vor dem Friedhof waren verschwunden, der kleine Parkplatz vor dem schmiedeeisernen Eingangstor lag da wie ausgestorben. Nur die Fenster des Gasthofs *Zur Krone* auf der anderen Seite des Vorplatzes waren erleuchtet: der Leichenschmaus, zu dem Mikes Eltern die engsten Angehörigen eingeladen hatten …

Ich war gekommen, um mich von Mike zu verabschieden.

Das Friedhofstor war nur angelehnt. Ich trat ein, schaute mich um. Die Straßenlaternen von der anderen Seite der Mauer warfen einen schwachen, weißgelben Schimmer auf den vordersten Abschnitt der beiden Kieswege, die den Friedhof in diagonaler Linie durchschnitten. Da und dort am Fuß eines Grabsteins flackerten ewige Lichter, kleine Kerzen unter einem roten Glashäubchen.

Ich hielt mich links, ging ein paar Meter, holte die Rosen hinter dem Grabstein hervor.

Ich allein auf einem finsteren Friedhof: Unter anderen Umständen hätte mir das Angst gemacht. Heute nicht. Ich war vollkommen ruhig, ging weiter, um Mikes Grab zu suchen.

Jetzt hörte ich Schritte, das Knirschen von Kies. Ich drehte mich um, nun doch etwas beunruhigt. Hinter einer Stele aus Granit trat eine schlaksige Gestalt in einem langen, schwarzen Ledermantel auf den Kiesweg. Ecki. Was zum Teufel machte der hier? Er blieb stehen, die Hände in den Manteltaschen vergraben, die Wollmütze tief in die Stirn gezogen. Er schaute zu mir herüber. Ich hob die Hand, winkte ihm zaghaft zu. Er reagierte nicht.

»Alles okay?«, rief ich.

Er verzog keine Miene, blieb einfach stehen. Eine bizarre Situation. Wir standen uns ein paar Augenblicke lang gegenüber, vielleicht zwanzig Meter voneinander entfernt. Dann drehte er sich um und schlenderte langsam in Richtung Ausgang. Ich hatte das Gefühl, ich sollte ihn nicht so einfach gehen lassen.

»Ecki«, rief ich. »Warte!«

Er reagierte nicht.

»Wir könnten zusammen mit dem Postautobus in die Stadt zurückfahren, was meinst du?«

Er schien mich nicht zu hören, trottete einfach weiter dem Ausgang entgegen. Die Schuhsohlen auf dem gefrorenen Kiesweg machten ein hartes, knarzendes Geräusch. »Ecki«, rief ich, während ich ein, zwei halbentschlossene Schritte in seine Richtung machte: »Ecki, warte!« Er beachtete mich nicht, latschte einfach weiter in Richtung Aufbahrungshalle.

SCHWARZENTHAL

Sie spielten auf einem der letzten Trümmergrundstücke im Quartier, einer mit Sperrmüll und Ziegelsteinbrocken übersäten Brache, die von den Bewohnern der nahe gelegenen Wohnblocks seit Längerem als Schrottplatz benutzt wurde. Aufgerissene Sofas, rostige Heizkörper, zerbeulte Fahrradrahmen – für die Kinder des Viertels barg das Gerümpel Spielmöglichkeiten aller Art. Ihr liebster Zeitvertreib seit ein paar Tagen war ein ausgeweideter DKW, der am Rande des Grundstücks vor sich hin rostete, ein Vorkriegsmodell, das irgendjemand über Nacht hier abgestellt hatte, ramponiert, mit löchrigen Kotflügeln und eingedrücktem Kofferraum. An einem wolkenverhangenen Vormittag Mitte Juni sprangen Inge, Hilla, Horst, Christa und Jürgens jüngerer Bruder Sani auf dem Dach herum und versuchten sich gegenseitig runterzuschubsen. Jürgen hockte hinter dem Lenkrad und tat so, als säße er in Jack Brabhams *Cooper-Climax* und zöge seine Runden im Autodrom von Monza.

»He, Saftarsch«, rief Arne. »Mach Platz!« Er rüttelte an der Fahrertür, warf sich dagegen, versuchte sie aufzudrücken.

»Selber Saftarsch.« Jürgen tat, als ließe er die Kupplung kommen. Er trat das Gaspedal durch, ahmte das Geräusch des aufjaulenden Motors nach. Arne bolzte mit dem Fuß gegen die Fahrertür, Jürgen kümmerte sich nicht darum. Er schaltete in den Vierten, die Ventile kreischten, die Beschleunigung presste ihn in die Rückenlehne. Tolles Gefühl. Als er vom Gas ging, um eine anspruchsvolle Schikane zu meistern, fiel sein Blick auf einen weißen VW-Bus, der von der Auguste-Viktoria-Straße kommend langsam auf sie zufuhr. Zunächst dachte er sich nicht viel dabei, dann aber, als der Wagen auf einer der Nebenfahrbahnen hielt, überkam ihn ein ungutes Gefühl. Eine Frau stieg aus, nicht alt, nicht jung, eng geschnittenes Leinenkostüm und flache, schwarze Schuhe. Die Haare hatte sie zu einem aschblonden Dutt gebunden. Sie klemmte sich die Handtasche unter den Arm und stakste zwischen Schutthaufen und kniehohen Brennnesselstauden auf den DKW zu, sorgfältig darauf bedacht, sich die Nylons nicht schmutzig zu machen. Was die hier wollte, dachte Jürgen.

Sie schien ein wenig außer Atem, als sie vor dem Wrack stehen blieb, Schweißperlen glänzten auf ihrer Stirn. »Ihr habt aber einen tollen Wagen!«, sagte sie mit einer Freundlichkeit, die Jürgen nicht geheuer war. »Da könnte einen glatt der Neid packen. Sagt mal, ich suche zwei Jungs: Axel und Jürgen Schlüter. Kennt ihr die?«

Jürgen erschrak. Axel und Jürgen Schlüter – das waren Sani und er. Was wollte die Frau von ihnen? Hatten sie was ausgefressen? War irgendetwas mit ihrer Mutter? Hatte sich sein Vater endlich gemeldet, um das Geld rauszurücken, das er ihnen seit ewigen Zeiten schuldete?

»Na, was ist?«, sagte die Frau. »Ich habe euch was gefragt.« Ihr Blick wanderte von einem zum anderen, blieb an Arne hängen. »Was ist mir dir? Kannst du mir sagen, wo ich die beiden finde?«

»Nö«, sagte Arne, die Hände in den Hosentaschen. Man hörte, wie er in einer der Taschen ein paar Murmeln gegeneinanderklackern ließ.

»Und du?« Die Fremde machte einen Schritt auf Christa zu. »Kennst du Axel und Jürgen Schlüter?«

Christa schüttelte stumm den Kopf. Ein Blinder hätte erkannt, dass sie log.

»Und du?« Sie wandte sich Horst zu. »Wo sind die beiden? Komm schon, ich weiß, dass du sie kennst. Raus mit der Sprache.«

»Ich hab keine Ahnung.« Horst strich sich eine Haarsträhne aus der Stirn, zog energisch den Rotz hoch.

»Am Ende bist du wohl selbst Jürgen, hm?«

»Ich, nein, wieso?«

»Komm schon, wo sind die beiden?«

Horst biss sich auf die Unterlippe. Er warf einen Blick ins Wageninnere, wo Jürgen mit der Gangschaltung spielte und so tat, als ginge ihn die ganze Sache nichts an. Jürgen überlegte, ob Sani und er es noch schafften abzuhauen. Es wäre keine Schwierigkeit gewesen, sich vom Acker zu machen, die Tusse wäre ihnen nie im Leben nachgekommen. Aber dann hätte die Frau sie eben zu Hause bei ihrer Mutter gesucht. Hätte keinen großen Unterschied gemacht.

Er drückte die Autotür auf und kletterte aus dem Wagen. »Jürgen Schlüter«, sagte er, »also, wenn Sie den suchen, das bin ich.« Er deutete mit dem Kinn in Richtung Autodach. Sani stand da oben zwischen Horst und Hilla, mit schmutzigem Ringelleibchen und bonbonverschmiertem Mund. »Und der da ist mein Bruder Axel. Wir nennen ihn Sani.«

»Na also«, säuselte die Frau. »Warum nicht gleich?« Sie legte einen Arm um Jürgens Schulter und zog ihn zu sich heran, eine Sekunde lang konnte er ihr Parfüm riechen, einen herben, lavendelartigen Duft. Sie käme vom Jugenddezernat, erklärte die Fremde, und sie sei gekommen, um Sani und Jürgen abzuholen.

Jürgen verschränkte die Arme vor der Brust. Sein Bruder und er würden ganz bestimmt nicht mitkommen, verkündete er.

»Ach, was du nicht sagst.« Sie knipste ihre Handtasche auf, entnahm ihr eine Geldbörse, kramte ein Einmarkstück hervor und hielt es Jürgen unter die Nase. »Jetzt pass mal auf, mein Junge, wenn ihr artig seid und mich begleitet, kriegt ihr ein richtig schönes Eis, sobald wir eure Sachen von zu Hause abgeholt haben, hast du mich verstanden?«

Jürgen trat einen Schritt zurück. Er überlegte, ob sie sich nicht doch noch aus dem Staub machen sollten.

»Komm schon, ich hab nicht ewig Zeit.« Die Frau schien allmählich ungeduldig zu werden.

»Wer sagt uns, dass Sie wirklich vom Jugendamt sind?«

»Gute Frage, mein Junge. Das hast du wenigstens gelernt: Man geht nicht mit fremden Leuten mit. Gut so! Hier, ich zeig dir meinen Ausweis.«

Sie präsentierte ihm einen Dienstausweis mit Lichtbild und Stempel. Auf dem Foto war sie halb so alt wie jetzt. »Überzeugt dich das?«, fragte sie. Jürgen verzog keine Miene.

Die Frau wandte sich Sani zu. »Komm mal runter da, Kleiner. Ich helfe dir.« Sie streckte Sani die Hand entgegen und half ihm, vom Dach zu springen, obwohl er das auch allein hingekriegt hätte. Sani hatte schon lange Zähne wegen dem Eis, der hätte auch den nächstbesten Kinderschänder in einen der Kohlenkeller hier in der Gegend begleitet.

»Kommt«, sagte die Frau. »Lasst uns fahren.«

Jürgen verschränkte die Arme vor der Brust. »Sie können uns nicht zwingen mitzukommen«, sagte er trotzig.

»Du hast keine Ahnung, was ich alles kann, mein Lieber«, sagte sie. »Möchtest du's darauf ankommen lassen?«

Jürgen und Sani kletterten in den VW-Bus, die Frau schloss die Schiebetür hinter ihnen, stiefelte ums Auto, setzte sich hinters Lenkrad, warf die Handtasche auf den Beifahrersitz und startete den Wagen. Kaum waren sie losgefahren, begann Sani auch schon zu quengeln. Wann sie endlich das Eis kriegten. »Bald«, sagte die Frau.

Sie fuhren die Auguste Viktoria entlang, dann bogen sie nach links in die Siemens- und eine halbe Minute später in die

Seydlitzstraße ein, vorbei an *Jupps Romantauschzentrale* und *Lotto Schulze.* Die Normaluhr vor der S-Bahnstation zeigte vier Minuten vor elf. Abgesehen von den seltenen Besuchen bei Oma Neumann in G. war Jürgen kaum je aus diesem Viertel herausgekommen. Ihn störte es nicht, er wohnte gern in der Gegend. Zwischen den Rheinstahl-Werken unten am Fluss und den Fördergerüsten der Prinz-Wilhelm-Zeche gab es immer was zu sehen: Morgens kurvten die Sprühwagen der Stadtverwaltung durch die Straßen, um die Rußschicht von der Fahrbahn zu spülen, manchmal gab's auch Polizeirazzien in der *Tabu*-Bar unten beim Rangierbahnhof. Nachmittags um zwei kamen dann die Bergleute aus der Schicht, abgekämpfte, müde Männer mit dreckverschmierten Gesichtern. Manchmal, an den langen, langweiligen Abenden, wenn Sani schon schlief und die Mutter mit einem ihrer Macker im Schlafzimmer herummachte, beobachtete Jürgen vom Wohnzimmerfenster aus die Feuer der umliegenden Kokereien, die über den Schornsteinen ihr Gas abfackelten. Sah toll aus in der Dunkelheit.

Der VW-Bus hielt vor einem Reihenhaus in der Scharnhorststraße. Hier hatte man ihnen vor ein paar Monaten eine Zweieinhalbzimmerwohnung zugewiesen. Die Nachbarin, Frau Klonk, hing wie jeden Vormittag am Fenster, gestepptes Kissen unterm Ellbogen. Jürgen stieg aus, presste etwas Speichel durch die Zahnritzen. Er blieb neben dem VW-Bus stehen, die Hände in den Hosentaschen. Die Frau vom Jugendamt ging zu den Klingeln am Haustor, läutete. Sie holte ein Notizbuch aus der Handtasche, notierte etwas, ließ es wieder in der Tasche verschwinden. Wenig später ging die Haustür auf, Jürgens Mutter erschien im Eingang, ein kleines Köfferchen in jeder Hand. Ihr Haar war unfrisiert, sie sah blass und verheult aus. Sie stellte eines der Köfferchen ab, gab der Frau vom Jugendamt die Hand. Dann nahm sie den Koffer wieder auf, ging zu Jürgen, beugte sich zu ihm runter, küsste ihn. Ihre Mundwinkel zuckten, als sie das Gepäck neben ihm abstellte. Sie nestelte ein Taschentuch hervor, schnäuzte sich, packte das Taschentuch wieder weg. »Ihr dürft mir keine Schande machen«, sagte sie leise. »Versprichst du mir das?« Ihr Atem roch nach Zigarettenrauch.

»Ja, klar.«

»Und pass mir auf den Kleinen auf. Versprochen?«

Er nickte. Sie küsste ihn auf die Stirn, strich ihm mit einer traumverlorenen Bewegung durchs Haar. Ihr Blick wanderte an ihm vorbei zum Haus, Jürgen drehte sich um, folgte dem Blick seiner Mutter. Hinter den Wohnzimmergardinen im ersten Stock machte er eine Gestalt aus. Das war Ewald, der Arsch. Jürgen drehte sich weg, er nahm eines der Köfferchen auf, verstaute es auf dem Rücksitz des Busses. Ewald war Mutters neuer Freund. Er war vor zwei Wochen bei ihnen eingezogen, vorübergehend, wie die Mutter beteuert hatte. Der Typ hatte irgendetwas mit Spielautomaten zu tun, soweit Jürgen wusste, mit Flippern und Tischfußballgeräten und Einarmigen Banditen und solchem Zeug.

»Lass mir bitte den Schlüssel da«, sagte die Mutter.

»Wieso?«, sagte Jürgen. »Du hast doch einen.«

»Für Ewald«, sagte sie leise, als geniere sie sich dafür.

Jürgen zog die Schlüsselschnur über den Hals, löste den Schlüssel, gab ihn der Mutter. Die Schnur ließ er in seiner Hosentasche verschwinden, man wusste nie, wofür man die noch brauchen konnte. Die Mutter strich ihm eine Haarsträhne aus der Stirn, drückte ihm einen Kuss auf die Wange. »Danke, mein Junge«, sagte sie leise.

Im *Eissalon Lazaretti* kaufte ihnen die Frau vom Jugendamt ein Erdbeer-Vanille – »nichts ankleckern, klar?« –, dann fuhren sie an den Rheinstahl-Werken und den Kohlezechen mit den hoch aufragenden Fördertürmen vorbei aus der Stadt hinaus. Nachdem sie die letzten, rußgrauen Vororte hinter sich gelassen hatten, ging die Fahrt durch eine hügelige, mit kleinen Bauernhöfen und nichtssagenden Dörfern gesprenkelte Landschaft. Jürgen buchstabierte die Namen der Ortsschilder: Dören, Bad Kreuzen, Friedburg – Orte, von denen er noch nie gehört hatte. »Wo fahren wir hin?«, fragte er.

»Nach Schwarzenthal«, sagte die Frau. »Ich bringe euch nach Schwarzenthal. Der Landeswohlfahrtsverband unterhält dort ein Heim für vernachlässigte Kinder.« Sie legte den Blinker ein, überholte einen alten Opel Olympia, der sich hustend über die Serpentinen eines dicht bewaldeten Höhenzugs quälte. »Das Heim ist in einem Schloss untergebracht. Ihr werdet es dort gut haben, besser als zu Hause.«

»Ehrlich, in einem Schloss?«, krähte Sani.

»Wenn ich's doch sage. Hat früher mal einem echten Grafen gehört.«

Jürgen spürte einen Kloß im Hals, er hätte am liebsten geweint. Aber daran war nicht zu denken. In seinem Alter heulte man nicht mehr rum wie ein Mädchen.

Das Kinder- und Jugendfürsorgeheim Schwarzenthal war eine weitläufige Anlage aus rostroten, halb verwitterten Ziegelsteinen, die über einen großen Park, einige Wirtschaftsgebäude und zwei streng voneinander separierte Haupttrakte verfügte, ein Wohnheim für Jungen, eines für Mädchen. Das Heim war riesengroß, insgesamt lebten hier 1800 Kinder. In den Wirtschaftsgebäuden waren eine Wäscherei, eine Tischlerei, eine Polsterei, eine Sattlerei, eine Schusterwerkstatt und sogar eine eigene Krankenstation untergebracht. Es war später Nachmittag, als sie mit dem VW-Bus die breite, weiß gekieste Auffahrt hinauffuhren. Kleinere und größere Gruppen von Kindern spielten auf dem Rasen vor dem Hauptgebäude.

»Wir sind da«, sagte die Frau, während sie den Motor abstellte. Unter einem der Rundbogenfenster im Stiegenaufgang stand ein älterer Mann in einem grauen, abgenutzten Anzug. Sein Gesicht war mager, faltig, mit einem unfrohen Zug um die Mundwinkel. Aus einem der knapp geschnittenen Jackettärmel ragte eine hölzerne Handprothese. Das war Herr Broniewski, wie Sani und Jürgen erklärt bekamen, einer der Erzieher, die sich von nun an um sie kümmern würden. Herr Broniewski half der Fürsorgerin, das Gepäck in die Halle zu tragen. Jürgen hatte den Eindruck, dass er das rechte Bein leicht nachzog, aber das konnte auch Einbildung sein. Nachdem sie die Koffer auf dem Steinfußboden abgestellt hatten, reichte die Frau den Kindern die Hand, um sich zu verabschieden. »In zwei, drei Wochen komme ich wieder vorbei, um nach euch zu sehen«, sagte sie. Jürgen drückte ihr wie zuvor Sani die Hand und murmelte einen Gruß, dann wandte er sich Broniewski zu.

»Na, dann kommt mal mit!«, sagte der Erzieher. Sie folgten ihm durch einen langen, mit Linoleumplatten ausgelegten Gang. Er führte sie über eine halbdunkle Steintreppe hinauf in den ersten Stock. Vor einer doppelflügeligen Tür blieb er stehen. Er holte einen Schlüsselbund aus der Jacketttasche, schloss die Tür auf. »Rein mit euch!«, sagte er, »aber ein bisschen plötzlich.« Sie betraten einen Schlafsaal mit kahlen Wänden, drei Dutzend Betten standen in akkurat ausgerichteten Reihen nebeneinander. Die Betten waren durch kleine, metallene Nachttischchen voneinander getrennt, am Fußende eines jeden Bettes stand ein Stuhl. Broniewski zeigte auf zwei Schlafplätze in der Nähe des Fensters. Das seien ihre, sagte er, und wehe, sie würden sich tagsüber hier blicken lassen, dann würde er ihnen persönlich die Kauleiste tieferlegen, wenn sie verstünden, was er meine, untertags sei der Aufenthalt in den Schlafräumen nämlich strikt verboten.

Sani stellte seinen Koffer ab, setzte sich aufs Bett. »Und wie lange müssen wir hierbleiben, mein Bruder und ich?«

»Woher soll ich das wissen, du vorlaute Kröte.« Broniewski forderte sie auf, ihre Kleider in die dafür vorgesehenen Spinde zu schlichten, streng auf Kante, und während sie ihre Koffer leerten und die Klamotten in die für sie reservierten Kästen räumten, setzte er ihnen die Hausordnung auseinander. Er erklärte ihnen, wann sie aufstehen, wann zu Bett gehen mussten, wann es was zu essen gab, wann sie den Mund zu halten und wann sie ihn aufzumachen hatten. Dann brachte er sie in eine Art Gerümpelkammer, zum Haareschneiden. Hier gab es durchgesessene Fauteuils, rostige Bettgestelle, abgenutztes Kücheninventar, ein Depot offenbar. Sani musste sich auf einen Sessel setzen, dann fräste ihm Broniewski mit einer elektrischen Schermaschine das Haar vom Kopf. In dichten Büscheln fielen seine nussbraunen Locken zu Boden. Jürgen musste sie mit einem Besen aufkehren. Er schob sie auf eine Handschaufel und kippte sie in einen Abfalleimer, dann kam er selbst an die Reihe. Broniewski verpasste ihm den gleichen Haarschnitt. Als sie fertig waren, öffnete der Erzieher einen alufarbenen Schrank und überreichte ihnen ihre Heimkleidung: blaugraue Klamotten für drinnen, blaugraue Klamotten für draußen, blaugraue Schlafhemden, blaugraue Bettwäsche, alles graublau.

Jürgen und Sani zogen sich um, dann dirigierte Broniewski sie in einen der Aufenthaltsräume. Er machte die Tür auf und schob sie vor sich hinein. Ein paar Dutzend Jungs saßen an ein paar Tischen und spielten Halma, Mühle, Fang den Hut, solche Sachen. Broniewski pflanzte sich in der Nähe des Eingangs auf, der Lärm flaute ab, richtig still wurde es nicht. »Ruhe«, rief er. Der Tumult verebbte. Er bringe ihnen hier zwei Neue, erklärte Broniewski, sie kämen aus D. und seien in Schlafsaal IV untergebracht. Jürgen und Sani sollten jetzt bitte ihre Namen nennen. Jürgen schaute in drei Dutzend abschätzige, hämische, neugierige Gesichter. Für einen Augenblick hatte er das Gefühl, der Boden schwanke unter seinen Füßen. »Also, ich heiße Jürgen«, sagte er mit belegter Stimme. »Und das«, fuhr er etwas bestimmter fort, ohne wirklich überzeugend zu klingen, »ist mein Bruder Sani.« Er legte dem Kleinen die Hand auf die Schulter.

»Sani wie Sanitäter?«, brüllte einer, ein gedrungener Kerl mit dünnem Oberlippenflaum. Er sonnte sich in dem schallenden Gelächter, das in diesem Augenblick über Sani und Jürgen hinwegschwappte.

»Spar dir deine Scherze, Seelmann«, sagte Broniewski knapp.

Seelmann hieß das Pissgesicht also, dachte Jürgen. Er würde sich den Namen merken.

»Ihr habt noch eine halbe Stunde Zeit«, sagte Broniewski zu Jürgen und Sani. »Um sechs gibt's Abendbrot.«

Sie steuerten auf einen der unbesetzten Tische zu, Jürgen holte ein Päckchen zerfledderter Auto-Quartett-Karten vom Spieltisch, er mischte die Karten, begann sie auszuteilen.

Vom Nebentisch drang angriffslustiges Gezischel zu ihnen herüber. Jürgen schaute nicht hin, er konzentrierte sich auf das Austeilen der Karten, nahm seinen Stapel auf, warf einen Blick auf die oberste Karte.

»63 PS«, sagte er.

»72«, sagte Sani. »Rück rüber.«

Jürgen warf die Karte auf den Tisch, Sani kassierte sie, fügte sie seinem Stapel hinzu.

»Hubraum 1479«, sagte der Kleine.

»1800«, sagte Jürgen. Vom Nebentisch prasselten die ersten Wurfgeschosse auf sie nieder, Stanniolklümpchen und Papierkugeln vor allem. Sani ließ die Karten fallen, griff sich eine Kugel, pfefferte sie zurück. »Spiel einfach weiter und kümmer dich nicht um die Arschgeigen«, zischte Jürgen.

Nach dem Abendessen stellte Broniewski sie dem Direktor vor. Ein roter Teppich schluckte das Geräusch ihrer Schritte, als sie über die steinerne Treppe in den zweiten Stock hinaufgingen. Vor einer mit ausgebleichten Intarsien versehenen Flügeltür blieben sie stehen. »Haltet euch grade«, mahnte Broniewski. Er klopfte, eine Bassstimme rief »Herein«, Broniewski führte sie in ein großes, mit dunklen Bücherschränken vollgeräumtes Büro. Der Heimleiter, Dr. Harms, saß an seinem Schreibtisch, eine Füllfeder in der Hand, vor sich eine aufgeschlagene Akte. »Ich bringe Ihnen die Neuen«, sagte Broniewski. Der Direktor hob den Blick, ein Lächeln spielte um seine Lippen. »Ihr seid heute Nachmittag angekommen, ja?«

»Ja«, sagte Jürgen.

Harms musterte ihn über den Goldrahmen seiner Brille hinweg. »Und grüßen könnt ihr nicht oder wie?«

»Doch, schon«, sagte Jürgen.

»Nun?«

»Guten Abend«, sagte Jürgen.

»Guten Abend, Herr Direktor!«

»Guten Abend, Herr Direktor.«

»Und du?« Harms musterte Sani mit erwartungsvollem Blick.

»Guten Abend, Herr Direktor«, sagte Sani artig.

»Also, geht doch.« Harms schraubte die Kappe seines Füllers zu, legte das Schreibgerät beiseite. »Wir werden schon noch zivilisierte Menschen aus euch machen – nicht wahr, Broniewski?«

»Wir bemühen uns.« Broniewski wirkte seltsam steif. Er schien sich alles andere als wohlzufühlen in der Gegenwart des Heimleiters.

Dr. Harms ließ ein kurzes, trockenes Hüsteln vernehmen. »Genau, wir bemühen uns, das haben Sie schön gesagt, Broniewski, wir bemühen uns. Wenn auch unsere Anstrengungen nicht immer von Erfolg gekrönt sind, nicht wahr.« Harms begann in der Akte zu blättern, er nahm die Brille ab, rieb sich die Augen, setzte die Brille wieder auf, las weiter. »Ein Kind von Traurigkeit scheint eure Mutter ja nicht gerade gewesen zu sein.«

Jürgen begann die ausgestopften Tiere auf einem Bord neben Harms' Schreibtisch zu studieren. Eulen und Fasane standen da, ein staubiger Falke, ein Murmeltier und ein zähnefletschender Marder.

»Mit sechzehn zum ersten Mal schwanger«, murmelte Harms, während er durch die Akte blätterte. »Kindesvater unbekannt ... Unterbringung im St.-Barbara–Heim für minderjährige Mütter, zweite Schwangerschaft dreieinhalb Jahre später, Matthew S., Angehöriger der britischen Streitkräfte, bestreitet die Vaterschaft ... Gott, was soll man da sagen, Broniewski, immer dieselben Geschichten.« Harms schlug die Akte zu, schob sie beiseite. Er winkte Jürgen zu sich. »Komm mal näher.« Jürgen trat an den Schreibtisch. »Irgendwelche Vorstellungen, was du später mal werden willst?«

Jürgen zuckte die Achseln.

»Darüber solltest du dir aber mal den Kopf zerbrechen.«

Jürgen schaute ihn ratlos an.

»Du willst doch später mal dein eigenes Geld verdienen, oder etwa nicht?«

»Automechaniker«, sagte Jürgen zaghaft. »Vielleicht werde ich mal Automechaniker.«

»So, Automechaniker willst du werden.« Harms zog Jürgen zu sich heran und verpasste ihm ohne Vorwarnung eine Kopfnuss. »Da musst du dich aber ranhalten, du Null. Deine schulischen Leistungen sind eine einzige Katastrophe.« Er ließ Jürgen los, versetzte ihm einen Stoß. Jürgen taumelte, fand Halt an der Schreibtischkante, rappelte sich hoch. »Und halt dich grade, Mann! Du stehst ja da wie eine krumme Banane. Man muss sich gerade halten im Leben, verstanden?«

Jürgen lag im Bett, die Decke ans Kinn gezogen, er hörte zu, wie sich die anderen Jungs unterhielten, obwohl im Schlafsaal nach dem Löschen des Lichts um 20.00 Uhr strengstes Redeverbot herrschte. Seelmann lag ein paar Betten von ihm entfernt, er erzählte seinen Kumpels gerade irgendeinen Film, den er während der letzten Ferien angeblich zusammen mit seinem Vater im Kino gesehen hatte: »In dem Augenblick kommt der Polyp rein, der Kerl, der den Boss der Gang umgenietet hat, der legt die Knarre auf den Tisch und sagt: ‚Jetzt will ich aber mal sehen!' …«

Jürgen versuchte nicht hinzuhören. Er hatte kein Interesse an Seelmanns Geschichten, die konnte der sich sonst wohin stecken. Unmittelbar neben sich – er hätte die Hand nach ihm ausstrecken können – hörte er Sani an einem der Zipfel seines Kopfpolsters lutschen. So hatte es der Kleine zu Hause auch immer gemacht. Jürgen drehte sich auf den Bauch, den Kopf zur Seite, die Handflächen an die Oberschenkel gepresst. Er begann sich kleine Szenen und Geschichten auszudenken, in denen Sani und er die Hauptrollen spielten. In einer der Geschichten tauchte seine Mutter hier im Heim auf, um sie abzuholen. In seiner Vorstellung war es Herbst, nein, es war ein eisiger, frostklarer Wintertag, als seine Mutter ihrer Gefangenschaft hier im Heim ein Ende machte. Sie fuhr in einer Limousine vor, Sani und er warteten zusammen mit Broniewski vor dem Hauptportal, bis sie vor der steinernen Freitreppe eingeparkt hatte. Als ihre Mutter aus dem Wagen stieg, ein strahlendes Lächeln auf den Lippen, liefen Sani und er ihr entgegen. Sie trug elegante, hochhackige Schuhe und einen ausladenden Hut wie ein Filmstar. Sie hatte ihnen *Ahoj*-Brause und jede Menge Kaugummizigaretten mitgebracht, und während Broniewski ihr half, das Gepäck im Kofferraum zu verstauen, und die anderen Jungs oben an den Fenstern hingen und mit Stielaugen zu ihnen runtergafften, schüttete Jürgen sich tüchtig Brausepulver in die offene Hand. Er spuckte hinein und schaute zu, wie das Pulver in seiner Handfläche aufschäumte.

In diesem Augenblick ließ der dicke Jänsch einen fahren: »Schönen Gruß aus Darmstadt!«, sagte er trocken. Wieherndes Gelächter im Schlafsaal.

»Jänsch, du alte Drecksau!«, rief Seelmann.

»Du hast es gerade nötig!«

»Booh«, rief Rüttger: »Der Furz stinkt wie Seuche!«

Jänsch schien den Aufruhr zu genießen. »Regt euch ab«, sagte er. »Stinkt doch gar nicht so doll.«

»'türlich stinkt es doll«, sagte Rüttger. »Du riechst wie ein ganzer Eimer Scheiße, wenn du's wissen willst.«

In diesem Augenblick wurde die Tür zum Schlafsaal aufgerissen, Broniewski stürzte in den Raum. »Was ist hier los, verdammt noch mal?« Broniewski knipste das Licht an. Jürgen tat, als schliefe er, und vermutlich machten es alle anderen genauso.

»Wenn hier nicht augenblicklich Ruhe einkehrt«, donnerte Broniewski, »lass ich euch alle Liegestütze machen, bis euch das Wasser im Arsch kocht, ihr verdammten Saukerle, ihr!«

In der Nacht kroch Sani zu Jürgen ins Bett.

»Mensch, Jürgen, ich …«

»Was?«

»Ich hab ins Bett gemacht.«

»O Mann! Kannst du nicht aufpassen?«

Jürgen kletterte aus dem Bett, befühlte Sanis Matratze. Pitschnass.

»Broniewski haut mich windelweich«, jammerte der Kleine.

»Quatsch«, sagte Jürgen. Er schlug Sanis Decke zurück, breitete sie über das Bettgestell. Vielleicht hatten sie Glück, dachte er, vielleicht wurde das Laken bis morgen früh trocken.

»Zieh die Pyjamahose aus«, befahl er. Der Kleine schlüpfte aus der Hose, Jürgen griff sich das nasse, körperwarme Kleidungsstück und hängte es über den Stuhl am Bettende, dann kletterte er zurück in sein Bett. Er spürte den Atem des Kleinen im Nacken, Sani presste seinen spindeligen Körper von hinten an ihn und umschlang ihn mit den Armen. »Wehe, du pischst mir auch ins Bett, Mann.«

»Mach ich nicht«, fisperte der Kleine.

Nachdem Sani endlich eingeschlafen war, begann Jürgen leise unter der Bettdecke zu weinen. Nichts und niemand würde ihnen helfen hier im Heim, das war klar. Man würde sie fertigmachen, das wusste er, und nur ein Wunder konnte sie retten.

Am nächsten Morgen hatte Broniewski seinen freien Tag. Ein anderer Erzieher war für den Schlafsaal IV verantwortlich, Herr Kramer, ein kleiner, gedrungener Mann mit schütterem, Sepp-Herberger-artig nach hinten gekämmtem Haar. »Eine gottverdammte Schweinerei ist das hier«, fluchte er, als er zusammen mit Jürgen Sanis Bettlaken abzog. Jürgen musste das Bettzeug in die Wäscherei bringen, dann half er Kramer, die feuchte Matratze hinaus ins Freie zu tragen, wo sie tagsüber in der Sonne trocknen sollte.

Als Kramer und Jürgen in den Schlafsaal zurückkehrten, saß Sani auf dem Bettgestell, mit verheultem Gesicht, den speckigen Plüschtiger im Arm, den Oma Neumann ihm mal zum Geburtstag geschenkt hatte. »Frühstück fällt heute aus!«, zischte Kramer.

»Er hat's nicht absichtlich gemacht«, sagte Jürgen.

»Was mischst du dich da ein?« Kramer machte eine unwirsche Handbewegung in Richtung Flur. »Sieh zu, dass du in den Speisesaal runterkommst, aber ein bisschen plötzlich!«

Jürgen zögerte.

»Hörst du nicht? Zisch ab!«

Jürgen zögerte eine weitere Sekunde, dann ging er.

»Und ich?«, sagte Sani.

»Du bleibst hier und denkst darüber nach, ob du dein Bett heute Nacht wieder versauen wirst. Ich will es dir nicht geraten haben!«

Pünktlich um neun Uhr früh – seit zwei Wochen waren Sommerferien – rückte Broniewski mit den Jungen von Schlafsaal IV zur Johannisbeerernte aus. Sie marschierten in Zweierreihen durch den Schlosspark, vorbei an Tischlerei und Krankenstation, verließen das Heimgelände über einen der Nebenausgänge und zogen über eine lang gezogene

Pappelchaussee in Richtung Westen. Nach zweieinhalb Kilometern erreichten sie einen landwirtschaftlichen Betrieb, Gut Neuenhof, der zum Heim gehörte. Hier wurden Kartoffeln, Zwiebeln, Kohl, Tomaten, Buschbohnen und Kohlrabi sowie alle möglichen Arten von Obst angebaut: Äpfel, Birnen, Aprikosen – und eben Johannisbeeren.

»Eimer ausfassen!«, rief Broniewski, während er sich vor dem Haupthaus aufbaute, einem Fachwerkgebäude mit Walmdach und wappengeschmückten Dreiecksgiebeln. Sani und Jürgen bekamen von einem älteren Jungen – er war sechzehn oder siebzehn – einen Eimer in die Hand gedrückt. Dann schlugen sie sich in die Johannisbeerbüsche. Broniewski ernannte Seelmann und einen Jungen namens Thiel zu Aufpassern. Sie sollten darauf achten, dass ordentlich gearbeitet wurde, während er, Broniewski, sich mit dem Verwalter zu einer Besprechung in den Gutshof zurückzog.

»In Wirklichkeit genehmigen sich die ein Bier«, sagte Jänsch, während sie zuschauten, wie Broniewski und der Verwalter in der Hofeinfahrt verschwanden. Jänsch warf einen Blick auf seine Armbanduhr. Jürgen fragte sich, wo er die herhatte. Kaum jemand im Heim hatte eine Armbanduhr. »Vor halb elf kommt der alte Sack nicht zurück«, beschied Jänsch.

Jürgen stellte den Eimer ab und fing an zu pflücken. Er zupfte die kleinen, roten Trauben von den Stauden und warf sie in den Eimer zu seinen Füßen. Sani, gierig wie immer, stopfte sich ein paar Beeren in den Mund, verzog das Gesicht: »Mann, sind die sauer!«

»Musst das Zeug ja nicht essen«, sagte Jürgen. Er beobachtete, wie Seelmann und Thiel es sich auf der Ladefläche eines großen, hölzernen Karrens bequem machten. Von da oben entging den beiden Kapos nichts.

»Meine Fresse, ist das heiß«, maulte Rüttger. »Hab keinen Bock mehr.« Er trat gegen den Eimer, der kippte um; ein Schwall Johannisbeeren ergoss sich ins Gras.

Jänsch hatte schon vor einiger Zeit zu arbeiten aufgehört. Er hockte auf einem Stein, stocherte mit einem Stöckchen im Erdreich, Schweißperlen standen ihm auf der Stirn. »Bin gespannt, was es heute zu futtern gibt«, sagte er. »Reibekuchen mit Käse, das wär' der Hammer.«

»Du denkst echt immer nur ans Fressen«, brummte Rüttger.

»Na, wenn schon.«

Jürgen nahm seinen Eimer hoch. Er schleppte ihn zu einem Holzbottich, in den sie die Ernte Broniewskis Anweisungen zufolge kippen sollten. Als er zurückkam, arbeitete er weiter wie zuvor, behielt aber die anderen im Auge. Er traute ihnen nicht. Der dicke Jänsch hatte einen Regenwurm aus dem Erdreich gefischt, er hielt sich das Tier mit lustvoll angewiderter Miene vors Gesicht. »Seht mal, was ich hier habe!«, kreischte er. Der Wurm, rötlichbraun und fingerdick, ringelte sich zwischen seinen Fingern.

Seelmann stiefelte zu Jänsch rüber. »Zeig mal her«, sagte er. Jänsch ließ den Wurm in Seelmanns Hand fallen. »Gott, ist der süß«, sagte Seelmann. Er ließ den Wurm über seine Handfläche kriechen. Jänsch schaute mit seligem Gesichtsausdruck zu. Er bemerkte nicht, dass Rüttger und Waltz sich von hinten an ihn heranpirschten. Ehe er begriff, was geschah, fielen die beiden über ihn her.

»He, was soll das?«, protestierte Jänsch. »Ihr habt sie wohl nicht alle!« Er versuchte sich freizustrampeln, freizutreten, freizuboxen. Ohne Erfolg. Rüttger und Waltz nahmen ihn in die Zange, drehten seine Arme auf den Rücken.

»Lasst mich los«, flehte er. »Ich hab euch doch nichts getan, oder?«

»Nichts getan, oder?«, äffte Seelmann ihn nach. Er hielt Jänsch den Wurm vor die Nase. »Du hast doch Hunger, Specki. Was ist? Keine Lust auf eine kleine Stärkung?«

»Das meinst du nicht ernst.«

»Klar mein ich das ernst«, sagte Seelmann.

Jänsch schüttelte den Kopf. »Das könnt ihr nicht machen, Leute!«

Einer von Seelmanns Gehilfen fasste ihm zwischen die Beine, quetschte seine Eier zusammen. Jänsch quietschte wie ein Ferkel beim Schlachter.

»Seht mal, Specki hat keinen Appetit mehr«, sagte Seelmann. Jänsch versuchte ihm einen Fußtritt zu verpassen, Seelmann machte einen unangestrengten Schritt zur Seite, der Tritt ging ins Leere.

Jürgen beobachtete die Szene aus der Entfernung. Sein Mitleid mit Jänsch hielt sich in Grenzen. Der Dicke hätte selbst mit Begeisterung mitgemacht, wäre ein anderer das Opfer gewesen. Andererseits ging ihm Seelmanns Großkotzigkeit auf die Nerven. Wie kam der Kerl dazu, sich derart aufzuspielen? Als sich Waltz und Rüttger anschickten, Jänsch den Wurm mit Gewalt in den Mund zu stopfen, machte Jürgen ein paar Schritte in ihre Richtung: »Lasst ihn in Frieden!«

»Was?« Seelmann drehte sich um.

»Ich sagte, ihr sollt ihn in Frieden lassen.«

»Keine zwei Tage hier und glaubt, er kann schon die große Lippe riskieren.« Seelmann spuckte aus, verrieb die Spucke mit der Schuhspitze im Erdreich. »Ich muss dich enttäuschen, so läuft das hier nicht.«

»Da wär' ich nicht so sicher«, sagte Jürgen. Er hakte die Daumen in den Hosenbund, blieb fünf, sechs Meter vor

Seelmann stehen. Welcher Teufel ihn in diesem Augenblick ritt, er wusste es selbst nicht.

Rüttger und Waltz ließen von Jänsch ab, wandten sich Jürgen zu. Das Wortgeplänkel ging noch ein Weilchen hin und her. Dann begann die Keilerei.

Rüttger, Waltz und Seelmann traktierten Jürgen mit Schlägen und Fußtritten. Jürgen wehrte sich, so gut es ging. Er versetzte Rüttger einen Schlag gegen den Brustkorb, konnte auch Seelmann und Waltz den einen oder anderen Rempler verpassen. Dann aber zwang ihn ein von Waltz angesetzter Armhebel in die Knie. Jürgens Gegner nahmen ihn in den Schwitzkasten, Rüttger verabreichte ihm ein paar Ohrfeigen.

»Na, was ist?«, sagte Seelmann.

»Was soll sein?«

»Ich warte auf eine Entschuldigung.«

»Da kannst du lange warten.«

Seelmann setzte ein süßliches Lächeln auf. Er strich sich das Hemd glatt, ließ die Rechte in der Hosentasche verschwinden. »Eins kann ich dir sagen, Pissgesicht: Mich provozierst du nicht.« Er gab Rüttger und Waltz ein Zeichen, die lockerten ihren Griff. Jürgen stand wieder aufrecht, er konnte freier atmen.

»Lust, den Wurm hier aufzuessen?«, sagte Seelmann ruhig.

»Kein Problem.«

Seelmann warf ihm einen amüsierten Blick zu. »Was?«

»Gib her, den Wurm.«

»Wenn du mich verarschst, gibt's noch eins in die Fresse, klar?«

»Würde ich niemals tun«, sagte Jürgen. Er streckte die Hand aus. »Los, gib her!«

Seelmann ließ das Tier in Jürgens Hand fallen. »Jetzt bin ich aber mal gespannt.«

Jürgen stopfte den Wurm mit einer hastigen Bewegung in den Mund, er zermalmte das Vieh mit zwei, drei kräftigen Bissen und würgte das glibberige Zeug hinunter.

»Seht euch die kleine Drecksau an«, sagte Seelmann.

In diesem Augenblick schrie einer »Achtung!«, alle stoben auseinander, stürzten zwischen die Büsche und begannen wieder Johannisbeeren zu pflücken, als wäre nichts geschehen. Broniewski trat an der Seite des Verwalters aus dem Gutshaus und hielt sich die Hand über die Augen. »Was ist da los, verflucht? Liegen hier auf der faulen Haut und meinen, ich merke es nicht, Saubande, verdammte!«

Eine Woche später – er hatte ausnahmslos jede Nacht ins Bett gemacht – saß Sani neben Broniewski im Aufenthaltsraum und bemalte mit krakeligen Blockbuchstaben ein Pappschild:

»Ich bin das grösste Schwein
im ganzen Kinderheim!«

»Mach schon«, sagte Broniewski. »Wir haben nicht ewig Zeit!«

Sani beugte sich mit rotz- und tränenverschmiertem Gesicht über die Pappe, um den nächsten Buchstaben zu pinseln, ein großes, schiefes R. Die Blutergüsse an Oberarm und Schulter, die Broniewski ihm mit seinem Schlüsselbund beigebracht hatte, schmerzten wie bescheuert. »Jetzt das H«, sagte Broniewski, »mach schon!« Er trommelte ungeduldig mit den Fingern auf der Tischplatte. Sani setzte den Pinsel einen Millimeter neben dem R an, er musste Platz sparen, wollte er die restlichen Buchstaben noch in der Zeile unterbringen.

Es klopfte an der Tür. »Ja?«, sagte Broniewski. Es war Waltz, der ein kleines, in Zeitungspapier gewickeltes Paket unterm Arm trug. »Da bist du ja endlich«, bemerkte Broniewski.

»Hier, ich bringe die Sachen«, sagte Waltz, während er mit sardonischem Lächeln näher trat und das Paket auf den Tisch legte. Waltz schlug das Zeitungspapier auseinander, brachte eine Stange Dauerwurst und ein undefinierbares, längliches Etwas zum Vorschein. »Die Wurst schickt Ihnen Herr Suhr«, sagte er zu Broniewski. »Er meint, Sie wüssten, wofür.«

»So? Ja, danke«, grummelte Broniewski. »Den Schweineschwanz leg bitte hier rüber.«

Nach dem Mittagessen mussten die Schlafsäle III und IV vor dem größten der vier Aufenthaltsräume antreten. Die Stimmung war erwartungsvoll, man freute sich auf ein Spektakel, wie man es nicht alle Tage geboten bekam. Broniewski hatte sich zusammen mit Kramer vor dem Stiegengeländer aufgepflanzt. »Ihr wisst, warum wir hier sind«, sagte er, mit der rechten, gesunden Hand wie die Karikatur eines Volkstribunen in der Luft herumfuchtelnd. »Wir haben einen jungen Mann hier unter uns, der es einfach nicht schafft, das stille Örtchen aufzusuchen, bevor er nachts das Bett volluriniert.« Höhnisches Gelächter. »Schlüter, Axel, tritt mal vor!«

Eines der Grüppchen vor dem Aufenthaltsraum teilte sich und spuckte den leichenblassen Sani aus. An seiner Brust baumelte das von ihm bemalte Schild:

»Ich bin das grösste Schwein
im ganzen Kinderheim!«

Sani musste vor Kramer und Broniewski Aufstellung nehmen, dann befestigte Broniewski mit einem Stückchen Draht den am Vormittag gelieferten Schweineschwanz an seinem Hosenboden. Der Kleine schluchzte hemmungslos.

Exakt zehn Mal musste Sani mit dem Sauschwanz am Hosenboden vor den anderen auf und ab promenieren. In geduckter Haltung schlich er an der johlenden Horde entlang, begleitet von spöttischen Blicken und bösen, hämischen Bemerkungen. (»Och Gott, Kleiner, was heulst du so? Hat Mutti dir keine Windeln mitgegeben?«)

Jürgen presste sich gegen das Stiegengeländer. Er schloss die Augen, um das jämmerliche Schauspiel nicht mitansehen zu müssen. Wut und Empörung drückten ihm die Kehle zu.

Der Alltag im Heim war von monotoner Gleichförmigkeit: gemeinsames Aufstehen und Bettenmachen um sechs, anschließend standen Morgentoilette und Frühstück auf dem Programm, um sieben Geschirrspülen und Stubekehren; um halb acht zogen die Größeren in Richtung Schule ab, die Kleineren durften im Hof oder in einem der Aufenthaltsräume spielen, ehe sie gegen zehn zu leichteren Küchenarbeiten herangezogen wurden. Die Erzieher verfügten über ein reiches Arsenal an Strafen. Gab jemand eine freche Antwort oder war er zu laut, setzte es Ohrfeigen oder Kopfnüsse. Für schlimmere Vergehen – Lügen, Klauen, Schule schwänzen – fasste man Einzelarrest im sogenannten »Besinnungsraum« aus, einer mit weißen Fliesen gekachelten Abstellkammer unmittelbar neben den Duschen im Keller, oder man wurde, im Wiederholungsfall, von Kramer und Broniewski persönlich verprügelt, wofür der eine seinen Hosengürtel benutzte und der andere einen aus Weidenruten geflochtenen Teppichklopfer.

Das Essen war ein spezielles Kapitel. Sani hatte keine Probleme mit dem Fraß, den man ihnen vorsetzte, der Kleine verdrückte praktisch alles, Rosenkohl gekocht zum Beispiel, oder eine dieser angegammelt riechenden Grützwürste mit

Kraut, die es alle zwei, drei Wochen gab. Jürgen war da um einiges heikler. Gedünsteten Blumenkohl etwa oder Wrucken mit Schweinebauch, so was brachte er ums Verrecken nicht hinunter. Ein paar Wochen nach dem Ende der Ferien – an einem Freitag – hockte er vor seinem Teller und stocherte angewidert in einem kalten, fetten Stück Schweinefleisch. Die anderen waren längst mit dem Essen fertig, saßen seit einer halben Stunde oder länger über ihren Hausaufgaben im Aufenthaltsraum.

»Na, was ist?«, sagte Herr Kramer. »Ich will hier nicht stundenlang sitzen.«

»Ich kann das nicht essen«, sagte Jürgen kleinlaut. »Ich krieg das …«

Kramer verpasste ihm ansatzlos eine Ohrfeige. Jürgen versuchte sich wegzuducken, die Hände überm Kopf, zu spät. Der Schlag klatschte gegen seine Schläfe, sein Löffel fiel zu Boden. »Was glaubst du eigentlich, wer du bist?« Kramers Kettenraucher-Bariton bebte vor Zorn.

»Wirst hier auf Staatskosten durchgefüttert und stellst auch noch Ansprüche, was? Also, das werden wir dir schon noch austreiben, das verspreche ich dir!«

Jürgen hob den Löffel auf. Am liebsten hätte er Kramer den Fraß über den Kopf gekippt.

»Also, was ist?«, sagte Kramer. »Ich warte nicht ewig: Runter mit dem Zeug.«

Jürgen schüttelte trotzig den Kopf. Er hätte sich lieber totschießen lassen, als noch einen Bissen runterzuwürgen.

Kramer packte ihn und versuchte ihm den Mund aufzuquetschen. Nach kurzem Ringkampf schaffte er es irgendwie, ihm ein Stück Fleisch in den Mund zu löffeln. Als Jürgen den Geschmack der kalten, borstigen Schweinehaut im Mund spürte, krampfte sich seine Speiseröhre zusammen, er spuckte das Stück auf den Teller, riss sich los, bekam den Teller zu fassen, warf ihn Kramer vor die Füße.

Er saß im Besinnungsraum, den Kopf in beide Hände gestützt, und gab sich rachsüchtigen Tagträumen hin, Träumen von Flucht und Vergeltung, von polizeilichen Anzeigen, mit denen er es Kramer und Broniewski irgendwann heimzahlen würde.

Nachdem er eine Weile in seinen Abrechnungsfantasien geschwelgt hatte, schrak er hoch. In einem der Duschsäle neben dem Besinnungsraum hörte er eine Tür aufgehen. Ein Blecheimer schepperte, ein Wasserstrahl prasselte in ein metallenes Gefäß. Jürgen lauschte. Der Wasserhahn wurde abgedreht, einige Sekunden vergingen, jemand klopfte an seine Tür.

»Hallo«, rief eine kräftige Frauenstimme. »Ist da jemand drin?«

Jürgen überlegte, ob er antworten sollte. Er hörte einen Schlüsselbund rasseln, jemand steckte den Schlüssel ins Schloss, sperrte auf.

In der Tür stand Frieda, eine übergewichtige Frau, die wesentlich älter aussah, als sie vermutlich war. Frieda war das Mädchen für alles im Heim. Sie arbeitete in der Küche und half in der Wäscherei oder der heimeigenen Landwirtschaft aus; manchmal, wenn Kramer auf seinem Roller ins Dorf fuhr, um seine Zigaretten-Vorräte aufzufrischen, beaufsichtigte sie die Jungs für eine halbe oder dreiviertel Stunde. Über Frieda kursierten die wildesten Gerüchte: dass die älteren Zöglinge hinter dem Geräteschuppen beim Waschhaus alle Arten von Schweinekram mit ihr veranstalteten; Rüttgers älterer Bruder zum Beispiel wollte ihr an die Brüste gefasst haben; und ein, zwei Typen aus dem Lehrlingstrakt behaupteten sogar, Frieda habe sich nach dem Ostersonntagsgottesdienst in der Sattlerei-Werkstatt ausgezogen und schlimme Dinge mit einigen Jungs angestellt. Das waren Gerüchte, alles andere als verbürgt.

»Ich hab schon mitbekommen, dass du hier irgendwo steckst«, sagte Frieda in ihrer etwas ruppigen Art. »Hier, hab ich dir mitgebracht.« Sie hielt ihm ein zerfleddertes *Akim*-Heft hin. »Gibst du mir wieder, nachdem du's ausgelesen hast.«

»Mensch, danke«, sagte Jürgen. Er warf einen Blick auf das Titelblatt: Ein zähnefletschender Leopard stürzte sich auf den mit einem Lendenschurz bekleideten Dschungelhelden Akim. Jürgen begann in dem Heft zu blättern. Neben Nick, dem Weltraumfahrer, war Akim einer seiner Lieblingshelden. Das Blöde war bloß, dass die Hefte im Heim so schwer zu kriegen waren.

»Was hast'n ausgefressen?«, wollte Frida wissen. Sie schlapfte hinaus in den Waschraum, wuchtete einen Eimer in eines der Blechbassins. Jürgen folgte ihr. Ihre Beine sahen aus wie dicke, massive Abflussrohre.

»Hab Kramer das Mittagessen vor die Füße geschmissen«, sagte er.

Sie stieß ein raues Lachen aus. »Das geschieht dem Scheißkerl recht. Ihr lasst euch ohnehin zu viel gefallen von dem.«

Sie drehte den Wasserhahn auf, ließ einen vollen, prasselnden Strahl in den Eimer schießen.

»Echt wahr, dass du früher auch hier im Heim warst?«, fragte Jürgen. »Ich meine, als Kind?«

»Wer hat dir'n das erzählt?«

»Hört man so.«

»Ja«, sagte sie. »Stimmt. Ich war auch hier im Heim.«

Sie stemmte den Eimer aus dem Waschbecken, schleppte ihn hinaus auf den Gang, dann schlapfte sie zurück zum

Fenster, kramte eine Packung *Juno* aus der Kittelschürze hervor und machte das Fenster auf. Sie zündete sich einen Glimmstängel an und begann zu rauchen, wobei sie den Rauch aus dem offenen Fenster blies. »Es war Krieg«, sagte sie.

»Was?« Jürgen schaute aus dem *Akim*-Heft hoch, in dem er gerade wieder zu blättern begonnen hatte.

»Im Krieg«, sagte sie. »Ich bin im Krieg ins Heim gekommen.« Sie inhalierte mit hastigen Zügen, wobei sie die Zigarette etwas verkrampft zwischen Zeige- und Mittelfinger hielt. Immer wieder blickte sie zur Tür. Rauchen war hier unten streng verboten.

»Hast du keine Eltern?«, fragte Jürgen.

Sie schüttelte den Kopf. »Darüber rede ich nicht«, sagte sie knapp. Sie schnippte die Asche aus dem Fenster, drehte sich um, wandte ihm ihren massigen Oberkörper zu. »Damals im Krieg«, sagte sie, »gab es einen Haufen Bekloppte hier im Heim.« Sie senkte die Stimme, sah ihn mit verschwörerischer Miene an. »Die hat man damals weggespritzt, so schnell konntest du gar nicht bis drei zählen. Und solche Pissnelken wie deinen Bruder auch. Da wurde nicht lange gefackelt, verstehst du?«

»Weggespritzt?« Er verstand nicht, was sie meinte. Er hatte das Wort noch nie gehört.

»Man hat sie weggemacht, verstehst du?« Sie strich sich mit dem Zeigefinger über die Kehle. »Kaltgemacht.«

»Glaub ich nicht.«

»Wenn ich's dir doch sage. Die haben den Bekloppten hier im Heim einfach das Licht ausgeknipst, das ging ratzfatz, mein Lieber, da wurde nicht lange diskutiert. Einmal im Monat ist der Chefarzt durch die Schlafsäle marschiert, der hat mit dem Finger auf den und den und auf den gezeigt, und die wurden dann weggemacht. So einfach war das.«

»Das kannst du deiner Großmutter erzählen.«

»Zwingt dich ja keiner, mir zu glauben«, sagte sie. Sie drehte einen Wasserhahn auf, hielt die Zigarette drunter, dann warf sie die Kippe in eines der Klos und spülte runter.

Auch an diesem Abend überkam ihn, wie jeden Abend, die Angst. Solange Seelmann, Jänsch und die anderen wach waren und in der Dunkelheit herumkasperten, konnte er sie einigermaßen unten halten, da war es erträglich. Jetzt aber, als einer nach dem anderen wegpennte, wurde es schlimmer und schlimmer. Zunächst war die Angst eine dumpfe Beklemmung in den Eingeweiden, dann spürte er sie als stetig wachsenden Druck, der sich in seinem Bauch, im Magen und im Brustkorb breitmachte. Er hielt den Atem an, gelähmt vom Gefühl alles durchdringender Panik, das ihn seit Jahren verfolgte, Abend für Abend vorm Einschlafen war es da. Was hätte er dafür gegeben, jetzt bei Oma Neumann in der Wohnküche sitzen und Malzkaffee trinken zu dürfen, wie letzten Sommer in den Ferien, als Mutter die Saisonstelle als Aushilfskellnerin in B. angenommen hatte und Sani und er sechs Wochen bei Oma Neumann untergekommen waren. Damals hatte die Großmutter jeden Abend Malzkaffee für sie gebrüht, und Sani und er hatten sich Zucker aufs Butterbrot streuen dürfen, und nachdem sie das Abendbrot verdrückt hatten, kuschelten sie sich alle zusammen in Oma Neumanns Bett, und Oma schaltete das Radio ein, und sie hörten zusammen Nana Gualdi und das Rudi-Bohn-Ensemble auf WDR 1, oder Rudi Schuricke mit dem Lied vom Lago Maggiore, bei dem Oma so oft weinen musste.

Er hörte, wie Sani sich im Nachbarbett aufsetzte. »Bist du wach?«, fragte der Kleine.

»Ja.«

»Darf ich rüberkommen?«

»Von mir aus.«

Sani kletterte aus dem Bett und zog die vollgepisste Pyjamahose aus. Jürgen hob seine Bettdecke hoch und rutschte ein Stückchen zur Seite. Der Kleine hängte die Hose über die Stuhllehne, dann kroch er zu Jürgen ins Bett und drängte sich mit seinem dünnen, warmen Körper an ihn. Jürgen spürte, wie seine Angst sich auflöste.

»Weißt du was?«, sagte Sani nach einer Weile. »Wir sollten abhauen.«

»Hab ich mir auch schon überlegt.«

Worauf sie eigentlich noch warteten, fragte Sani. Warum nicht auf der Stelle türmen?

»Bist du meschugge? So was muss man gut vorbereiten«, sagte Jürgen, »sonst lässt du's am besten bleiben. Die dürfen uns auf keinen Fall erwischen, das ist ja wohl klar.«

»Klar ist das klar«, sagte Sani.

In den nächsten Tagen trafen sie ihre Vorbereitungen. Jürgen klaute eine Wolldecke und zwei Winterjacken mit Kunstfelleinsatz, als Broniewski ihn wegen irgendetwas ins Kleiderdepot schickte. Es war Ende September, und die Nächte waren bereits empfindlich kalt; ohne Jacken hätten sie die Flucht gleich wieder vergessen können. Er schaffte auch etwas Essen zur Seite, ein paar Scheiben Zwieback, ein halbes Dutzend Orangen und einige Äpfel.

Dann warteten sie ab.

Eine Woche verging, dann noch eine. Eines Abends war Broniewski erkältet, er zog sich früher als gewohnt auf sein

Zimmer zurück. Jürgen und Sani vereinbarten, dass sie es heute Nacht riskieren wollten. Sie putzten sich wie jeden Abend die Zähne im Waschraum, ließen Seelmanns Hänseleien über sich ergehen – Sani war eine dreckige, kleine Pissnille, die den Harn nicht halten konnte, und Jürgen hatte noch immer keine Haare am Sack –, dann zogen sie zusammen mit den anderen in Zweierreihen in den Schlafsaal und legten sich hin.

Nach eineinhalb, zwei Stunden – die anderen ratzten längst – tastete sich Jürgen vorsichtig aus dem Bett. Er raffte seine Kleider zusammen und pirschte sich aus dem Schlafsaal. Die Decke, die Jacken, den Proviant hatte er unter einem der Spinde im Umkleideraum versteckt. Er begann sich im Dunklen hastig umzuziehen, wobei er sich bemühte, keinen Lärm zu machen. Wenig später kam auch Sani in den Umkleideraum. »Mann, beeil dich«, sagte Jürgen, »wir müssen sehen, dass wir wegkommen.«

Das Klofenster war nicht vergittert. Jürgen drückte es auf und sondierte die Lage: Die Luft war rein, soweit man das von hier oben beurteilen konnte. Er warf die zusammengerollte Decke aus dem Fenster, dann zwängte er seinen Körper durch die schmale Öffnung ins Freie. Seine Fußsohlen ertasteten den Mauersims, auf dem gerade einmal Platz war für die Schuhspitze und den vorderen Teil des Ballens. Seine Finger krallten sich in die Mauerritzen, langsam, Schritt für Schritt, tastete er sich in Richtung Dachrinne vor. Jürgen war immer ein guter Kletterer gewesen, trotzdem war ihm einigermaßen mulmig zumute. Aus sechs oder sieben Metern abzustürzen: was das bedeutete, malte er sich lieber nicht aus. Für einen Augenblick sah er Sanis Gesicht über dem Fensterbrett schweben, feine Atemwölkchen stiegen aus seinem Mund.

Ein Schritt zur Seite, dann noch einer, ein Blick nach rechts, ein Zögern, ein tastender Griff, schon umklammerte Jürgens Rechte die Dachrinne. Er prüfte die Dachrinne, das Ding fühlte sich einigermaßen stabil an. Er ließ sich langsam nach unten gleiten. Als er festen Boden unter den Füßen spürte, gab er Sani ein Zeichen. »Jetzt du«, rief er leise.

Die Mauer um den Park überwanden sie leicht. Die Umfriedung war nicht höher als zweieinhalb Meter und bestand aus quaderförmigen, groben Natursteinen, was die Kletterei zu einem Kinderspiel machte. Sobald sie die andere Seite erreicht hatten, rannten sie los. Der Himmel war sternenklar, die Sicht relativ gut. Immer wieder schauten sie sich um, ob ihnen jemand folgte, aber sie waren allein.

»Was meinst du«, sagte Sani, als sie auf einer langen, schnurgeraden Pappelchaussee in Richtung Südwesten marschierten. »Hat Harms schon einen Suchtrupp losgeschickt?«

»Kann ich mir nicht vorstellen. Vor morgen früh kriegen die doch gar nicht mit, dass wir weg sind.«

Sie wanderten am Straßenrand dahin und besprachen noch einmal den Plan, den sie während der letzten Tage ausgearbeitet hatten. Sie wollten nicht nach D. zu ihrer Mutter – dort würden sie mit Sicherheit als Erstes gesucht. Nein, ihr Ziel lag in G., bei Oma Neumann, dort konnten sie drei, vier Wochen bleiben, hoffte Jürgen, dann würde sich die Lage vielleicht etwas beruhigen und man würde weitersehen, wie sich die Dinge entwickelten. Nach G. waren es Jürgens Schätzung zufolge hundertzwanzig Kilometer, eine Distanz, die sich, wenn sie sich ranhielten, zu Fuß in einer knappen Woche bewältigen ließ.

»Glaubst du, Oma Neumann freut sich, wenn wir bei ihr aufkreuzen?«, fragte Sani.

Jürgen kickte einen Stein in den Straßengraben. »Wahrscheinlich wird sie erst mal aus allen Wolken fallen, aber dann wird sie sich freuen, jede Wette.«

In Wirklichkeit war er sich alles andere als sicher, ob Oma Neumann von ihrem Erscheinen begeistert sein würde. Sie wohnte auf eineinhalb Zimmern, mit Klo am Gang, und war manchmal etwas unberechenbar. Gut möglich, dass sie ihnen Kakao machte und dass sie dann, während Sani und Jürgen in ihrer Wohnküche die Beine langstreckten, von der Wohnung der Nachbarin aus die Polizei anrief. Das war Oma Neumann zuzutrauen. Andererseits war es genauso gut möglich, dass sie Sani und Jürgen mit offenen Armen bei sich aufnahm und sie drei, vier Wochen bei ihr wohnen durften. Die Wahrheit war: Jürgen wusste nicht, wie sie reagieren würde. Sie mussten das Risiko auf sich nehmen, von Oma Neumann verpfiffen zu werden. Sie hatten keine andere Wahl.

»Mann, hab ich Hunger«, jammerte Sani. Sie waren seit ungefähr zwei Stunden unterwegs.

»Komm, wir machen eine Pause«, sagte Jürgen. Er holte eine Orange aus der Jackentasche hervor. »Langsam essen«, sagte er, »dann hast du länger was davon.«

»Du redest schon wie Mutti.«

Jürgen grinste. Er setzte sich neben seinen Bruder auf einen Holzstoß. Der Kleine schälte die Orange und warf die Schalen ins Gras. Er schob die Fruchtspalten in den Mund und kaute gierig, als hätte er Angst, Jürgen würde ihm etwas wegessen.

»Immer mit der Ruhe«, sagte Jürgen. »Niemand nimmt dir hier was weg.«

»Weiß ich doch«, schmatzte der Kleine.

Jürgen warf einen Blick auf die Straße. Alles war ruhig. Nur die Pappelblätter über ihnen rauschten leise im Wind.

Die Lichter eines Dorfs tauchten vor ihnen auf. Sani jammerte, dass ihm die Beine wehtaten, und Jürgen fühlte sich abgekämpft und schlapp. Sie erreichten die ersten Häuser. Jürgen schaute sich um, und plötzlich wurde ihm bewusst, wo sie sich befanden. Das war Gevelskirchen. Ein schwerer Schlag: Wenn sie jetzt erst in Gevelskirchen waren, wie sollten sie es dann je zu Oma Neumann schaffen? Der Weg war zu Fuß nie zu bewältigen, das war klar. Die einzige realistische Möglichkeit, nach G. zu kommen, wäre vielleicht gewesen, per Anhalter zu fahren. Aber wie sollte das gehen? Ein Acht- und ein Elfjähriger nachts allein auf der Straße, da wurde doch jeder sofort misstrauisch.

Für eine Sekunde dachte er daran aufzugeben. Vielleicht sollte er einfach von der nächsten Telefonzelle aus das Heim anrufen und Broniewski bitten, sie hier abzuholen.

Nein, das kam nicht in Frage. Bisher hatte alles so gut geklappt, warum sollten sie jetzt klein beigeben?

Sie marschierten weiter, ließen ein paar Bauernhöfe und ein aufgelassenes, mit Sperrholzbrettern vernageltes Wirtshaus hinter sich. Man hörte das Vieh in den Ställen scharren, dann und wann rasselte irgendwo ein Rind mit seiner Kette.

»Vielleicht nehmen wir morgen früh einfach den Bus«, sagte Jürgen. Auf dem Hauptplatz hinter der Kirche befand sich eine Haltestelle.

»Mann, das wär' was, Bus zu fahren!«, sagte Sani. »Hab keine Lust mehr zu laufen.«

Sie studierten den Fahrplan. Der erste Bus ging um halb fünf, fuhr allerdings nur bis B. Von dort waren es immer noch knapp siebzig Kilometer bis G.

»Wie weit kommen wir mit dem Geld, das wir haben?«

Jürgen klimperte mit den paar Münzen in seiner Hosentasche. »Keine Ahnung«, sagte er. »Müssten wir den Fahrer fragen.« Große Sprünge, das wusste er, konnten sie mit drei Mark nicht machen.

»Weißt du was, wir suchen uns einen Platz zum Schlafen«, sagte Jürgen. »Hat keinen Sinn, bei der Kälte länger in der Gegend rumzulaufen.«

Sani war einverstanden. Er sei fix und fertig, erklärte er, am liebsten würde er sich gleich hier auf der Bank vor der Bushaltestelle hinlegen. Ging natürlich nicht. Sie liefen die Hauptstraße entlang, drückten sich an Häusermauern und Gartenzäune, hielten nach einem abseits gelegenen Stall oder einer Scheune Ausschau.

Das Wirtshaus *Zur Klause* hatte noch geöffnet. Durch die halb offene Eingangstür hört man das Gelächter Betrunkener, untermalt von Jukebox-Klängen. *Da ist bei Mandolinen und Mondschein, in der südlichen Nacht, die große Liebe in mir, die große Liebe zu dir erwacht.* Ein paar Meter von der Gaststätte entfernt war eine Autowerkstatt, auch dort brannte noch Licht.

Jürgen war kalt, er vergrub die Hände in den Jackentaschen. Als er hinter sich einen Mopedmotor aufjaulen hörte, schaute er sich um. Schien eine *Kreidler Florett* zu sein, soweit er das in der Dunkelheit erkennen konnte: Der Fahrer, ein junger Kerl mit Knautschlederjacke, musste die Maschine kräftig auffrisiert haben, anders war das satte Motorengeräusch nicht zu erklären.

Plötzlich stand ein Mann vor ihnen. Er trug einen blauen Overall voller Ölflecken. »Was habt ihr so spät noch hier zu suchen?«, sagte er.

Jürgen hatte ihn nicht kommen sehen. Er war vollkommen überrascht – und hatte nicht den geringsten Plan, was er dem Mann antworten sollte. »Wir suchen die Straße nach D.«, sagte er. »Können Sie uns sagen, ich meine, wie wir dort hinkommen?«

Der Mann kniff die Augen zusammen. »Ihr seid aus dem Kinderheim abgehauen, stimmt's?« Während er sprach, wippte die Zigarette zwischen seinen Lippen auf und ab. Etwas Asche fiel auf seinen Arbeitsanzug.

Jürgen schwieg. Warum zum Teufel hatte er sich keine brauchbare Ausrede ausgedacht für den Fall, dass ihnen jemand mit unliebsamen Fragen kam? Aber welche Ausrede hätte das sein sollen? »Vati hat uns losgeschickt, wir sollen ihm aus der *Klause* mal eben eine Flasche Bier holen?« Nicht sehr glaubhaft.

»Kommt mal mit, ihr beiden!« Der Mann nahm einen Zug aus seiner Zigarette, dann schnippte er die glühende Kippe in den Rinnstein. Er lotste sie in die Autowerkstatt. Dort schob er ihnen zwei Plastikstühle hin, forderte sie auf, sich zu setzen. Jürgen schaute sich um. Auf einer großen Hebebühne stand ein alter NSU mit durchgerosteter Achsaufhängung; auf der Werkbank lagen, geordnet nach Größe und Funktion, alle Arten von Schraubenschlüsseln, Bolzenschneidern und Lötkolben. Ein Geruch von Schmierfett und Gummi lag in der Luft.

»Ihr wartet hier«, sagte der Mann. Er teilte den Vorhang aus klackernden braunen Holzperlen, der die Werkstatt von den dahinter liegenden Räumen abtrennte. »Hilde! Komm mal eben runter!« Es dauerte eine Weile, bis man Schritte hörte. Eine hagere Frau betrat die Werkstatt. Ihr Haar war verlegt. Mit einer nachlässigen Geste knüpfte sie die Gürtelenden ihres Morgenmantels zusammen.

»Woher kommt *ihr* denn so spät?«

»Ist doch klar, woher die kommen«, sagte der Mann. »Die sind aus dem Kinderheim abgehauen.«

Der Mann begann die Papiere auf seinem Schreibtisch zu durchwühlen. Er schien nicht zu finden, wonach er suchte. »Verdammt noch mal«, fluchte er. Er zog eine Schublade auf, kramte ein Telefonbuch hervor und begann darin zu blättern, dann notierte er etwas auf einem Zettel und verließ die Werkstatt.

Die Frau trat hinter Jürgens Sessel, legte ihm die Hände auf die Schulter. »Habt ihr Hunger, ihr zwei?«

»Ja«, sagte er. Seine Stimme klang ein bisschen heiser.

Sie ging in die Küche, schmierte ihnen ein paar Butterbrote mit Mettwurst.

»Wie heißt ihr?«, fragte sie. Sie setzte sich zu Sani und ihm an den Tisch und schaute zu, wie sie sich über die Stullen hermachten.

Jürgen sagte, wie sie hießen.

»Und eure Eltern? Wo sind die?«

»Unsere Mutter wohnt in D.«, sagte er.

»Und warum seid ihr nicht bei eurer Mutter?«

»Die schafft das nicht mit uns«, sagte Sani. »Wir sind ihr zu viel.«

Die Frau musterte ihn. »So, so, zu viel. Und euer Papa, wo ist der?«

Jürgen biss die Zähne zusammen.

»Mein Bruder und ich haben verschiedene Väter«, sprang ihm Sani bei. »Jürgens Vater sitzt in Holland im Knast, behauptet er zumindest. Aber ich glaub's ihm nicht.«

»Tatsächlich, dein Vater sitzt im Gefängnis?« Die Frau schob Jürgen ein Glas Milch rüber. Er trank einen Schluck, stellte das Glas wieder ab.

»Meine Mutter hat mal so was angedeutet.« Jürgen biss von seiner Stulle ab.

Für einen Augenblick war es still in der Werkstatt. Niemand sprach. Draußen auf der Straße fuhr ein Auto vorbei.

»Wir sind nämlich auf dem Weg zu Oma Neumann«, sagte der Kleine in die Stille hinein, obwohl ihn niemand danach gefragt hatte.

»Ach so, zu eurer Oma wollt ihr?«

»Ja«, sagte Sani, »zu Oma Neumann. Ist die Mutter von unserer Mutter.«

»Tatsächlich?«

»Ja, Oma Neumann bäckt den besten Mohnstollen, den Sie sich vorstellen können.« Sani strich sich genießerisch über den Bauch. »Ich schwöre Ihnen: Sie würden sich einen abfiedeln, wenn Sie den mal kosten dürften.«

Ein Lächeln huschte über das Gesicht der Frau. Sie stand auf, strich dem Kleinen über das Haar. »Du bist ein lieber Junge, weißt du das?«

Jürgen beobachtete, wie das Lächeln auf den Lippen der Frau verschwand. Innerhalb einer Sekunde bekam ihr Gesicht einen anderen Ausdruck. Jürgen vermochte ihn nicht recht zu deuten. Sie strich sich durchs Haar, dann verließ sie die Werkstatt.

»Helmut«, hörte Jürgen sie sagen, »Helmut, kannst du mal kurz …«

Jürgen und Sani hörten, wie die Frau im Nebenzimmer mit ihrem Mann sprach. Jürgen verstand nur wenig von dem, was da gesagt wurde. »Helmut, wir haben doch …« – »Genug Platz wäre da …«

Jürgen stand auf, ging hinüber zur Hebebühne, umrundete den kaputten NSU, besah sich alles ganz genau. Die

Hebebühne schien nagelneu zu sein: vier Metallsäulen mit einem hydraulischen Antrieb, das Ding musste eine Stange Geld gekostet haben. Jürgen schaute unter das Auto. Die Achsaufhängung sah böse aus. Dazu der Riss in der Ölwanne und die Bremsleitung zum rechten Hinterrad, die bedenklich vom Rost angenagt schien. Da war einiges zu machen.

Dr. Harms' Wagen hielt vor der Werkstatt. Der Direktor stellte den Motor ab, drückte die Fahrertür des schwarzen Simca auf, stieg aus. Sani und Jürgen traten mit gesenkten Köpfen auf die Straße, gefolgt vom Werkstattbesitzer, der sie mit sanftem Druck vor sich her schob. »Vielen Dank, dass Sie mich so rasch verständigt haben«, sagte Harms, während er den Autoschlüssel in der Seitentasche seines Jacketts verschwinden ließ. »Ich habe mich auf der Stelle in den Wagen gesetzt. Ich hoffe, die beiden haben nicht zu viele Umstände gemacht.« Der Direktor warf einen Blick auf Sani und Jürgen.

»Kein Thema«, sagte der Werkstattbesitzer. »Glas Cognac gefällig?«

»Nein, danke«, wehrte Harms ab. »Ich habe noch Chauffeurspflichten, nicht wahr?«

Jürgen drehte sich um. In der offenen Tür stand die Frau des Werkstattbesitzers. Sie hatte sich einen weißen Mantel übergeworfen. Ihr Gesicht war blass. An den Füßen trug sie Hauspantoffeln. Jürgen hob die Hand, deutete ein Winken an. Die Frau winkte zurück, ein Lächeln auf den Lippen. Sie drehte sich um und ging zurück ins Haus.

»So, ihr beiden«, sagte Harms. »Dann wollen wir mal.«

Jürgen griff nach Sanis Hand, drückte sie fest. Er hörte den Kleinen neben sich schniefen.

»Versuchen es halt immer wieder, die Bengel«, sagte Harms zu dem Mann. »Vielen Dank noch mal.«

»Keine Ursache. Und wenn mal was mit Ihrem Wagen sein sollte ...«

»Klar«, lachte Harms. »Ich weiß, wo ich Sie finde.«

Der Heimleiter machte Sani und Jürgen die Tür auf, sie kletterten auf den Rücksitz, Harms schlug die Tür hinter ihnen zu, umrundete den Wagen und setzte sich hinters Lenkrad. Er löste die Handbremse, kurbelte das Fenster einen Spalt weit runter und startete den Motor. Jürgen schaute aus dem Fenster. In der *Klause* schien noch immer was los zu sein. Neben dem Gemischtwarenladen unweit der Bushaltestelle wankte ein Betrunkener in eine Toreinfahrt. Sonst war niemand zu sehen.

Während der Fahrt wurde kein Wort gesprochen. Man hörte nur das Brummen des Motors. Dann und wann, wenn ihnen ein Wagen entgegenkam, legte Harms mit sanftem Klacken den Hebel des Abblendlichts um. Sie fuhren den gleichen Weg zurück, den Sani und er ein paar Stunden zuvor zu Fuß zurückgelegt hatten. Der Scheinwerferkegel tastete sich über die mattsilbrigen Stämme der Chausseebäume. Manchmal sah man die Schemen eines Gehöfts am Rand der abgeernteten Felder.

Sani legte die Hand auf Jürgens Unterarm. Die Hand des Kleinen war kalt. »Was werden sie mit uns machen?«, flüsterte er. Das Geräusch des Motors übertönte seine Stimme.

»Sie werden uns in den Keller sperren, das ist mal klar.«

»Hoffentlich uns beide zusammen«, sagte Sani.

»Was gibt's da zu tuscheln?«, unterbrach sie Harms. »Ich an eurer Stelle würde jetzt keine dicke Lippe mehr riskieren.«

Der Wagen bremste sich vor dem Gittertor des Schlosses ein. Der Park lag in vollständigem Dunkel. Harms stieg aus, fischte einen Schlüsselbund aus seiner Jacketttasche, schloss das von einem überdimensionalen Metallschild mit dem Familienwappen der Schwarzenthals überwölbte Gittertor auf.

Wenig später rollte der Wagen über die weiß gekieste Auffahrt in Richtung Hauptportal. Das Jugendfürsorgeheim lag am hinteren Ende des Parks unter einer Gruppe von Kastanien. Jürgen drückte die Nase ans Seitenfenster und sah an der efeubewachsenen Fassade des Haupttraktes hoch. In einem der Türme im zweiten Stock brannte noch Licht. Harms brachte den Wagen auf dem Direktorenparkplatz zum Stehen. »Aussteigen, Herrschaften«, sagte er, als er den Motor mit einer müden Bewegung abstellte und den Zündschlüssel aus dem Schloss zog: »Wir sind da.«

DER POSTAUTOBUS

Dünne Nebelschleier hingen über den Wiesen, als er morgens um halb fünf mit seinem Onkel auf den See hinausruderte. Der Onkel, ein stämmiger Mann mit ausgezehrtem, von der Sonne verbranntem Gesicht, zeigte auf die im Wasser treibenden Schwimmer der Schwebnetze, während er sich von der Ruderbank hochstieß. Karl steuerte das Boot auf die Schwebnetze zu. Das Navigieren der Plätte fiel ihm leicht. Er wusste, wie man die für die Gegend typischen Gefährte manövrierte. Man musste das Ruder mit einer kräftigen Armbewegung nach vorne ziehen und es gleichzeitig um neunzig Grad drehen. Kriegte man die Drehung nicht richtig hin, fuhr der Kahn im Kreis und die Anstrengung war umsonst.

»Lass gut sein«, sagte der Onkel. Karl holte das Ruder ein. Er hockte sich hin, half das Grundnetz einzuholen, das sie in der Nacht zuvor in dreißig Metern Tiefe ausgelegt hatten. Karl fror. In den letzten Stunden war ein kühler Wind aufgekommen. Beim nächsten Mal, so nahm er sich vor, würde er den grauen Walkjanker mitnehmen, den er sonst nur im Herbst und an den ersten frostklaren Vorfrühlingstagen trug. Er biss die Zähne zusammen, arbeitete weiter. Sie holten das Netz ins Boot, begannen die Fische auszulösen. Der Fang war bescheiden, fünfzehn, zwanzig zappelnde Saiblinge, einige Forellen, eine Handvoll Aitel, dazu ein paar Pfrillen und anderes Kleinzeug.

Die Saiblinge tötete der Onkel, indem er sie mit dem Kopf gegen die Bordkante schlug. Mit den Forellen verfuhr er genauso. Den Aalrutten steckte er den Daumen ins Maul, dann riss er ihnen den Schädel mit leisem Knacken nach hinten. Der eine oder andere Fisch, den der Onkel nicht richtig getötet hatte, zappelte noch ein paar Minuten lang in der Kiste, dann wurde das Zucken schwächer, hörte schließlich ganz auf.

Über der Trisselwand zeigte sich ein erster rosiger Schimmer. Karl hob den Blick: Die Morgensonne tauchte den See und die gebirgige Uferlandschaft in mattrotes, unwirklich glänzendes Licht. Die Arbeit auf dem Wasser machte ihm Freude. Er mochte die verschwiegenen Fahrten bei Tagesanbruch, das träge, unmerkliche Schwappen der Wellen gegen den Bootsrand, er mochte den Duft von feuchtem Holz und fangfrischem Fisch, der für ihn, solange er sich erinnern konnte, mit diesen Ausfahrten verbunden war.

Der Onkel gab ihm ein Zeichen. Karl prüfte den Sitz des Ruders in der Arretierung, dann machte er sich wieder an die Arbeit. Er steuerte das Boot zum zweiten Auslegeplatz am Südufer hinüber. Die Glocken der Pfarrkirche im Ort schlugen fünf. Eine Libelle schwirrte lautlos über das Boot dahin.

Hinter dem Bootshaus hatte sich der Onkel einen Schlachtraum eingerichtet. Die beiden Männer wuchteten die Kiste mit den Fischen auf den gekachelten Arbeitstisch. Der Onkel rauchte, während sie die Tiere ausnahmen und wuschen.

»Die Nazi haben wieder ein Hakenkreuzfeuer angezündet, oben auf dem Tressenstein«, sagte Karl.

»Hab davon gehört«, sagte der Onkel. Er hob den Unterarm, schob damit den Hut nach hinten. »Die werden bald jeden Tag irgendwo ein Hakenkreuzfeuer abbrennen, die Nazi, wenn die Gendarmerie nicht entschlossener gegen sie vorgeht.«

Karl hatte das Gefühl, die Gendarmen verteidigen zu müssen: »Sofort, nachdem der Linortner Lois das Feuer gemeldet hat, ist eh eine Patrouille auf den Tressenstein hinauf«, sagte er.

»Ja, ein großartiger Gendarmerieeinsatz war das«, lachte der Onkel. »Die Nazi waren längst über alle Berge, als die Gendarmen oben angekommen sind.« Der Onkel griff sich den nächsten Saibling. Blitzschnell schlitzte er den Bauch des Tieres auf, er holte die Innereien heraus, dann schleuderte er sie in einen Kübel und schnappte sich den nächsten Fisch. »*Da* lass ich mich hineinstechen«, sagte der Onkel, während er sich mit der Fischmesserspitze an den Hals fuhr, »*da* lass ich mich hineinstechen, von dir oder von deinem erzschwarzen Vater, wenn die Nazi hier in der Gegend nicht von einigen hohen Herrschaften gedeckt werden. Und anderswo auch.«

»Wie kommst du auf die Idee?«

»Das liegt doch auf der Hand, Karl. Gegen die Roten hat der feine Dr. Dollfuß ohne Bedenken das Bundesheer mobilisiert. Aber den Nazi lässt er die ärgsten Provokationen durchgehen, die ganzen Attentate und die Sprengstoffanschläge, da ermittelt die Gendarmerie nur halbherzig und schlampert.«

»Das stimmt doch gar nicht«, sagte Karl. »Der Tarra, der Kommandant drüben in Bad Aussee, ist garantiert kein Freund von den Nazi.«

»Der Tarra vielleicht nicht«, sagte der Onkel. »Aber für die Leute über ihm möchte ich die Hand nicht ins Feuer legen. Jeder hier in der Gegend weiß doch zum Beispiel, wer die ganzen Naziflugzettel streut und wer die Hakenkreuzfeuer oben auf dem Tressenstein abbrennt. Das ist ein kleiner Kreis von Aktivisten aus dem *Deutschen Turnverein*, sechs oder sieben Leute, mehr sind das nicht. Jeder weiß, wer das ist, jeder kennt die Namen dieser Herrschaften. Und was unternehmen die Behörden gegen sie? Nichts unternehmen die Behörden, gar nichts. Auch dein sauberer Herr Tarra nicht.«

Karl schwieg. Er wollte keinen Streit. Es genügte, dass der Onkel und sein Vater seit Monaten kein Wort mehr miteinander wechselten. Die Zusammenstöße zwischen den Sozis und der Regierung hatten auch hier im Ort tiefe Gräben aufgerissen, auch innerhalb seiner Familie. Da hielt er sich jetzt lieber zurück.

Um neun waren sie mit der Arbeit fertig. Karl ging nach Hause. Von der Dachsteingegend her zogen Wolken auf, kompakte Ballen hoch aufgetürmten Gewölks, die sich dicht an die Berggipfel drängten. Das Wetter wechselte schnell in dieser Gegend. Gut möglich, dass in ein paar Minuten die Sonne wieder schien. Karl verließ den Uferpfad und bog auf die Hauptstraße ab. Er kam ins Ortszentrum, hier war schon einiges los. Gruppen von Sommerfrischlern zogen zum Seeufer hinunter, manche mit Picknick-Körben, andere mit prall gefüllten Leinenrucksäcken, aus denen Sonnenschirme und zusammenrollbare Strohmatten lugten. Auch ein paar Einheimische waren bereits unterwegs, Karl grüßte hierhin und dorthin. Vor der Greißlerei traf er Herbert, einen der Frischmuth-Buben, seinen Eltern gehörte das Hotel am See, eine der ersten Adressen am Ort. Herbert war gerade neunzehn geworden. Eineinhalb Jahre jünger als Karl, sah man ihm den Studenten schon von Weitem an: Seitenscheitel, runde, schwarzrandige Brille, glatt rasiertes Kinn. Unterm Jahr besuchte der junge Frischmuth die *Landwirtschaftliche Bundeslehranstalt* in Mödling. Die Sommerferien verbrachte er wie Karl zu Hause bei seinen Eltern.

Ob er zur Heimwehrübung am Wochenende komme, wollte Karl wissen. Der Ortskommandant habe ein Übungsschießen angesetzt.

Er denke schon, sagte Frischmuth, vorausgesetzt, seine Alten legten sich nicht quer, die seien nämlich alles andere als begeistert über seine Heimwehr-Aktivitäten, sähen es lieber, wenn er sich im elterlichen Betrieb mehr hineinknien würde.

Bei ihm läge die Sache anders, sagte Karl. Der Vater habe ihn sogar persönlich beim Heimatschutz angemeldet, im Sommer 1931, ein paar Wochen vor dem Pfriemer-Putsch, da sei er noch keine achtzehn gewesen.

Bei ihm unvorstellbar, sagte Frischmuth. Seine Eltern hätten keinen Sinn für politische Ideale. Beschämend, das zu sagen, aber für die zähle nur eins – der zahlende Gast.

Dafür könne Herbert ohne Probleme studieren, sagte Karl. Geld spiele keine Rolle bei den Frischmuths, während er, Karl, nur dank des bischöflichen Stipendiums die Lehrerbildungsanstalt in Graz besuchen könne. Er müsse jeden Groschen zwei Mal umdrehen, jedes Skriptum, jede Trambahnfahrt sei ein Problem, von Kinobesuchen ganz zu schweigen, von solchem Luxus könne er nur träumen. Herbert dagegen, ja, der lebe in Saus und Braus.

Ganz so sei es nicht, widersprach der Freund. Die Wirtschaftskrise mache sich auch im Fremdenverkehr bemerkbar, das Seehotel sei alles andere als ausgebucht. Der Vater jammere den ganzen Tag über die schlechte Buchungslage.

»Aber geh«, sagte Karl, die reichen Engländer, die bei ihnen im Seehotel abstiegen, die würden schon nicht geizen mit ihren Sterlings.

Vor der Tabaktrafik stand der *Praga Grand* des Industriellen Bedrich Jedlicka, ein chromblitzender Viertürer mit offenem

Verdeck. Der Chauffeur saß hinter dem Lenkrad und schaute gelangweilt dem Treiben auf der Straße zu. Karl war auf dem Weg zum Postamt, aber er hatte keine Eile. Er blieb am Straßenrand stehen, nahm den Wagen in Augenschein: die silberne Kühlerhaubenfigur, die glänzenden Radspeichen, die Reserveräder am Chassis, alles war blitzblank geputzt und tadellos in Schuss gehalten. Karl kannte sich mit Autos aus: Der 4,5-Liter-Motor der *Praga*-Limousine beschleunigte locker auf hundertzwanzig, hundertdreißig. Dazu kam die kostspielige Innenausstattung, die ihn beeindruckte: Autoradio, Telefon, Bar, Fußlehnen vor den Hintersitzen – ein derart nobler Wagen erregte Aufsehen, obwohl man den Anblick solcher Luxus-Karossen in Altaussee, zumindest während der Sommersaison, durchaus gewohnt war.

Dr. Bedrich Jedlicka, Generaldirektor der Vitkovicer Eisenwerke, verließ mit einem Packen Zeitungen unterm Arm die Trafik, Karl erkannte den Schriftzug des *Manchester Guardian*, daneben schien der Industrielle vor allem tschechische Blätter gekauft zu haben. Jedlicka stieg in den Wagen, nahm auf dem Rücksitz Platz, gab dem Chauffeur ein Zeichen loszufahren. Der Fahrer startete den Wagen. Langsam rollte der *Praga* in Richtung Lupitsch davon, wo die Jedlickas eine Sommervilla besaßen, ein großzügiges, mit Holzveranden, Erkern, Balustraden und zahllosen Giebeln ausgestattetes Gebäude, in dem Frau Dr. Jedlicka alle drei, vier Wochen ausgelassene Gartenpartys zu veranstalten pflegte, exklusive, weitum berühmte Feste, zu denen manchmal auch die Stonboroughs aus Gmunden und die Schönburg-Hartensteins aus Ischl anreisten.

Auf dem Postamt fragte Karl wegen des Briefs. Der Beamte warf einen Blick ins *Poste restante*-Fach, schüttelte den Kopf. »Tut mir leid«, sagte er. »Nichts da.«

Karl dankte, verließ das Postamt. Vor zwei Wochen hatte er die letzte Nachricht von Stephan bekommen, eine Karte aus Bad Gastein, wo der Freund in einem der großen Kurhotels auf Saison arbeitete. Karl hatte ihm umgehend geantwortet, hatte sich noch einmal entschuldigt für sein Verhalten beim Abschied in Graz; Stephan dürfe ihn nicht missverstehen, hatte Karl geschrieben, wenn ihm etwas wehtue, neige er dazu, ausgerechnet jene Menschen vor den Kopf zu stoßen, die ihm am meisten bedeuteten. Die Distanziertheit, die er dann an den Tag lege, sei aber nur eine Maske, die ihm dazu diene sich zu schützen. An seinen, Karls, Gefühlen für den Freund habe sich nicht das Geringste geändert, im Gegenteil, er empfinde die Wochen der Trennung als eine Zeit der Prüfung. Letzten Endes, da sei er sicher, würden sie durch die räumliche Distanz, die nun zwischen ihnen lag, nur enger zusammengeschweißt.

Karl überquerte die Straße, wich einem Holzfuhrwerk aus, das behäbig übers Pflaster rumpelte. Er war beunruhigt. Warum ließ Stephan nichts von sich hören? Waren die Gefühle des Freundes für ihn erkaltet? Hatte er sich am Ende einem anderen zugewandt? Bilder des Argwohns stiegen in ihm auf, quälende Bilder: Stephan, wie er mit einem anderen flirtete, Stephan, der sein betörendes Lächeln einem anderen schenkte, Stephan, der sich von einem Sommergast auf ein Glas Wein, ein Mittagessen, vielleicht auf mehr einladen ließ … Karl schob die Bilder beiseite, es hatte keinen Sinn, sich verrückt zu machen. Der Freund würde ihm schreiben, ganz bestimmt würde er schreiben. Gleich morgen früh würde Karl wieder auf die Post gehen, der Schalterbeamte würde ihm mit routiniertem Lächeln ein Kuvert in die Hand drücken, Karl würde mit einem Blick Stephans Handschrift erkennen, mit zitternden Fingern den Brief aufreißen, und dann würde er lesen, was ihm der Freund geschrieben hatte: dass er keine Sekunde lang böse auf ihn gewesen sei, dass er, Stephan, für keinen anderen so viel empfinde wie für Karl, dass er die Stunde herbeisehne, in der sie sich wiedersähen.

Karl war sicher, dass es so kommen würde.

Die Wolkendecke über ihm riss auf. Die Sonne tauchte das Wirtshaus *Zum Hirschen* und die umliegenden Häuser in wässriges Licht. Aus einem der offenen Fenster drang Musik, jemand übte Klavier. Die Melodie hatte etwas Heiteres, Schwungvolles. Karl nahm es als gutes Zeichen.

Die Mutter kniete im Garten zwischen ihren Salat- und Erdäpfelbeeten, als er das Gatter hinter sich zuschlug. Er grüßte. Die Mutter nickte ihm zu, während sie fortfuhr, das Erdreich mit ihrer Gartenhacke zu bearbeiten. Fani und Alois, die Zwillinge, spielten unter den Obstbäumen, Maria hockte neben den anderen Geschwistern und schaute zu, wie sie ihre Murmeln im Gras aneinanderklackern ließen.

Karl ging ins Haus. Der Vater war mit Jakob, dem Dreizehnjährigen, zum Schwarzbeerpflücken in einen der Schläge im Waldgraben gegangen. Das Haus war leer. Karl schlüpfte aus seinen Schuhen, zog die Hausschlapfen an. Durchs Fenster sah er den Großvater beim Hühnerfüttern draußen im Hof. Der Alte sprach mit sich selbst, während er mit weit ausholenden Bewegungen ein paar Handvoll Maisschrot auf den gestampften Lehmboden schleuderte.

Karl war hungrig. Er holte Schwarzbrot und etwas Speck aus der Speisekammer, schenkte sich aus der Kanne ein Glas Buttermilch ein, ging zum Schreibtisch seines Vaters, nahm die *Reichspost*, setzte sich an den Esstisch, faltete die Zeitung auseinander, begann zu essen, las die Zeitung. Ein Standgericht in Wien hatte zwei sozialdemokratische

Aktivisten zum Tode verurteilt. Einer der beiden, Josef Gerl, war unmittelbar nach der Urteilsverkündung hingerichtet worden, den anderen hatte der Bundespräsident von seinem Urlaubsort am Wörthersee aus telefonisch zu einer lebenslangen Zuchthausstrafe begnadigt. Karl las den Artikel auf der Aufmacherseite, blätterte weiter nach hinten, dort folgte ein ausführlicher Bericht. Die beiden Schutzbündler aus Wien hatten eine Signalanlage der Donauuferbahn in die Luft gesprengt, dann waren sie in aller Ruhe spazieren gegangen, hatten sich in einem Kaffeehaus bei einem Glas Bier gestärkt. Bei einer Ausweiskontrolle um vier Uhr früh wurden sie von einem Wachmann gestellt. Einer der beiden zückte seine Pistole, gab mehrere Schüsse auf den Beamten ab. Der Mann schwebte immer noch in Lebensgefahr.

Während des Standgerichtsprozesses im Wiener Landesgericht waren zum ersten Mal die neuen, drakonischen Sprengstoffgesetze zur Anwendung gekommen, die die Regierung vor zwei Wochen beschlossen hatte. Auch bei künftigen Anschlägen, warnte die *Reichspost*, würde die Justiz mit aller Härte gegen Terroristen vorgehen.

Karl hatte kein Mitleid mit dem hingerichteten Schutzbündler. Ein Eisenbahnsignal in die Luft zu sprengen, wo man doch genau wusste, dass schon auf illegalen Sprengstoffbesitz die Todesstrafe stand – das war sträflicher Leichtsinn. Und für Karl verstand sich von selbst, dass die Regierung sich gegen Terrorismus und gewaltsame Umsturzversuche schützen musste.

Er verscheuchte eine Stubenfliege, die um seinen Schädel kreiste, schnitt sich noch ein Stück Speck ab, wandte sich den vermischten Meldungen zu. Mussolini war in Riccione eingetroffen, seinem Feriendomizil, zusammen mit seiner Gattin würde der Duce einer Segelregatta an der Adria beiwohnen.

Die Admira trat am Abend zu einem Mitropacup-Spiel gegen Juventus Turin an. Man erwartete fünfzig- bis sechzigtausend Zuschauer im Wiener Stadion. Karl gab der Admira gute Chancen, schließlich hatte sie schon in den beiden Spielen gegen Sparta Prag starke Leistungen geboten. Er überflog das Radioprogramm und die Kleinanzeigen, dann faltete er die Zeitung zusammen und begann den Tisch abzuräumen. Seine Mutter hätte ihm die Hölle heißgemacht, wenn er die Sachen einfach stehen gelassen hätte. So was gab's bei ihnen nicht. Er wickelte den Speck in Zeitungspapier, schloss die Butterdose, presste den Deckel auf die Milchkanne, trug die Sachen in die Speisekammer. Dann räumte er das Geschirr ab und ging in den Garten, um der Mutter bei der Arbeit zu helfen.

Jakob und der Vater kamen pünktlich zum Mittagessen nach Hause. Sie schleppten einen Korb mit Schwarzbeeren an, setzten ihn ächzend im Vorhaus ab. Was es Neues gäbe, wollte der Vater wissen, ob der Diermayer Max schon da gewesen sei.

Karl schloss die Tür hinter dem Vater: Nein, wieso?

Der Diermayer Max war der örtliche Heimwehr-Kommandant, ein alter Freund seines Vaters.

Er müsse etwas mit dem Diermayer besprechen, sagte der Vater. Es gehe nicht an, dass die Nazis mit den Behörden länger Katz und Maus spielten. Das sei doch eine unerhörte Blamage. Die Heimwehr müsse endlich Präsenz zeigen, müsse Razzien veranstalten und nächtliche Patrouillen losschicken, damit der Spuk mit den Hakenkreuzfeuern endlich ein Ende habe.

Karls Vater war ein untersetzter Mann mit Bassstimme und akkurat gepflegtem Schnurrbart. Man sah ihm den Dorfschulmeister nicht an, man hätte ihn ohne Weiteres für einen Holzknecht oder einen der kernigen Salinenarbeiter halten können, deren Kindern er das Lesen und das kleine Einmaleins beibrachte. Vielleicht schaue er später noch in den *Hirschen* hinüber, sagte der Vater, während er sich die verdreckten Goiserer auszog, dort sitze der Diermayer öfter mit seinen Leuten.

Er stellte die Schuhe ins Eck, schlüpfte in ein Paar grauer Filzpantoffeln und ging mit Karl in die Stube, wo die anderen schon um den Esstisch versammelt saßen. Karl und der Vater setzten sich auf ihre Plätze, die Mutter stellte einen Topf mit dampfenden Krautwickeln auf den Tisch. Der Vater sprach das Vaterunser, die Mutter teilte das Essen aus, Karl und seine Geschwister machten sich hungrig über die Krautwickel her.

Während des Essens berichtete der Vater, was ihm der Bürgermeister gestern Abend erzählt hatte. Nach dem Gemeinderat sei man noch bei einem Schoppen Wein in der Wirtsstube beisammengesessen, da sei der Bürgermeister mit der Sprache rausgerückt. Sie kannten doch alle die Rösslervilla hinten in der Ramsau, die stehe zur Zwangsversteigerung an. Nun habe der Wiener Minister Neustädter-Stürmer durch sein Bureau anfragen lassen, auf welche Höhe sich das Mindestgebot belaufe und welcher Preis für das Anwesen wohl insgesamt zu erzielen sei. Der Minister trage sich mit dem Gedanken, die Villa zu kaufen, er plane, seine Ferien künftig in der Gegend zu verbringen, die Rösslervilla sei möglicherweise ein geeignetes Domizil.

Neustädter-Stürmer, sagte Jakob, nie gehört. Was für ein Minister das sei?

Karl klärte ihn auf. Odo Neustädter-Stürmer war einer der führenden Köpfe der Heimwehr-Bewegung, vor wenigen Monaten erst hatte ihn der Kanzler zum Minister für soziale Verwaltung berufen.

Das wäre eine schöne Sache, einen so einflussreichen Herrn als Sommergast zu haben, meinte der Vater. Die Arbeitslosigkeit in der Gegend sei immer noch entmutigend hoch, vielleicht würde der Herr Minister seine schützende Hand über das eine oder andere öffentliche Bauvorhaben halten.

Nach dem Essen drehte der Vater das Radio auf. Sie hatten sich erst im Mai einen neuen Apparat angeschafft, auf Ratenzahlung, ein Wechselstromgerät mit 220 Volt. Die Mutter wusch das Geschirr ab, die Zwillinge mussten abtrocknen. Der Vater machte es sich auf der Bettbank bequem, zündete sich eine Pfeife an. Großvater zog sich zum Schlafen in seine Kammer zurück.

Das Radio lief sich warm, die letzten Takte eines Walzers verklangen, ein Sprecher sagte das nächste Musikstück an, den Schlager *Wenn die kleinen Veilchen blühen*, interpretiert vom Unterhaltungsorchester Heinz Sandauer. Ein schwungvolles Vorspiel erklang, Karl summte den einsetzenden Refrain mit.

Das neue Radio war ein Prachtstück. Dabei war ihm immer ein Rätsel geblieben, wie so ein Kasten überhaupt funktionierte. Jakob, sein technisch begabter Bruder, hatte ihm die Sache mehrfach detailliert – und ebenso erfolglos – erklärt.

In letzter Zeit interessierte sich Jakob allerdings mehr für Schach als für alles andere. Aus der Pfarrbücherei schleppte er Unmengen von einschlägiger Literatur und alte, zerfledderte Exemplare von *Tarraschs Schachzeitung* herbei. Im Augenblick schien Jakob kein anderes Thema zu kennen.

»Kann ich schon einmal das Schachbrett rausholen?«, fragte der Bruder.

»Klar«, sagte Karl. »Worauf wartest du noch?«

Seit Beginn der Sommerferien hatten sie es sich zur Gewohnheit gemacht, gleich nach dem Essen eine Partie miteinander zu spielen. Der Jüngere griff unter den Tisch, zog die Spiellade auf, holte das Schachbrett hervor, kippte die Figuren auf den Tisch. Karl wählte den weißen Bauern, sie stellten die Figuren in Position und begannen zu spielen.

Karl entschied sich für die konventionelle Eröffnung mit zwei Springern und einem Läufer im Zentrum. Dabei konnte er wenig falsch machen. Jakob tat das Gleiche. Auf diese Weise entwickelte sich ein kompliziertes, relativ langweiliges Stellungsspiel.

Karl liebte diese Stunde nach dem Mittagessen. Das Radio lief, die Mutter klapperte mit dem Geschirr, das Pendel der Wanduhr schwang gleichmäßig hin und her. Jakob hockte mit zusammengepressten Lippen über der Partie, dachte angestrengt nach. Karl beobachtete, wie der Kleine unter dem Tisch mit einem kleinen, bräunlichen Gegenstand herumspielte.

Was er da habe, fragte Karl.

»Ein Katzenauge«, sagte Jakob mit gedämpfter Stimme, »eine Art Glücksbringer.«

Ein Katzenauge? Wo er das herhabe?

»In der Schule gegen ein paar *Tom Shark*-Hefte eingetauscht«, flüsterte Jakob mit unruhigem Blick auf den auf der Bettbank dösenden Vater. Karl möge ihn um Gottes willen nicht verpfeifen.

Karl verstand: Der Vater sollte nicht erfahren, dass sich der Kleine mit Schundheften abgab.

Karl nickte. »Lass mich das Ding einmal anschauen.«

Jakob schob das Katzenauge rüber. Karl untersuchte den Stein, ein honigfarbenes Mineral mit schmalem, hellem

Lichtband. Sobald man es bewegte, schien das Lichtband über die bräunlich schimmernde Oberfläche hinwegzugleiten – ein verblüffender Effekt.

»Nicht schlecht«, sagte Karl, »so einen Stein hätte ich auch gern. Er ist wunderschön.« Seine Finger glitten behutsam über die glatte Oberfläche des Minerals.

Die Musik im Radio brach ab. Ein paar Sekunden lang herrschte Funkstille, dann meldete sich der Sprecher mit einer, wie er erklärte, wichtigen Durchsage. Karl horchte auf, schob das Katzenauge zu seinem Bruder zurück. Bundeskanzler Dollfuß sei mit sofortiger Wirkung von allen Regierungsämtern zurückgetreten, erklärte der Sprecher. Dr. Anton Rintelen übernehme an seiner Stelle das Amt des Bundeskanzlers.

Karl warf einen unruhigen Blick zum Vater hinüber. Der legte die Pfeife beiseite, rappelte sich von der Bettbank hoch. Da stimme etwas nicht, sagte er. Nie und nimmer würde der Kanzler freiwillig zurücktreten, und schon gar nicht würde er diesen Volltrottel von Rintelen als Kanzler einsetzen.

Worauf er damit hinauswolle, fragte Karl.

»Auf nichts Bestimmtes«, sagte der Vater. Er wisse auch nicht mehr als Karl. Sein Gefühl sage ihm nur: An der Sache sei irgendetwas faul.

Ob er an einen Staatsstreich … Karl sprach den Satz nicht zu Ende.

Das könne man nicht ausschließen, sagte der Vater ernst, aber jetzt sollte Karl still sein, vielleicht käme noch was im Radio.

Aber der Apparat blieb stumm. Nachdem der Sprecher die Verlautbarung ein zweites Mal verlesen hatte, war nur mehr ein schwaches, von knisternden Frequenzstörungen unterbrochenes Rauschen zu hören.

Jetzt hätten die auch noch Sendepause, schimpfte der Vater. Wenn der Rundfunk den Sendebetrieb einstelle, könne das nur das Schlimmste bedeuten. Er ging zur Kuchlkredenz, auf der der Rundfunkempfänger stand, und drehte hastig am Sendersuchknopf. Sie hörten Radio Prag, dort lief ein Klassikkonzert. Das Gleiche bei Radio München, beim Sender Kattowitz, bei Radio Hilversum: überall Musik, nirgendwo Nachrichten.

Irgendwie sei ihm nicht wohl bei der Sache, sagte der Vater. Er griff sich seine Joppe, zog sie an, stieg in seine Schuhe, band sich die Schuhbänder mit fahrigen Bewegungen. Er werde einen Sprung ins Gemeindeamt hinüberschauen, sagte er, vielleicht wisse man dort mehr. Karl täte jedenfalls gut daran, sich bereitzuhalten. Gut möglich, dass heute noch Arbeit auf den Heimatschutz warte.

Kurz vor fünf bremste eine Beiwagenmaschine vor dem Haus. Der Fahrer, ein Heimwehr-Kurier, würgte den Motor ab, sprang von der Maschine, stürzte ins Haus. Karl kannte den Mann vom Sehen, Gruber hieß er.

»Mobilmachung!«, rief Gruber. Karl solle mitkommen, schnell, sie hätten nicht viel Zeit.

Ob die Mobilmachung mit den Ereignissen in Wien zu tun habe, fragte Karl.

Es sehe so aus, sagte Gruber, Genaueres wisse auch er nicht. Auf jeden Fall solle Karl so schnell wie möglich mit ihm nach Bad Aussee kommen, Befehl von Diermayer.

Karl lief in das Zimmer, das er sich mit Jakob teilte: Die Heimwehr-Uniform hing frisch gebügelt im Schrank. Er holte sie heraus, schlüpfte hinein: grüne Uniformbluse, schwarze Hose, Wickelgamaschen, blank geputzte Stiefel, die Kappe mit dem Hahnenstoß. Dann holte er den Karabiner aus dem Schrank, schnallte sich den Lederriemen mit den Patronentaschen um, schwang sich das Gewehr um die Schulter. Er war fertig. Mit polternden Schritten stürmte er die Treppe hinunter.

Die Mutter gab ihm Marschverpflegung mit, ein paar Schmalzbrote, einen Apfel. Dem widerstrebenden Kameraden drängte sie das Gleiche auf. »Pass auf dich auf«, sagte sie, als sie ihn an sich presste, sein Haar durchwühlte, ihn auf die Wangen küsste.

Die Szene war ihm peinlich. Er machte sich los, ging zum Motorrad, kletterte in den Beiwagen. Gruber hatte sich auf den durchgewetzten Sattel geschwungen, er grinste verlegen, hob die Hand zu einem nachlässigen Gruß, ließ die Maschine an. Karl hörte, wie jemand seinen Namen rief. Es war Jakob, der Dreizehnjährige. Mit einem Satz war der Bruder bei ihm. »Nimm das hier mit«, sagte er mit seiner krächzenden, vom Stimmbruch ramponierten Stimme. Er drückte Karl das Katzenauge in die Hand. »Ist allerdings nur geborgt, der Glücksbringer. Ich krieg ihn zurück, wenn du wieder da bist, klar?«

Kiesfontänen spritzten auf, als Gruber die Maschine auf dem Vorplatz des Heimwehr-Hauptquartiers in Bad Aussee zum Stehen brachte. Karl sprang aus dem Beiwagen, Gruber machte kehrt, gab Gas, fuhr weiter nach Lupitsch, wo er einen anderen Kameraden abzuholen hatte.

Vor der Heimwehr-Unterkunft war schon einiges los. Diermayer, der Kommandant, rannte hin und her, gab Befehle, half beim Entladen von Munitionskisten, die von der Ladefläche eines staubgrauen Lkws gehievt wurden. Karl salutierte, als er am Kommandanten vorbei auf den Mannschaftsraum zuging. Diermayer murmelte einen Gruß. Karl glaubte den Anflug eines Lächelns auf seinen Lippen zu erkennen.

Im Mannschaftsraum traf er Lanzdorf, Rudl und die anderen. Mit den meisten war er vor einigen Jahren in die Hauptschule gegangen. Er wurde mit lautem Hallo begrüßt. Wo er so lange gesteckt habe, wollte Fleischhacker wissen, sie hätten schon geglaubt, er komme nicht mehr.

Was sie von ihm denken würden, sagte Karl. Er würde sie doch niemals hängen lassen. Er schnallte den Leibriemen ab, stellte das Gewehr in den Spind, hockte sich zu den anderen an den Tisch.

Es war heiß im Saal, stickig, der Geruch von Zigarettenrauch und eingefettetem Leder, den sie hier seit Jahren produzierten, hatte sich in die gelbbraunen Stores vor den Fenstern gefressen. Auch die beiden Porträt-Fotografien an der Wand schauten schon etwas mitgenommen aus: Die eine, ein Brustbild, zeigte den Kanzler, auf der anderen war der Bundesführer in Uniform abgebildet: die Kappe in der Hand, mit leicht zusammengekniffenen Augen, das Kinn energisch vorgereckt, so blickte Ernst Rüdiger von Starhemberg auf seine Gefolgsleute herab.

Ein paar Kameraden spielten Karten, andere saßen daneben, schauten zu oder unterhielten sich. Knollmayer und Syen erzählten, dass die örtliche Gendarmerie heute Nachmittag drei, vier Nazis in Schutzhaft genommen habe. Es sei nicht schwer gewesen, ihrer habhaft zu werden, die Gendarmen hätten einfach das *Café Vesco* gestürmt, das Stammlokal der örtlichen NSDAP-Anhänger, da seien die Herren Nazis auch heute Nachmittag beisammen gesessen.

Ob Pohnert unter den Festgenommenen sei, wollte Rudl wissen.

Josef Pohnert war der lokale SA-Führer, ein Berufsoffizier, der sich nach dem Krieg in Aussee niedergelassen hatte. Ursprünglich stammte er angeblich aus Böhmen oder einem der anderen Kronländer, so genau wusste das keiner. Karl hatte Pohnert schon oft das große Wort schwingen hören, im Wirtshaus und während der Naziversammlungen im Kurpark. Der SA-Chef war ihm immer als prahlerischer Radaubruder erschienen, als einer, der sich selbst gern reden hörte. Für gefährlich hielt er ihn nicht.

Nein, erklärte Syen, Pohnert befinde sich nicht unter den Festgenommenen. Weiß der Teufel, warum ausgerechnet der heute nicht im *Vesco* gesessen sei.

Vielleicht sei er gewarnt worden, mutmaßte Lanzdorf. Die Gendarmerie sei schließlich mit Nazis durchsetzt, das sei ja bekannt.

Nicht hier bei uns, behauptete Fleischhacker. In Aussee verfüge die Hitlerbewegung nicht annähernd über so viele Anhänger wie in anderen Orten der Gegend. In Liezen, in Irdning, bitte, da würde er sich nicht die Hand ins Feuer legen trauen, da sei vielleicht auch die Gendarmerie teilweise schon unterwandert. Aber nicht hier bei ihnen, das halte er für ausgeschlossen.

Syen stimmte Fleischhacker zu. Auch er glaube nicht an eine bewaffnete Aktion hier im Ort.

»Dein Gottvertrauen und dem Rothschild sein Geld«, sagte Lanzdorf.

Am Abend sprachen Fey und Schuschnigg im Radio. Die Kameraden saßen um den großen Tisch, rauchten, hörten mit betretenen Mienen zu. Karl, an sich kein Freund des Tabaks, bat Rudl um eine Zigarette. Rudl schob ihm eine Packung *Sport* hinüber, Karl bediente sich. Als Erster sprach

Fey. Mit Grabesstimme berichtete der Generalstaatskommissär von den Ereignissen des Nachmittags. Zu Mittag, kurz vor eins, habe eine Gruppe nationalsozialistischer Putschisten das Bundeskanzleramt in Wien gestürmt, mehrere Mitglieder der Bundesregierung sowie einige Beamte seien von den Aufrührern in einen Raum gesperrt worden. Um 14.30 Uhr sei er, Fey, von einigen Verschwörern aus dem Verwahrungszimmer abgeholt worden mit dem Bedeuten, Bundeskanzler Dollfuß wünsche ihn zu sprechen. Er habe den Bundeskanzler schwer verwundet auf einem Diwan liegend vorgefunden, berichtete Fey, der Kanzler habe ihn gebeten, für seine Familie zu sorgen, wenn ihm »etwas Menschliches« zustoßen sollte. Auch habe er angeordnet, Blutvergießen unter allen Umständen zu vermeiden. Abends um 18.00 Uhr sei es dann zu Verhandlungen zwischen den Putschisten und einem Abgesandten der Regierung gekommen. Gegen die Zusicherung freien Geleits hätten die Aufrührer ihre Geiseln schließlich freigelassen.

Auch in anderen Teilen Österreichs, fuhr Fey fort, hätten sich Nationalsozialisten zusammengerottet und Angriffe auf Gendarmerieposten unternommen. Diese Attacken seien aber von der Exekutive und regierungstreuen Verbänden zurückgeschlagen worden. In Österreich herrschten inzwischen wieder Ruhe und Ordnung, die Regierung sei vollständig Herrin der Lage. Fey räusperte sich, dann erklärte er, nun werde Bundesminister Schuschnigg das Wort ergreifen. Der Herr Bundesminister sei vom Bundespräsidenten interimistisch mit der Führung der Regierungsgeschäfte betraut worden.

»Wieso?«, sagte Lanzdorf. »Was ist mit Dollfuß?«

»Pssst«, machte jemand.

Man hörte, wie Schuschnigg vors Mikrofon trat. Zunächst gab der Minister für Justiz und Unterricht einen detaillierten Bericht über die blutigen Kampfhandlungen, die sich am Nachmittag im Hauptgebäude des Rundfunks in der Johannesgasse zugetragen hatten, dann rekapitulierte er wie sein Vorredner die Ereignisse im Kanzleramt, ehe er dann die Worte aussprach, die Karl, wie die meisten im Raum, insgeheim schon befürchtet hatte: Von innigstem Schmerze durchwühlt müsse er den Österreicherinnen und Österreichern die Nachricht überbringen, dass Bundeskanzler Dollfuß am späten Nachmittag seinen schweren Verwundungen erlegen sei. Der Tag des Mordens sei nun auch über Österreich hereingebrochen. Die Regierung habe alles getan, um derlei zu verhindern, skrupellose, aus dem Ausland gesteuerte Elemente hätten diese Anstrengungen aber zunichte gemacht.

Karl drückte den Zigarettenstummel im Aschenbecher aus, warf einen Blick zu Rudl hinüber, der presste die Lippen aufeinander, fixierte mit stumpfem Blick die Tischplatte.

Der Bundeskanzler sei tot, fuhr Schuschnigg fort, aber sein Werk lebe. Es liege an den Österreicherinnen und Österreichern, in dieser Stunde der Heimat die Treue zu halten. Wem dieses Wort noch irgendetwas bedeute – Treue –, der solle der gesetzlichen Regierung folgen. Das Blutopfer des Kanzlers dürfe nicht umsonst gewesen sein.

Schuschnigg verstummte. Nach einem Augenblick der Stille setzte Musik ein, der schwermütige, getragene Klang von Fagotten und Bassetthörnern markierte die Eröffnung von Mozarts *Requiem*. Als der Chor mit seinem »Requiem aeternam« einsetzte, erhob sich Diermayer von seinem Platz. Er ging zum Radio, schaltete das Gerät ab. Dann bat er sie alle, sich von ihren Plätzen zu erheben. Sie standen auf, um eine Gedenkminute für den ermordeten Kanzler abzuhalten, zwei Dutzend Sessel wurden gerückt, Mützen abgenommen.

Karls Blick wanderte zum Porträt des Bundeskanzlers an der Wand. Für einen Augenblick hatte er das Gefühl, es presse ihm den Kehlkopf nach oben. Er senkte den Kopf, blickte zu Boden.

Nach dem Ende der Trauerminute erläuterte Diermayer die Lage. Im Osten Österreichs herrsche tatsächlich Ruhe und Ordnung, ganz so, wie Minister Schuschnigg gesagt hätte. Leider könne in der Steiermark und im Ennstal keine Rede davon sein. Am Nachmittag sei es in Liezen, Irdning, Selzthal, Trieben, Admont und vor allem im Raum Schladming-Ramsau zu nationalsozialistischen Aufständen gekommen. In diesen Orten hätten die Putschisten Post- und Gemeindeämter besetzt, fallweise sei es auch zu schweren Feuergefechten mit der Gendarmerie gekommen, überall seien Verletzte, mancherorts Tote zu beklagen. Die Lage sei ernst, sagte Diermayer. Hier im Ort sei noch alles ruhig, auch dank des beherzten Eingreifens von Gendarmeriekommandant Tarra, aber niemand könne sagen, wie lange diese Ruhe noch anhalte. Es sei denkbar, dass die Nazis weiterhin stillhielten, es könne aber auch sein, dass sie heute Nacht noch losschlügen. Er wisse es ebenso wenig wie sie.

Karl lag auf einer der Rosshaarmatratzen im Mannschaftsraum, der harte Steinfußboden unter der Unterlage war deutlich zu spüren. Es war drückend heiß im Saal. Sosehr er sich auch bemühte: Er konnte nicht schlafen. Er schlug die Decke zurück, rappelte sich hoch. Syen neben ihm schnarchte leise. Von der Wiese draußen vorm Heim drang Heuschreckengesang durchs offene Fenster.

Er drückte die Tür auf, trat ins Freie. Knollmayer und Lanzdorf schoben Wache. »Nicht auszuhalten, da drin«, sagte Karl. »Brauche ein bisschen Frischluft.«

»Geh nicht zu weit von der Halle weg«, warnte Lanzdorf.

»Bin ich blöd, oder was?«

Es war eine dunstige Sommernacht. Karl ging vor dem Mannschaftsraum auf und ab, nach einer Weile setzte er sich auf eine kleine Bank in der Nähe des Einfahrtstors, zündete sich eine Zigarette an, rauchte.

Er versuchte sich Stephans Gesicht vorzustellen. Wie oft hatte er den Freund heimlich angeschaut, während der neben ihm schlief. Er versuchte sich die Schwingung der Augenbrauen in Erinnerung zu rufen, die ausgeprägten Wangenknochen, das dichte, feingelockte Haar ... aber die Details fügten sich nicht zu einem Bild, die Vorstellung, die er sich von Stephans Gesicht zu machen vermochte, blieb seltsam verschwommen. Dass er sich die vertrauten Züge nicht in Erinnerung rufen konnte, beunruhigte ihn. Empfand er am Ende nicht genug für den Freund? Dann durfte er sich nicht wundern, dass Stephan so lange nichts hören ließ von sich.

In diesem Augenblick entdeckte er ein schwankendes Fahrradlicht auf der Schotterstraße auf sich zukommen. Karl stand auf, versuchte zu erkennen, wer da so spät in der Nacht noch mit dem Fahrrad unterwegs war. Nach ein paar Sekunden erkannte er Frischmuth. Mit wehendem Haar kam der Freund dahergeradelt.

»Wo kommst du denn so spät noch her?«, sagte Karl.

Herbert brachte das Rad zum Stehen. »Bin abgehauen von daheim«, sagte er. Seine Stirn glänzte, er war außer Atem. Frischmuth stieg vom Rad, lehnte das Gefährt gegen den Zaun, setzte sich neben Karl auf die Bank. Nachdem er im Radio gehört habe, dass Putschisten den Bundeskanzler ermordet hätten, habe er es zu Hause nicht mehr ausgehalten, sagte er. Nie im Leben hätten ihm seine Eltern erlaubt, der Mobilmachung Folge zu leisten, so sei er aus dem Fenster geklettert, nachdem seine Eltern zu Bett gegangen waren, und hätte sich aufs Fahrrad geschwungen.

»Zigarette?«, sagte Karl. Er hielt Frischmuth das halb volle Päckchen hin, das er Rudl vorm Schlafengehen um fünfzig Groschen abgekauft hatte.

Frischmuth schüttelte sich eine Zigarette aus der Packung, Karl gab ihm Feuer.

Er hoffe, dass sich Pohnert und seine Leute bald aus der Deckung wagten, sagte Frischmuth, während er den Rauch genießerisch in sich hineinsaugte. Er könne es nicht erwarten, den Nazischweinen endlich eine Abreibung zu verpassen.

Ihm wäre es lieber, wenn alles ruhig bliebe, sagte Karl.

Auf einmal so vorsichtig?

Das habe nichts mit Vorsicht zu tun, erwiderte Karl. Letztlich seien sie alle Österreicher. Einen Bruderkampf zwischen Österreichern könne niemand wollen.

Bruderkampf hin oder her, sagte Frischmuth. Denen von der SA gehöre einfach eine aufs Dach. Außerdem fühlten sich die Nazis gar nicht als Österreicher. Karl könne sie ja selber fragen, als was sie sich fühlten. Als Österreicher ganz bestimmt nicht.

Der Hoteliersohn wirkte aufgekratzt. In der Hauptschule, auch später im Firmunterricht, hatte er eher zu den Stillen gehört. Im Internat in Mödling schien eine bemerkenswerte Veränderung mit ihm vorgegangen zu sein. Auf Karls Nachfragen hin begann er von der Schüler-Organisation der Heimwehr zu erzählen, in die er vor ein paar Monaten eingetreten war. Sie hätten dort einen Schulungsleiter, Hirzenberger heiße der, der habe ihn mit den Ideen Othmar Spanns vertraut gemacht, der habe ihnen auch einiges erzählt über die Gefahren des Werterelativismus und die Schwächen des liberalen Parlamentarismus, der letztlich zu Chaos und Parteienzersplitterung führe.

Karl war Gedankengut dieser Art bestens vertraut. Er berichtete von seinen Erfahrungen in Graz. Viele seiner Kommilitonen an der Lehrerbildungsanstalt seien in der Heimwehr organisiert, erzählte er, wobei eine starke Minderheit auch mit den Nationalsozialisten sympathisiere.

Das sei bei ihnen in Mödling nicht anders, sagte Frischmuth. Erst im Jänner sei eine Gruppe von Mitschülern zu den Nazis übergewechselt. Für ihn sei die Sache klar: Das seien Verräter, nichts anderes.

Karl schnippte die Zigarette in den Kies, trat sie mit dem Stiefelabsatz aus. Ihn selbst hatte es nie zu den Nazis gelockt. In seinem Elternhaus hatte man immer vaterländisch gedacht, vaterländisch und gut katholisch. Bei den Katholischen waren Ordnung und Recht, bei wem sonst? Bei den Sozis bestimmt nicht, und bei den Hakenkreuzlern ebenso wenig. Die Hitleranhänger hielt Karl immer mehr für eine Bande von Schlägern und Raufbolden. Gottesleugner waren sie sowieso.

Ein Motorengeräusch schreckte sie auf. Karl sprang hoch, starrte in die Richtung, aus der der Lärm kam. Eine Beiwagenmaschine raste auf sie zu. Mit einiger Erleichterung stellte er fest, dass es eine Gendarmerie-Patrouille war, die in den nächtlichen Straßen nach dem Rechten sah.

Der Fahrer brachte die Maschine neben ihnen zum Stehen. »Alles in Ordnung?«

»Alles in Ordnung«, sagte Karl.

»Wie schaut's drinnen im Ort aus?«, wollte Frischmuth wissen. »Irgendwas los dort?«

»Keine besonderen Vorkommnisse«, sagte der Fahrer, aber in Selzthal und in Irdning, da sei der Teufel los. Es habe massenhaft Tote und Verletzte gegeben, das gehe aus einem Fernschreiben hervor, das auf dem Gendarmerieposten eingegangen sei. In Irdning hätten die Aufständischen den Gendarmerieposten gestürmt, auch das Gemeindeamt und das Bezirksgericht seien in ihrer Hand.

Warum der Ausseer Heimatschutz nicht schon längst in Richtung Irdning marschiere, fragte Frischmuth. Was ihn betreffe: Er sei zu allem bereit.

Dann könnte ja nichts mehr schiefgehen, sagte einer der Gendarmen mit schiefem Lächeln. Frischmuth schien den ironischen Unterton nicht zu bemerken. Die Nazis sollten sich warm anziehen, sagte er, denen gehöre einmal tüchtig das Fell über die Ohren gezogen.

Er solle den Mund nur nicht zu voll nehmen, sagte der andere Gendarm. Mit denen von der SA sei nicht zu spaßen. Das wisse er von einem Kollegen drüben aus Goisern, der ihm üble, aber wirklich ganz üble Geschichten erzählt hätte.

Mitten in der Nacht wurden sie geweckt. »Aus den Federn!«, brüllte jemand. »Tempo, Tempo!«

»Was ist los?«

»Die Gendarmerie in Gröbming hat Verstärkung angefordert. Schneller, Leute, schneller!«

Karl wusste nicht, wo er war. Er brauchte ein paar Sekunden, bis er die Orientierung wiederfand. Licht wurde angeknipst. Stimmengewirr, allgemeines Durcheinander. Er rieb sich die Augen, schälte sich aus der Decke, suchte seine Sachen zusammen.

»Wie spät ist es?«, fragte jemand.

»Viertel nach drei«, schrie einer, »Beeilung, Beeilung!«

Karl band sich die Wickelgamaschen um. Er schlüpfte in seine Stiefel, legte den Leibriemen an, holte den Karabiner aus dem Spind, rannte mit Rudl und Lanzdorf ins Freie. In der Eingangstür stand Diermayer, zusammen mit dem Gendarmerie-Inspektor Tarra, einem groß gewachsenen Mann in der feldgrauen Uniform eines Postenkommandanten. Marsch, Marsch, rief Diermayer, sie sollten zusehen, dass sie zum Gendarmerieposten hinüberkämen, dort warte bereits ein Autobus.

In einem Trupp von sechzehn Mann machten sie sich auf den Weg. Am Postamt und dem Hotel *Erzherzog Johann* vorbei marschierten sie in Richtung Meranplatz. Der Marktflecken lag wie ausgestorben. Hinter einer Toreinfahrt bellte ein Hund. Da und dort schien sich ein Vorhang zu bewegen. Rudl kolportierte die jüngsten Gerüchte. Gröbming war angeblich der einzige Ort im ganzen Ennstal, der noch nicht von den Nazis besetzt sei. Die Gendarmerie allein sei zu schwach, den Putschisten Paroli zu bieten. Rudl behauptete, verlässlich zu wissen, dass von Wels aus ein Bundesheer-Bataillon in Marsch gesetzt worden war, um den regierungstreuen Kräften zu Hilfe zu eilen. Vor morgen Mittag würden die aber nicht da sein. Jetzt hieß es beten, dass die Nazis nicht schon morgen früh mit dem Sturmangriff auf Gröbming begannen.

Der Autobus wartete mit laufendem Motor. Es war einer der gelben *Sauber*-Autobusse, die die Post in allen Teilen Österreichs im Einsatz hatte. Karl war hellwach, als er in den Bus stieg. Er legte das Gewehr unter einen Sitz in einer der mittleren Reihen, setzte sich direkt neben Rudl. Hinter ihnen saßen Fleischhacker und Lanzdorf, rechts von ihnen Frischmuth, in Ruhe ein paar Kirschen essend, die er vor einer Minute gepflückt hatte, wie er schmatzend erklärte, von ein paar Kirschbaumzweigen, die beim Linortner Lois über den Zaun hingen. Franz Preßl hatte überhaupt die Ruhe weg: Er legte sich auf eine der hinteren Bänke, um noch etwas Schlaf auszufassen, wie er sagte. Später werde er sowieso nicht mehr zum Schlafen kommen.

Der Bus rollte mit dröhnendem Motor durch den Ort. Karl schaute aus dem Fenster. Bald hatten sie die letzten Häuser von Aussee hinter sich gelassen. Es gab wenig zu sehen im mondbeschienenen Dunkel da draußen, dann und wann ein armseliges Gehöft am Straßenrand, eine Keusche, die Umrisse einer Mühle, die Schatten der Berge ringsum. Karl legte den Kopf an die Fensterscheibe, von der Eintönigkeit des Motorengebrumms schläfrig gemacht. Er dachte an seine Eltern zu Hause, an die Geschwister. Ob sie sich Sorgen machten? Die Mutter bestimmt. Hatte man je gehört, dass sich seine Mutter über irgendetwas keine Sorgen gemacht hätte?

Rudl neben ihm summte ein Lied, Fleischhacker hinter ihnen murmelte etwas im Halbschlaf, sonst hörte man nichts, nur das gleichförmige Geräusch des Motors. Als sich der Bus die rumpelige Straße nach Mitterndorf hinaufkämpfte, ging das monotone Motorengeräusch in ein angestrengtes Stampfen und Stöhnen über.

Karl griff nach der Zigarettenpackung im Hosensack. Er hätte sich gern eine angezündet, leider durfte man im Bus nicht rauchen. Er dachte an den Hund, den er einmal besessen hatte, eine Promenadenmischung namens Tobi. Mit Tobi war er stundenlang durch die Wälder gestreift, am Loser und in Richtung Pötschenpass hinauf, auch hinten auf der Seewiese, er hatte ihn geliebt, diesen Hund, hatte ihn gefüttert und gepflegt und sich das Gesicht abschlecken lassen von ihm, und dann, eines Morgens, hatte ihn der Vater mit zertrümmertem Schädel hinter dem Haus gefunden. Irgendjemand hatte das Tier an den Hinterläufen gepackt und mit dem Kopf gegen die Hausmauer geschleudert. Sie hatten einen Teil der Fassade neu weißeln müssen. Bis heute hatte Karl nicht die geringste Ahnung, wer Tobi auf dem Gewissen hatte. Es konnte ein Schüler seines Vaters gewesen sein, einer, der sich aus irgendeinem Grund schlecht behandelt fühlte. Vielleicht hatte sich auch ein gekränkter Nachbar zu einem Racheakt hinreißen lassen. Es hatte Jahre gedauert, bis Karl über den Verlust des Hundes hinweggekommen war. Er war damals neun gewesen.

In Mitterndorf hielt der Bus. Diermayer stieß die Tür auf, ließ einen Gendarmen zusteigen, der sie nach Gröbming begleiten sollte. Der Gendarm, ein gedrungener, schon etwas älterer Mann, hatte ein Sturmgewehr geschultert. Diermayer flüsterte ihm etwas zu. Der Gendarm nickte, klopfte Diermayer auf die Schulter, machte die Tür zu, warf einen Blick auf die Männer im Bus, murmelte einen Gruß, nahm den Platz neben dem Fahrer ein.

Diermayer setzte sich hinter den Gendarmen. Dann fuhren sie weiter.

Die Landschaft wurde rauer, die Straße schlechter. Die Lichter des Autobusses rissen Schneisen von Helligkeit in das Dunkel vor ihnen. Es ging jetzt abwärts, der Fahrer trat auf die Bremse, ein Ruck ging durch den Bus, ein Aufheulen des Motors, dann rollte der *Sauber* weiter bergab über die rumpelige Straße. Karl schloss die Augen, überließ sich der Müdigkeit, dämmerte weg.

Gebrüll und aufgeregte Stimmen. Karl schreckte auf. Rudl rammte ihm den Ellbogen in die Rippen, da stimme etwas nicht, rief Rudl, da sei irgendwas los da vorne. Der Bus hatte angehalten. Der Mitterndorfer Gendarm riss die Tür auf, sprang ins Freie, das Gewehr im Anschlag. Karl hörte, wie der Mann etwas schrie, er verstand nicht, was, dann krachte ein Schuss.

»Raus hier, raus aus dem Bus!«, rief Rudl. Lanzdorf und Fleischhacker begannen an der hinteren Tür zu rütteln, Karl bückte sich nach dem Gewehr, bekam es nicht zu fassen, dann donnerten die ersten Schüsse über sie hinweg, viele Schüsse, zwei Salven, knapp hintereinander. Die Windschutzscheibe zersplitterte. Karl hörte einen Schrei. Sie sollten das Feuer einstellen, brüllte der Gendarm draußen vorm Bus, er ergebe sich. Karl hatte sich zu Boden geworfen. Rudl neben ihm glitt langsam vom Sitz, kam mit dem Oberkörper auf Karls Beinen zu liegen. »Alles in Ordnung?«, fragte Karl.

»Ich glaub, ich bin getroffen«, stöhnte Rudl. »Da, an der Schulter. Teufel, ich hab nicht gewusst … wie weh das tut!«

Wieder peitschten Schüsse über sie hinweg, Karl presste sich die Arme an den Kopf, versuchte sich so gut es ging zu decken, wieder Schreie, Panik, splitterndes Glas, von Schüssen durchlöcherte Sitzbänke. Syen und Knollmayer sackten auf ihren Plätzen zusammen. Karl bemerkte, dass hinten im Bus zwei, drei Kameraden das Feuer erwiderten, ein paar Sekunden lang gelang es ihnen, dann mussten sie die Gegenwehr einstellen, es war aussichtslos.

»Die sind verrückt geworden«, schrie Rudl neben ihm. »Die haben vollkommen den Verstand verloren.« Rudl presste sich an Karls Körper, als könnte ihm das Schutz bieten. Wieder fegten Schüsse über sie hinweg, wieder hörten sie Schreie, Stöhnen, Jammern, das stakkatohafte Rattern einer Maschinenpistole, die eine Salve nach der anderen in den Bus hineinfeuerte.

Rudl stöhnte. »Das Blut, schau Karl, das viele Blut …«

Bevor Karl etwas sagen konnte, brandeten erneut Schüsse über sie hinweg.

»Die schlachten uns ab«, stieß Rudl hervor. »Die schlachten uns einfach ab. Ich verstehe nicht, wie können die …«

»Bleib ruhig«, sagte Karl. »Bleib ganz ruhig, Rudl. Die hören bestimmt bald auf.«

Davon konnte aber keine Rede sein. Salve um Salve brandete über die Sitzreihen hinweg. Karl presste sich auf den Boden, die Zähne zusammengebissen. Höllweger hinter ihm stieß in monotonem Gemurmel Gebete hervor: *Heilige Maria, Mutter Gottes, bitte für uns Sünder, jetzt und in der Stunde unseres Todes …* Karl hätte nicht sagen können, wie lange Rudl und er sich unter dem Sitz aneinanderpressten. Irgendwann war ihm alles egal. Wenn eine Kugel ihn traf, was machte es schon?

Das Feuer verebbte. Man hörte Stöhnen, verhaltenes Jammern. Pulvergestank hing in der Luft. Eine Stimme schrie: »Rauskommen! Alles raus aus dem Bus, aber flott!«

»Nicht schießen!«, rief Lanzdorf. »Wir kommen raus. Aber hört auf zu schießen!«

»Maul halten!«, brüllte einer.

Lanzdorf hob die Arme über den Kopf, taumelte zur Tür. Überall im Bus regte und bewegte es sich. Karl rappelte sich hoch, half dem vor Schmerzen stöhnenden Rudl auf die Beine.

Frischmuth hockte mit blutgetränktem Hemd neben seinem Sitz. Ein Schuss hatte ihm das Kinn zerfetzt, eine Ader schien getroffen. Offensichtlich wollte er etwas sagen, er brachte aber nur ein röchelndes Gurgeln zustande.

»Wir haben einen Verwundeten!«, schrie Karl. »Habt ihr – sind Sanitäter in der Nähe?«

»Maul halten!«, grölte einer. »Maul halten und rauskommen!«

Karl legte seinen Arm um Frischmuth, zog ihn vorsichtig hoch. »Das wird wieder«, sagte er. »Wäre doch gelacht. In zwei, drei Wochen bist du wieder auf den Beinen, Herbert. Wirst schon sehen.« Frischmuths Hand krallte sich in seinen Unterarm, die Knie des Freundes zitterten. In seinem Blick lag Panik.

Zusammen mit Fleischhacker schleifte Karl den verwundeten Frischmuth zum Ausgang, fieberhaft überlegend, wie sie die Blutung stoppen, die Wunde abbinden konnten. Auf den Bänken hinter dem Fahrersitz hingen die leblosen Körper von Syen und Knollmayer, auch weiter hinten im Bus schienen Tote zu liegen.

»Raus aus dem Bus!«, schnauzte ihn ein SA-Mann an. Er hatte sich neben dem Lenkrad aufgepflanzt, ein grobschlächtiger, nicht besonders intelligent wirkender Kerl mit tief liegenden Augen und kantigem Kinn. Schlägervisage.

»Warum dauert das so lange, bis die Scheißkerle aus dem Bus sind?«, schrie jemand von draußen herein. »Herrgott, mach den Hahnenschwanzlern Dampf, Erlbacher!«

»Nur keine jüdische Hast«, sagte der Mann, der Erlbacher hieß. Er rammte Karl den Gewehrkolben in den Rücken, ein scharfer Schmerz flammte über dem Schulterblatt auf, Karl stürzte ins Freie, fand sich auf einem mit Disteln überwucherten Erdhügel wieder. Einen Augenblick später landete Frischmuth neben ihm, wimmernd und leise schluchzend, mit seltsam verrenktem Knie.

Karl beugte sich über den Freund. Das Schluchzen ging in ein leises, abgehacktes Stöhnen über, Frischmuths Rechte umklammerte sein Handgelenk. Das Blut schien jetzt förmlich aus seiner Wunde hervorzusprudeln.

»Herrgott noch einmal, da verblutet uns einer!«, schrie Karl.

»Maul halten«, sagte jemand. »Aufstehen.« Karl sah ein Paar klobiger Bergschuhe, wenige Zentimeter vor seinem Gesicht. »Hast du nicht gehört? Auf mit dir, aber ein bisschen plötzlich!«

Karl rappelte sich hoch, er bekam eine Ohrfeige verpasst, dann noch eine. »Mein Freund verblutet!«, rief er. »Sie können ihn doch nicht einfach …«

»Maul halten«, sagte der Mann. »Arme hoch!« Er tastete Karls Körper ab, nahm ihm sein Taschenmesser ab, seine Geldbörse, die Zigaretten. »Um deinen Freund brauchst du dir keine Sorgen zu machen«, sagte der Mann. »Ihr werdet sowieso gleich aufgehängt, alle, wie ihr da seid's.«

Karl bemerkte, wie sich einige Kameraden in die Büsche am Straßenrand zu schlagen versuchten. Lanzdorf und Fleischhacker neben ihm wurden von SA-Männern mit Schlägen und Fußtritten traktiert. Er hörte Schreie, erstickte Proteste.

Sein Bewacher musterte ihn mit abschätzigem Blick. »Name?«

Karl sagte, wie er hieß.

»Verwandt mit dem Lehrer in Altaussee?«

Karl nickte.

Sein Bewacher versetzte ihm einen Faustschlag unters Brustbein. Ein zweiter SA-Mann ließ von Fleischhacker ab, wandte sich Karl zu; er stieß ihm seinen Gewehrkolben in die Schulter, der andere rammte ihm den Stiefel in den Unterleib, Karl krümmte sich, stürzte zu Boden, wurde von kräftigen Händen hochgehoben und erneut mit Gewehrkolben und Fausthieben attackiert. Er sackte vornüber, ein Stiefeltritt traf ihn mit solcher Wucht am Kinn, dass er mit knackendem Kiefer zu Boden ging. Er spuckte zwei, drei Zähne aus, spürte, wie ihm schlecht wurde. Als ihm einer der Männer mit dem Stiefel gegen die Brust trat, blieb ihm die Luft weg. Er verlor das Bewusstsein.

Karl stand in einer Reihe mit mehreren Kameraden vor dem Bus. Er konnte sich kaum auf den Beinen halten. Die anderen lagen jammernd, ächzend, stöhnend in der Wiese.

»Ich habe euch etwas gefragt!«, schrie der Kommandant. Karl erkannte ihn sofort, trotz der Dunkelheit: Es war Josef Pohnert, der Chef der Ausseer SA. Er trug einen Steirerrock und lederne Knickerbocker. Hektisch mit seiner Pistole herumfuchtelnd, marschierte er vor ihnen auf und ab. Hinter ihm hatte Erlbacher Position bezogen.

Pohnert blieb vor Karl stehen, musterte ihn. »Raus mit der Sprache! Wo ist der Diermayer Max, die Drecksau?« Karl zeigte unbeholfen auf den gebrochenen Kiefer, deutete an, dass er nicht sprechen konnte.

Erlbacher trat vor, pflanzte sich vor ihm auf. »Hast du nicht gehört? Du bist etwas gefragt worden.«

Karl versuchte etwas zu sagen, er brachte nichts hervor als ein hilfloses Stöhnen.

Erlbacher gab ihm eine Ohrfeige. Karl wankte, hielt sich an dem neben ihm stehenden Lanzdorf fest, um nicht wegzukippen.

»Ich frage dich noch einmal«, sagte Pohnert. »Wo ist der Diermayer? Komm schon, ich weiß, er ist mit euch im Bus gewesen.«

Karl erwartete jede Sekunde einen weiteren Schlag. Er versuchte sich dagegen zu wappnen, obwohl das vollkommen aussichtslos war. Es gab keinen Schutz gegen das, was Pohnert ihm antun konnte.

»Da bin ich!«, schrie jemand aus dem dichten Buschwerk am Straßenrand. »Ich ergebe mich.« Diermayer kroch aus dem Unterholz. Seine Uniform war dreckverschmiert, eine Haarsträhne hing ihm wirr ins Gesicht. Er hob die Hände über den Kopf, kam langsam näher.

Wie auf Kommando rannten Pohnert und Erlbacher auf ihn zu. »Jetzt kommst du uns nicht mehr aus, du Kerzelschlicker-Schwein!«, schrie Pohnert. Jetzt werde Diermayer ihnen die Schikanen der letzten Jahre entgelten. Erlbacher blieb nach ein paar Metern stehen, legte das Gewehr an, gab einen Schuss auf Diermayer ab. Der Kommandant wurde am Bein getroffen, er brüllte auf, bückte sich, hielt sich den Unterschenkel. »Habt ihr den Verstand verloren?« schrie er. »Ich hab mich doch schon ergeben.«

»Maul halten, Hundsfott«, heulte Erlbacher. Mit einem Satz war er bei Diermayer. Er begann auf den Wehrlosen einzudreschen, wüste Beschimpfungen ausstoßend. Auch Pohnert traktierte den Kommandanten mit Fußtritten und Faustschlägen. Diermayer wehrte sich, so gut er konnte, er versuchte den Schlägen auszuweichen, Kopf und Gesicht mit den Händen zu schützen. Natürlich hatte er keine Chance. Wie von Sinnen prügelte Erlbacher auf ihn ein. Diermayer versuchte zu fliehen – soweit er dazu noch in der Lage war. Hilflos robbte er in Richtung Unterholz, mehr als drei, vier Meter schaffte er nicht. »Hiergeblieben!«, schrie Erlbacher. »So kommst du mir nicht davon.« Mit ein paar Schritten hatte er Diermayer eingeholt, Pohnert trat an Erlbachers Seite, zu zweit packten sie den Kommandanten an den Schultern, pressten ihn gegen einen Baumstamm. »Jetzt wirst du bezahlen, Hundskrüppel, elendiger!«, schrie Erlbacher. Er zwang Diermayer mit einem brutalen Tritt gegen die Beine zu Boden, dann trat er einen Schritt zurück. Seelenruhig legte er das Gewehr an. »Was tust du da?«, brüllte Diermayer. »Bist du vollkommen – du kannst mich doch nicht wie einen

Hund …« Erlbacher schien eine Sekunde zu zögern, dann schoss er Diermayer von links in den Kopf. Der Körper des Kommandanten sackte zu Boden.

Karl stand mit dem Gesicht zum Postautobus, die Hände über dem Kopf. Ein kühler Wind strich von den Abhängen des Grimming herunter. Die Schmerzen in seinem Kiefer waren kaum zu ertragen.

Er hörte, wie sich hinter ihm ein paar Männer unterhielten. »Was machen wir mit ihnen?«, flüsterte einer.

»Der Pohnert meint, wir nehmen sie mit nach Stainach. Hier lassen können wir sie ja schlecht.«

»Aber geh«, flüsterte ein anderer. »Ist doch schade ums Benzin. Am gescheitesten wär', wir erschießen sie gleich hier in der Klachau. Wozu Umstände machen?«

»Kommt überhaupt nicht in Frage«, ging jemand dazwischen. »Die werden in Stainach vors Volksgericht gestellt. Ordnung muss sein.«

»Wenn du meinst.«

Karl hörte, wie die Männer auseinandergingen. Im Weggehen sagte einer: »Aufhängen können wir sie nachher ja immer noch.«

Sie wurden in den Bus getrieben. Karl half Lanzdorf, der ebenfalls übel aussah, Frischmuths Leiche ins Innere des Busses zu heben. Frischmuths Körper war noch warm, sein Hemd zerfetzt und blutüberströmt. Sie legten den Toten nach hinten zu Syen und Knollmayer, hockten sich auf ihre Sitze, warteten, was man mit ihnen vorhatte.

Lanzdorf zog eine kleine, metallene Flasche aus der Jacke, hielt sie Karl hin. Karl war unfähig zu trinken, so gern er auch einen Schluck genommen hätte. Lanzdorf zuckte die

Schultern, leerte etwas Schnaps in sich hinein, schraubte die Flasche zu, ließ sie in seiner Jackentasche verschwinden.

Vorne im Bus wurde gestritten. Pohnert hatte tatsächlich angeordnet, die Gefangenen nach Stainach zu bringen, jetzt ging es um die Frage, wer den Bus lenken sollte. Bliemel, der Chauffeur, hatte eine Schussverletzung am Oberarm. Nicht daran zu denken, dass er den Bus steuern könnte, sagte er. Pohnert bekam einen Tobsuchtsanfall. Was sich Bliemel einbilde, er würde auf der Stelle ein Erschießungskommando zusammenstellen, wenn der Fahrer sich nicht augenblicklich hinters Lenkrad setze.

Bliemel fügte sich. Zwei SA-Männer bandagierten seine Verletzung, wobei sie sich nicht besonders geschickt anstellten. Der Chauffeur brüllte mehrmals laut auf vor Schmerz. Dann zwängte er sich auf den Fahrersitz. Pohnert drückte ihm den Pistolenlauf ins Genick. Bliemel ließ den Motor an, legte den ersten Gang ein, kuppelte. Während Pohnert sich mit gezückter Pistole auf den Sitz hinter ihm hockte, setzte der Fahrer den Bus mit einer Hand steuernd in Bewegung.

Die Schmerzen waren kaum erträglich. Der Kiefer, der Schädel, die ausgebrochenen Zähne, das alles ging über Karls Kräfte. Es hätte ihm nichts ausgemacht, auf der Stelle zu sterben, sofort, hier im Bus, wenn nur der Schmerz endlich aufgehört hätte. Dass er seine Eltern, seine Geschwister, dass er Stephan in Graz nicht mehr wiedersehen würde – das hätte er in Kauf genommen.

Sein Blick glitt aus dem Fenster. Über dem Grimming dämmerte der Morgen, zarte Dunstschleier hingen zwischen Farnen und grau schimmernden Buchenstämmen am Straßenrand. Wenn man jetzt durch die Wälder streifen könnte, dachte er, um diese Stunde, man würde die ersten Buchfinken singen hören, ein paar Rotkehlchen, vielleicht auch den einen oder anderen Schwarzspecht. Er hätte gern geweint.

Lanzdorf neben ihm gab ein Wimmern von sich. Er nahm die Hand des Freundes, tätschelte sie, wollte ihm etwas zuflüstern, irgendetwas, das ihn beruhigte. Aber er wusste nicht, was. Plötzlich spürte Karl, wie Blut aus seinem Mundwinkel zu rinnen begann, viel Blut. Wo kam mit einem Mal das ganze Blut her?

Er griff in die Hosentasche, um nach einem Taschentuch zu suchen, nach irgendetwas, mit dem er die Blutung stillen konnte. Er fand nichts, begann im anderen Hosensack, dann in der Jackentasche zu kramen. Da spürte er etwas Glattes, Ovales in der Tasche. Er holte den Gegenstand hervor, betastete ihn, umschloss ihn mit den Fingern, ballte die Hand zur Faust. Eine Woge von Schmerz riss ihn mit sich. Er machte die Hand wieder auf, starrte auf den Gegenstand, der ihm da entgegenschimmerte: Es war das Katzenauge, das Jakob ihm gegeben hatte.

Die Erzählung »Der Postautobus« beruht auf historischen Fakten. Während des Putschversuchs der österreichischen Nationalsozialisten im Juli 1934 kam es in der steirischen Ortschaft Klachau zu einer blutigen Auseinandersetzung zwischen SA und Aktivisten des autoritär-katholischen Heimatschutzes. Die Heimatschutz-Aktivisten Max Diermayer, Johann Knollmayer, Hermann Preßl, Franz Syen und Herbert Frischmuth kamen bei den Kämpfen ums Leben, der Gendarm Josef Hammer, ein Dutzend Heimwehrkämpfer und mehrere Nationalsozialisten wurden zum Teil schwer verwundet.

Die Erzählung »Der Postautobus« hätte nicht geschrieben werden können ohne Kurt Bauers Studie »Elementar-Ereignis. Die österreichischen Nationalsozialisten und der Juliputsch 1934«. Das »hingeschissene Fragezeichen« und den »Unterurzt« in »Maitage« verdanke ich Walter Kempowski.